日本と世界の今がわかる

さかのぼり
現代史

祝田秀全 監修
長谷川 敦 著
かみゆ歴史編集部 編

ようこそ、日々刻々と変化する〝現代史劇場〟へ！

現代史は、人間の過去の積み重ねによって組み立てられた「今」というステージ上で演じられています。スマホやタブレットに国内外のニュースが着信した瞬間から、それは始まっているのです。

日本と世界は、当たり前ですが日々動き続けており、その中で多くの問題や事件が生じています。国内を見ると、沖縄では米軍基地の移転・建設をめぐって議論が絶えず、これに関連して9条を含む憲法改正問題も注目されています。外交関係では、日本と韓国の関係はあいかわらずギクシャクしっぱなし。日本のODA援助が一端となって経済発展を遂げた中国は、尖閣諸島や南シナ海をめぐる海洋進出によって、国際社会の脅威となっています。

海の向こうに目を向けると、「アメリカ第一主義」を叫ぶトランプ大統領はいまだに熱烈な支持を受けており、ロシアでも強権的なプーチン大統領が長らく権力の座にいます。一方、ヨーロッパではイギリスがEU（欧州連合）脱退を決め、軌を一にして、ポピュリズム勢力が台頭しました。こうした諸々の動きに、「なぜ？」「どうして？」という思いがつのります。

本書は、こういった疑問に答え、日本と世界で起こっている「今」を知るために企画されました。そして「今」を知る手段として、〝さかのぼり〟という斬新なスタイルをとっています。現在の問題や事件には、必ずそうなった経緯、つまり「歴史」があります。なぜそうなのかといった原因を探り始めると、10年前は？ 20年前は？ というように歴史をさかのぼることになります。「今」を知るためには、さかのぼって「過去」を理解することが必要なのです。

本書では、第1章では「日本の今」、第2章では「世界と国際情勢」を対象としたテーマを挙げ、各テーマについて時代をさかのぼりながら、その原因や転換点を探っていきます。グラフやチャート、地図や関連写真も豊富に掲載しており、それらの資料によって理解はさらに深まるでしょう。さらに第3章では、1900年代以降の歴史を10年単位で解説しており、各テーマを大局から眺められるようにしています。

現代史とは、積み重ねられた「過去」をもって、私たちが直面する「今」を読み解き、「明日」を考えるものだと思います。この本が明日を考える一助になれば、これほど嬉しいことはありません。

2018年11月吉日　祝田秀全

日本と世界の今がわかる さかのぼり現代史 もくじ

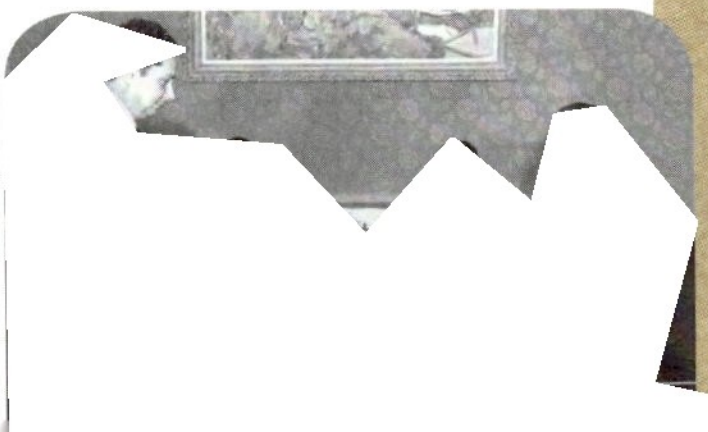

さかのぼりでわかる

第2章 世界と国際情勢

第3章 年代別さかのぼり 近現代史

本書の見方

2ページ目以降の本文

本文は小見出し単位で時代をさかのぼっていく構成となります。取り上げる年数や時代の幅は小見出しに記しています。小見出しごとに、「なぜそうなったのか?」という因果関係を意識しながら読み進めていただけると幸いです。

1ページ目の本文

各テーマの1ページ目では、現在の状況や問題点について整理し、解説しています。歴史をさかのぼっていくため、まずは押さえておきたい助走部分となります。

テーマとタイトル

ニュースなどで取り上げられている現在の課題や論点をテーマ、タイトルとして採用しました。タイトルの疑問に対して、一定の答えを見出すことを本項の目的としています。

コラム

本文では触れることができなかった時代や出来事、各テーマに関連する話題やエピソードを取り上げています。

ふりかえり年表

各テーマ内で解説した内容について、年表にまとめ直しています。その中でも重要な出来事については吹き出しを立てています。

キーワード

各テーマについての経緯や原因を理解するために、ポイントとなる歴史的出来事や用語を挙げています。

参考文献

各テーマの執筆や図版作成で参考にしており、かつテーマを深掘りするのに適した文献を挙げました。なお、本書全体を通して参考にした文献は奥付に入れています。

欄外コラム

「keyword」では出来事や事象について、「who's who」では人物について解説しています。基本的にはページ内の本文、または図版内に登場する用語・人物を取り上げていますが、掲載するページが前後にずれている場合もあります。

MAPに見る
現在の課題・論点

日本&東アジア編

北方領土

なぜ、ロシアは北方領土を
実効支配し続けているのか?
→ P36

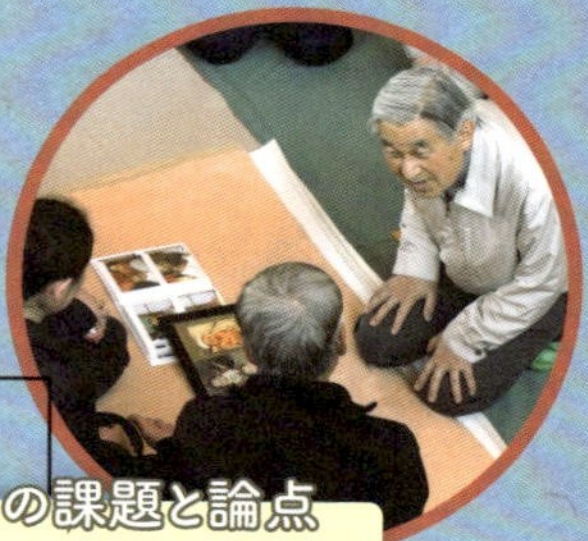

日本国内の課題と論点

なぜ今、憲法改正が
問題になっているのか?
→ P50

なぜ、象徴天皇制は戦後日本
に根づいたのか?
→ P58

なぜ、戦後日本はずっと
自民党政権が続くのか?
→ P64

なぜ、日本経済の未来に明る
い展望を描けなくなったのか?
→ P70

なぜ、日本は少子化が
こんなに進んでしまったのか?
→ P76

日本の外交の課題と論点

なぜ、日本とアメリカは
同盟関係を結んでいるのか?
→ P14

なぜ、日本と韓国の関係は
改善することができないのか?
→ P22

なぜ、日本と中国は激しく
ぶつかり合うようになったのか?
→ P30

北朝鮮

なぜ、北朝鮮の**独裁体制**は堅持され続けているのか？

→ P104

韓国

なぜ、韓国では大統領の**スキャンダル**が続くのか？

→ P98

中国

なぜ、中国は**大国化への道**を突き進もうとしているのか？

→ P110

台湾

なぜ、**親日**である台湾と日本は国交を結んでいないのか？

→ P116

沖縄基地問題

なぜ、**米軍基地**が沖縄からなくならないのか？

→ P42

MAPに見る
現在の課題・論点

世界と国際情勢編

アメリカ

なぜ、アメリカは**世界の警察官**を降りようとしているのか？

→ P84

なぜ、アメリカは**トランプ大統領**を生み出してしまったのか？

→ P92

東南アジア

なぜ、**ASEAN**は中国に対して弱腰なのか？

→ P122

世界の課題と論点

なぜ、平等を理想とする**社会主義**は行き詰まってしまったのか？

→ P174

なぜ、欧米を中心に**ポピュリズム**が台頭しているのか？

→ P178

なぜ、**核兵器**はなくならず世界中で拡散し続けるのか？

→ P182

国際関係を維持するために世界はどんな努力を続けているのか？

→ P188

中南米

なぜ、中南米諸国では最近まで**左派政権**が台頭していたのか？

→ P170

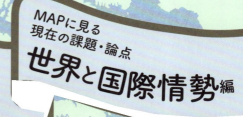

EUとイギリス

なぜ、統合を進めていたEUは行き詰まってしまったのか？

→ P130

なぜ、イギリスはEUからの離脱を決断したのか？

→ P138

なぜ、プーチンは長期政権を維持できているのか？

→ P142

中東

なぜ、イスラエルとパレスチナの紛争は続くのか？

→ P148

なぜ、イラクでは紛争が絶えないのか？

→ P154

なぜ、イランとサウジの対立が深刻化しているのか？

→ P158

なぜ、エルドアンは大統領の権限強化を図っているのか？

→ P162

なぜ、クルド人は国家を持つことができないのか？

→ P166

インド

なぜ、インドは中国に対する敵対心が強いのか？

→ P126

第1章
さかのぼりでわかる日本の今

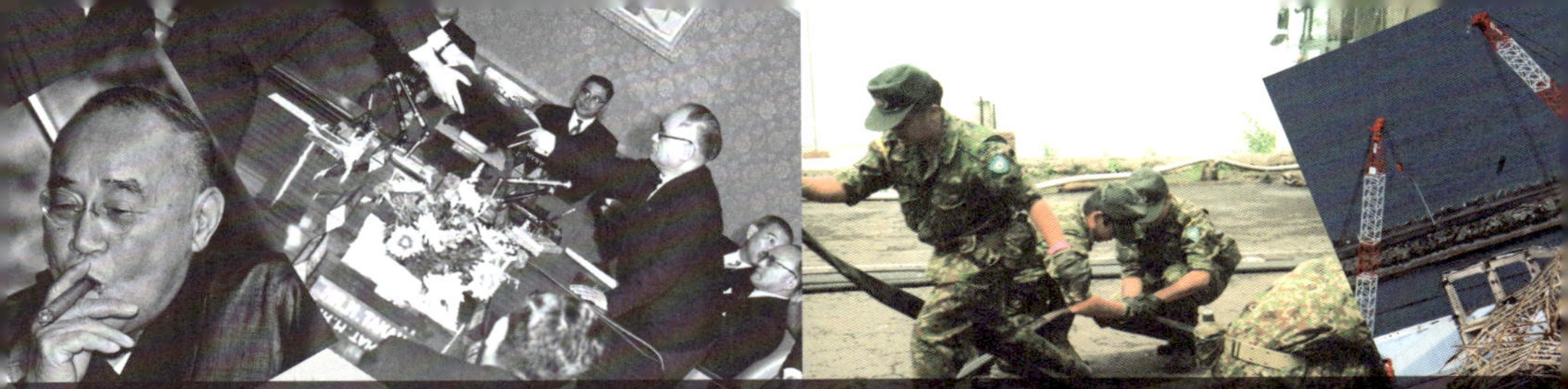

第二次世界大戦の終結から70余年。
平和と経済的繁栄を謳歌してきた戦後日本社会は、
大きな転換期を迎えています。国際関係においては、
冷戦構造下で自由主義陣営の一員に取り込まれ、
戦後一貫して従米路線を貫いてきたわけですが、
そのアメリカが「世界の警察官」を降りようとしている今、
独自の外交政策が求められています。
国内を見ると、経済面では「失われた20年」以降、
現在まで低成長を抜け出すことができず、
社会的には少子化・高齢化・人口減という
三つの人口問題に直面しています。
どうしてこのような事態に至ってしまったのでしょうか。
現在の日本が抱えている諸問題について、
近現代史を振り返りながら、
その原因と推移を探ってみましょう。

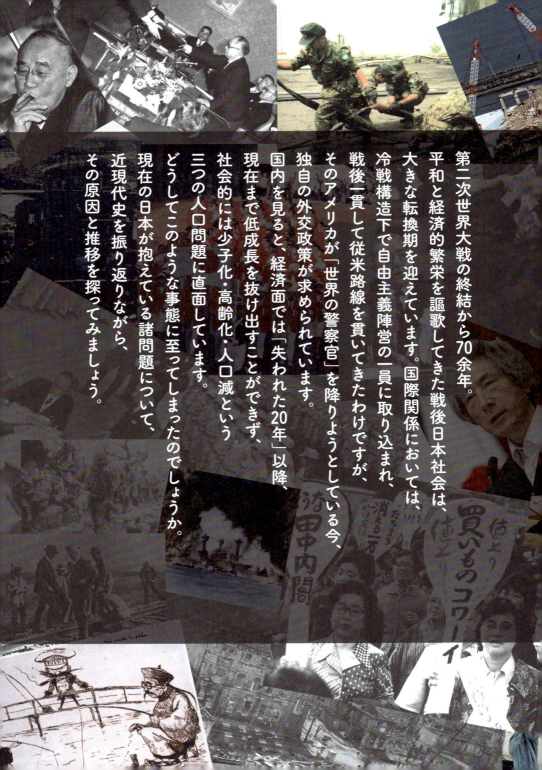

日米関係

なぜ、日本とアメリカは同盟関係を結んでいるのか？

keyword 安保関連法、自衛隊、日米ガイドライン、日米安全保障条約、冷戦、太平洋戦争

2015年9月、安保関連法成立後に記者会見する安倍晋三首相。

２０１５年９月、安保関連法案が国会で可決されました。これにより安全保障に関するさまざまなルールが変更になりました。

中でも大きいのは、これまで内閣法制局が憲法違反としてきた集団的自衛権の行使が部分的に認められたことです。日本と密接な関係にある他国が攻撃され、それによって日本の平和や国民の生命が脅かされる事態が発生したときに限って、集団的自衛権（自国は攻撃を受けていなくても、共同で反撃できる権利）が行使できることになったのです。また後方支援活動の内容も拡大され、日本の安全に重要な影響を与える事態に関することで他国軍が戦闘を行っているときに、戦闘現場以外の場所であれば、自衛隊が他国軍に対して弾薬の提供や戦闘機への給油などを行えることになりました。

日本にとって「密接な関係にある他国」とは、もちろんアメリカです。この法律の狙いは、日本とアメリカがアジア太平洋地域を中心とした安全保障に共同で取り組んでいく体制を強化することです。事実、法の施行以降、日米共同訓練の回数が激増するなど、防衛面での日米一体化が進んでいます。

それにしてもなぜ政府は、集団的自衛権の行使を違憲であるとする声も多かった中で、さらなる日米同盟の強化に乗り出したのでしょうか。

2013年〜2015年
アメリカも安保関連法の成立を望んでいた

安倍晋三首相が日米同盟強化を図る大きな理由は、「アメリカがそれを望んでいるから」です。

戦後アメリカは、世界のリーダーとして世界各地のさまざまな問題に積極的に関わってきました。ところが2013年に当時のオバマ大統領が「アメリカは世界の警察官ではない」と発言したことに象徴されるように、次第に独力で世界の安全を維持するのが難しくなってきました。けれどもアメリカが世界の警察官をやめてしまえば、そこに力の空白地帯が生まれ、特にアジア太平洋地域では中国の台頭を許してしまうことになりかねません。そこでアメリカは日本に「もうこの地域を自分の力だけで守ることは無理だから、日本も責任の一端を担ってくれ」と求めるようになってきたのです。

日本としても、中国の台頭や北朝鮮の脅威が増している中で、アメリカにこの地域から手を引かれてしまったら困ります。そこで安倍首相は、強引な手段を用いてでも、安保関連法の成立を急いだのです。

正確にいえば、日本がアメリカと約束したのは、「アジア太平洋地域を一緒に守ること」だけではありません。安保関連法の成立に先立つ15年4月に改定された第3次日米ガイドライン（日米防衛協力のための指針）では、「日本の平和と安全に重要な影響を与える事態は地理的に定めることができない」と書かれています。つまり日本は、「日本の安全を脅かす事態については、アメリカとともに地球の裏側にまで飛んででも一緒に守る」ことを約束したわけです。

第3次日米ガイドライン（日米防衛協力のための指針）の変更点

	第2次ガイドライン（1997年改正）	第3次ガイドライン（2015年改正）
武力の行使	日本が攻撃されたとき＝日米が共同対処行動を実施	日本が攻撃されたとき＝日米が共同対処行動を実施＋他国への攻撃にも対応＝集団的自衛権
後方支援	朝鮮半島などの日本周辺に限定	地理的制限はなく、地球規模に拡大
グレーゾーン事態（離島の不法占拠など）	記述なし	監視や偵察、軍事演習などにより、平時から切れ目のない対応
調整メカニズム（米軍と自衛隊の一体運用）	周辺事態や日本での有事のみ発動。設置された例はなし	2015年11月、「同盟調整メカニズム（ACM）」が設置される

keyword **安保関連法≫** 2015年、安全保障に関する「自衛隊法」や「PKO協力法」、「武力攻撃事態法」など11法案が包括的に審議・改正・制定され、一括して安保関連法と呼ばれた。

1996年〜2003年
日米が共同で活動する範囲が大幅に広がる

2015年に成立した安保関連法と第3次日米ガイドラインによって、安全保障における日米同盟のあり方は大きく変わりました。

じつは歴史を振り返ると、1997年と99年にも、同じようなことが起きています。97年は第2次日米ガイドラインが改定された年であり、99年は周辺事態法という、自衛隊の活動をめぐる重要な法律が成立した年です。

それまで日本とアメリカの間で結ばれていた防衛に関するガイドラインは、日本の領土が武力攻撃を受けた際に、自衛隊とアメリカ軍がどのように協力しながら対処するかを定めたものでした。

これに対して第2次日米ガイドラインでは、日本の領土の防衛に加えて、日本の周辺で、日本の平和と安全に重要な影響を与える事態が起きたときのために、日米がどう協力体制を組んでいくかが定められました。そして周辺事態が発生したときに、法的にも自衛隊が日本の領土の外に出て活動できるようにするために制定されたのが周辺事態法です。

こうして見ていくと、時代を経るごとに自衛隊と米軍が共同で活動する範囲が広がってきています。この他にも01年には、アフガニスタンを攻撃している米軍を自衛隊が後方支援するためにテロ対策特別措置法が成立。また03年には、アメリカが推し進めていたイラクの復興支援に対して、自衛隊を派遣して協力するために、イラク特別措置法が制定されました。日米同盟の中で、日本が担う責任がどんどん重くなってきたわけです。

日米ガイドラインの変遷

第3次ガイドライン

2015年改定
［安倍晋三首相］

理由
中国の対外進出、東シナ海有事を想定

主な脅威　中国

第2次ガイドライン

1997年改定
［橋本龍太郎首相］

理由
核開発問題がくすぶる朝鮮半島有事を想定

主な脅威　北朝鮮

第1次ガイドライン

1978年策定
［福田赳夫首相］

理由
東西冷戦の激化やソ連の日本侵攻を想定

主な脅威　ソ連

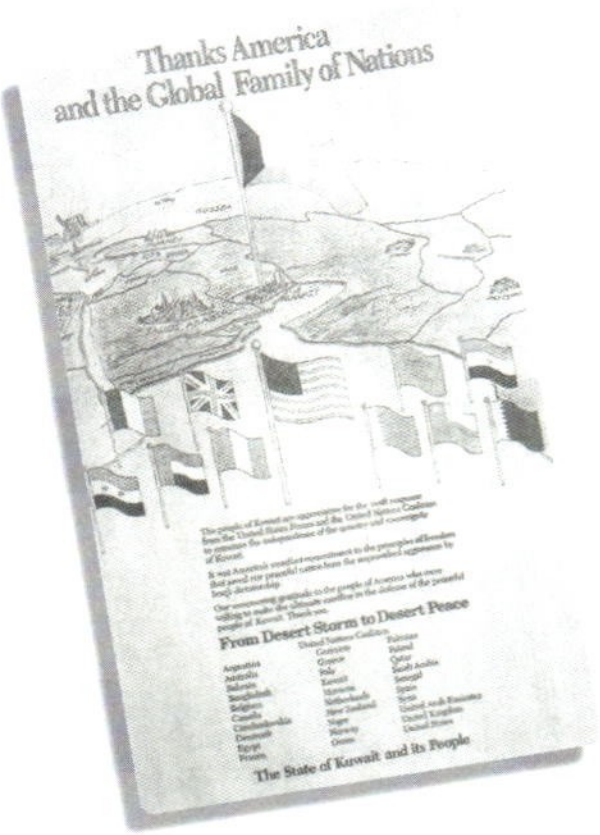

1991年3月11日、米ワシントン・ポストに掲載されたクウェートの感謝広告。日本の国名も国旗も記載がない。

1994年、PKOとしてルワンダの難民支援活動を行う自衛隊の様子。

1991年〜1992年 トラウマとなった湾岸戦争での失策

1980年代までは、自衛隊は日本の領土を守るために存在しており、海外での活動は想定されていませんでした。多くの日本人は「平和を守るためには、他国の戦争には関わらないことが大切」と考えていました。しかしそうした考え方が根本的に問われる事態が起きます。91年に発生した湾岸戦争です。

湾岸戦争ではアメリカのブッシュ（父）大統領が、多国籍軍が戦場で戦う際には、自衛隊に後方支援をしてもらうように日本政府に依頼しました。しかし自衛隊の海外派遣は、憲法違反になりかねないため、政府はこれを断念。その代わり実施したのが、多国籍軍への130億ドルもの資金協力です。

ところがこの行為は、国際的な評価が芳しくないものでした。象徴的だったのは、湾岸戦争後にクウェート政府が、クウェート解放に貢献してくれた国々に向けて、アメリカの主要新聞に出した感謝広告でした。感謝を表明された30カ国の中に、日本は含まれていなかったのです。これは日本にとって大きなトラウマになりました。以降、「日本が国際貢献を果たすためには、一国平和主義を改めないとダメだ」という声が強くなります。

92年には国連平和維持活動への自衛隊の派遣を可能にしたPKO協力法が成立します。さらには「米軍に国土を守ってもらうだけではなく、日本も米軍にもっと貢献しなくてはいけない」という考えのもと、のちの周辺事態法や安保関連法の制定へとつながっていくわけです。

who's who

ジョージ・H・W・ブッシュ：［1924-2018］米41代大統領で、43代ブッシュ（子）大統領の父。湾岸戦争によって、冷戦後の「世界の警察」たるアメリカの姿勢を示した。

1945年〜1989年

日本は冷戦構造の中でアメリカに守られてきた

湾岸戦争が起きたのは、1989年に冷戦が終結した直後のこと。冷戦の終結もまた、日米関係のあり方を変えるターニングポイントになりました。

45年、太平洋戦争に敗れた日本はアメリカの占領下に置かれ、GHQ（連合国軍総司令部）による統治が行われました。当初の占領政策は、日本がもう二度と大国にならないように、軍事力や経済力を根こそぎ削《そ》ごうというものでした。ところが、米ソの冷戦構造の中、東アジアに社会主義国家の中国や北朝鮮が誕生します。そこでアメリカは日本をこの地域の社会主義勢力を食い止めるための防波堤にするために、占領政策を転換。日本を自陣営に

“思いやり予算”の推移

日本は1978年から在日米軍基地の駐留経費の一部を負担。マスコミなどでは「思いやり予算」と呼ばれる。

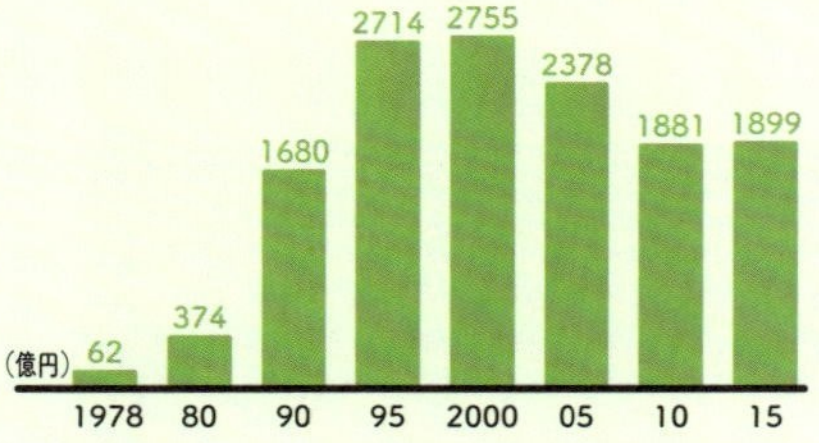

防衛省・自衛隊HP「在日米軍駐留経費負担の推移」をもとに作成

在日米軍基地の所在地

在日米軍は東アジアにおけるアメリカ軍の最前線基地として機能し、朝鮮戦争・ベトナム戦争・湾岸戦争では実際に日本から出動している。

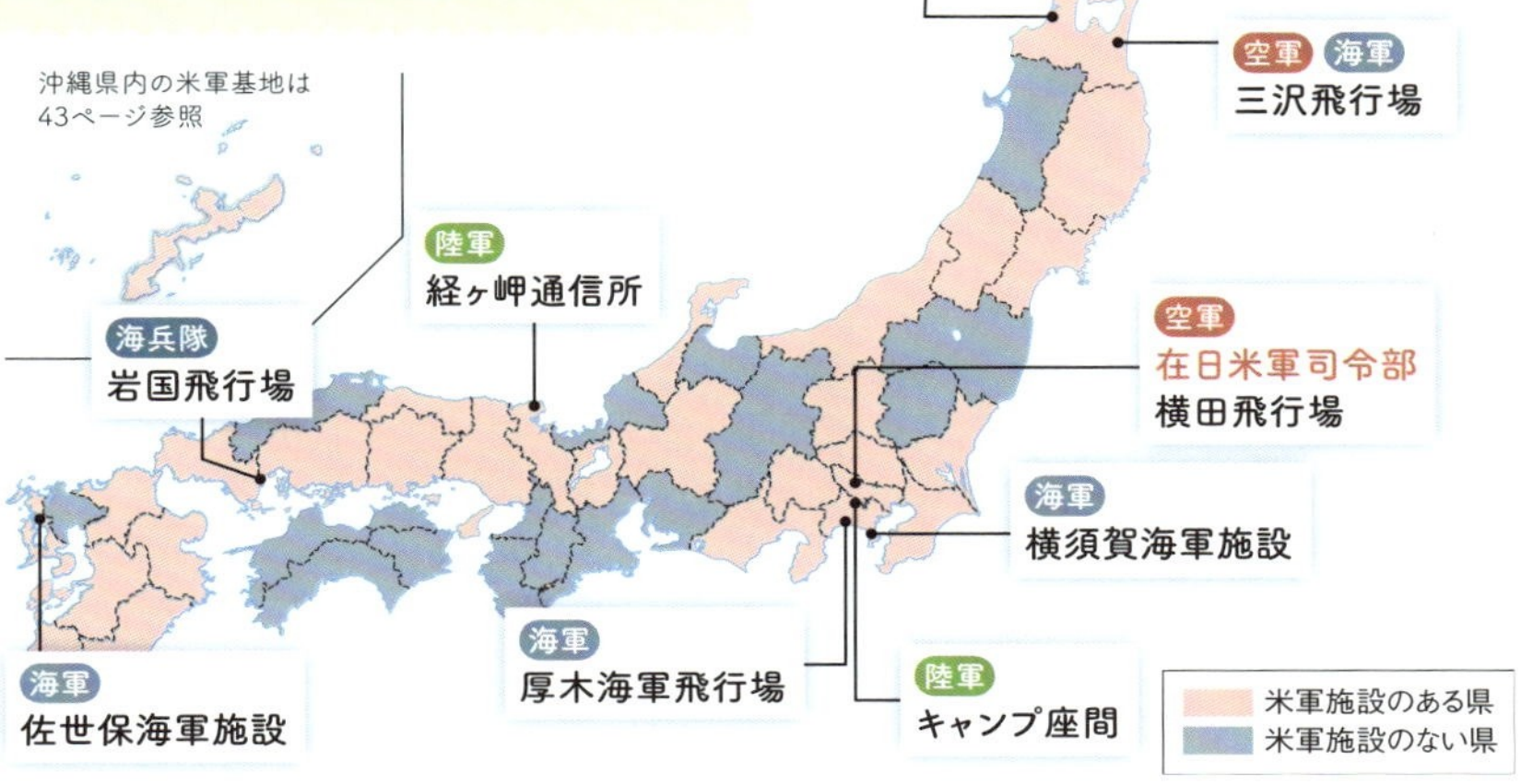

keyword **GHQ≫** 第二次世界大戦後の日本で占領政策を実施した連合国軍機関。最高司令官には、米太平洋陸軍総司令官のダグラス・マッカーサーが就任。大統領から全権委任を受けていた。

引き入れ、経済復興や早期独立を支援することにします。

51年、日本はサンフランシスコ平和条約に調印するとともに、米軍の日本駐留を認めた日米安全保障条約をアメリカと結びます。以後日本の米軍基地は、社会主義勢力の脅威から自由主義陣営を守る最前線基地になりました。日米安保は、日本にとってもメリットが大きいものでした。日本は自国の防衛の多くを、日本に駐留している米軍に肩代わりしてもらうことによって防衛費を削減し、その分を経済政策に振り当てることで高度経済成長を実現できたからです。

しかし冷戦の終結によって日本は、アメリカにとって無条件で守るべき対象ではなくなりました。アメリカは日本に対して、「自国の世界戦略にどのような貢献を果たしてくれるか」を強く求めるようになります。

1940年~1945年 今では最大の同盟国がかつては最大の敵国だった

前述したように、日本がアメリカの陣営に組み込まれたのは、戦後になってからのことです。その前の関係はというと、最大の敵国でした。

1941年12月、日本は米英に対して宣戦布告し、太平洋戦争が始まります。日本は緒戦こそ連戦連勝を重ねますが、やがて米軍の軍備が整うと戦局は一転します。45年3月の東京大空襲では約10万人の市民が犠牲になりました。また沖縄戦では軍民合わせて約18万人が亡くなり、8月には広島と長崎に原爆が投下され、ついに日本は降伏しました。

開戦当時、日米の国民総生産(GNP)には12倍もの開きがあり、そもそ

1945年9月2日、重光葵外相が米軍艦ミズーリ号で降伏文書に調印し、日本は終戦を迎えた。

1941年12月8日、日本軍の真珠湾攻撃によって炎上する米戦艦。

keyword **サンフランシスコ平和条約≫** 日本とアメリカなど連合国との戦争状態を終結させ、日本の独立を認めた条約。1951年9月8日調印、52年4月28日発効。ソ連など社会主義国は調印を拒否。

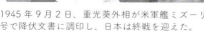

もが無謀な戦争でした。じつは日本の指導部も、日米開戦は避けたいと考えていました。にもかかわらず戦争へと踏み出した背景には、日本が始めていた日中戦争が泥沼化していたことがあります。当時中国に対しては、米英ソが物資の援助をしていました。そこでこの輸送路を断つために、日本は東南アジアへの進出（南進）を決めます。戦争遂行に必要な資源を確保することも南進の目的の一つでした。

これに態度を硬化させたのがアメリカです。鉄鉱や銑鉄《せんてつ》、銅・亜鉛などの対日輸出を次々と禁止し、ついには石油の輸出禁止まで決定したのです。当時の日本軍は、必要な石油の4分の3以上をアメリカからの輸入に頼っていました。これが途絶えるということは、息の根を止められたも同然です。追い詰められた日本は、彼我の差があることは覚悟のうえでアメリカとの戦争に臨んだのでした。

日本の軍需物資の輸入割合（1940年）

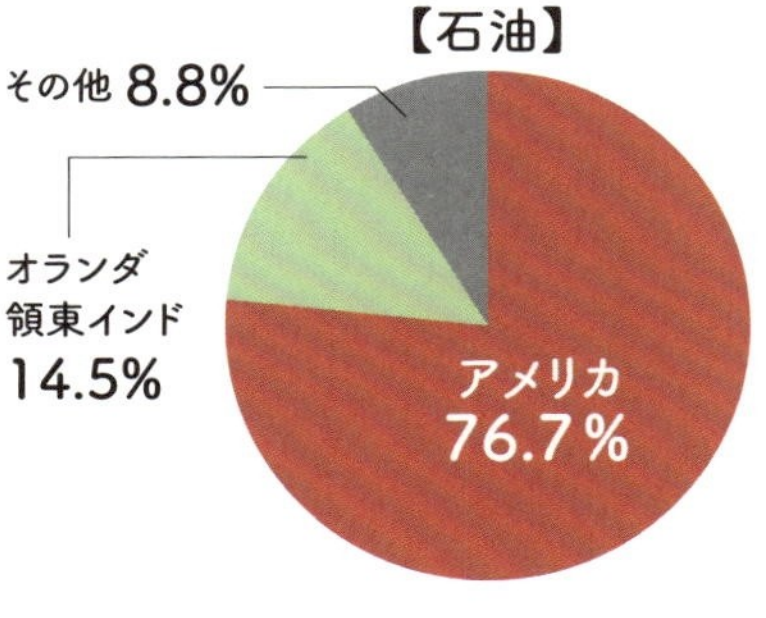

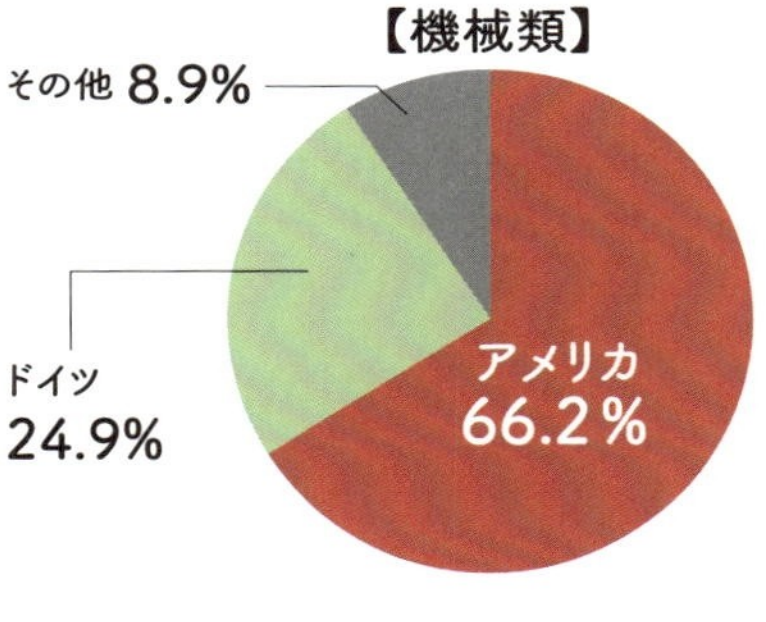

戦前の日本は、軍需品の多くをアメリカに頼っていた。そのアメリカに対して戦争を仕掛けることは、あまりにも無謀だった。

『新詳日本史』（浜島書店）をもとに作成

1914年～1937年
第一次世界大戦頃から日米の対立が始まった

ではなぜ日米両国の関係は、太平洋戦争開戦直前期に、それほど悪化していたのでしょうか。

きっかけは第一次世界大戦です。日本は連合国側につき、ドイツに宣戦布告。ドイツが中国から租借していた山東省の青島《チンタオ》やドイツ領南洋諸島を占領します。さらに中国に対して、山東省のドイツ権益の継承や、南満州と東部内蒙古の権益の強化などを求めた二十一カ条要求を行い、その多くを中国に認めさせました。アメリカは、こうした領土的野心を隠さない日本の姿勢に不信感を抱き始めたのです。

アメリカは中国についてはその主権

keyword **南進≫** 日本軍の南進は、1940年9月から開始。米英ソによる中国への物資の輸送路を絶つことと、仏領インドシナの石炭や英領マレーの石油等の資源の獲得が目的だった。

Column

ペリーは日本の植民地化を目論んだ？

日米関係は、1853年にペリーが浦賀沖に来航したときから始まります。そして翌年両国は、日米和親条約を結びました。ペリーは最新鋭の軍艦を率い、高圧的な態度で開国を迫りましたが、アメリカが目指していたのはあくまで日本と国交を結ぶこと。イギリスが中国に行ったように、日本を半植民地化することではありませんでした。そもそも当時のアメリカはまだ新興国。日本を植民地化し、統治する能力はありません。もし最初に条約を結んだ国がアメリカではなくイギリスだったら、その後の日本の歴史は大きく変わったかもしれません。

アメリカ東インド艦隊提督であったペリー肖像。

を尊重しており、また市場開放後に各国が平等に市場競争を行うべきという考えでした。一方、日本は日露戦争や第一次世界大戦のときに多くの血を流して得た中国大陸での権利を死守・拡大したいという思いがありました。

とはいえアメリカを中心とした西洋列強の日本への警戒心が高まる中で、日本も国際協調路線をとらざるを得なくなります。1921年から始まったワシントン会議では、中国における主権尊重・門戸開放・機会均等を定めた九カ国条約に日本も調印します。

しかし日米関係に再び深刻な亀裂が生じます。31年、日本の軍部が満州事変を起こし、翌年には満州の主要地域を占領。日本の傀儡《かいらい》国家として満州国の建国を宣言したのです。さらに37年からは日中戦争に突入しました。日本の国際協調路線は破綻。アメリカとの関係も悪化の一途を辿《たど》り、戦争へと至ったのでした。

ふりかえり年表

1915	中国に二十一カ条の要求
1922	ワシントン会議で九カ国条約、海軍軍縮条約調印
1937	日中戦争始まる
1941	太平洋戦争始まる
1945	敗戦。日本は連合軍の占領下に
1947	この頃から冷戦が始まる
1950	朝鮮戦争勃発。警察予備隊が発足
1951	48カ国とサンフランシスコ平和条約を締結 日米安保条約締結
1954	防衛庁、自衛隊発足
1960	安保調印に反対する安保闘争が過熱
1970	安保の自動延長に反対する70年安保闘争が繰り広げられる
1992	PKO協力法が成立
1997	第2次日米ガイドラインが策定される
1999	周辺事態法が成立
2001	テロ対策特別措置法が成立
2003	イラク特別措置法が成立
2015	第3次日米ガイドラインが策定される。安保関連法が成立

アメリカと戦争（1937〜1941）
戦後日米関係の確立（1951）
転換点（1992）

参考文献
五百旗頭真編『日米関係史』(有斐閣ブックス)／加藤陽子『NHKさかのぼり日本史②』(NHK出版)／服部龍二『NHKさかのぼり日本史 外交編〔2〕』(NHK出版)

日韓関係

なぜ、日本と韓国の関係は改善することができないのか？

Keyword
慰安婦問題、竹島（独島）、アジア女性基金、日韓基本条約、皇民化政策、韓国併合、「脱亜論」

2011年12月、ソウルの日本大使館前に設置された慰安婦像。韓国では「平和の少女像」と呼ばれる。

ここ数年の日韓関係は、1965年の国交正常化以来最悪といわれる状態が続いてきました。特に日韓に横たわる問題として取り上げられることが多いのが慰安婦《いあんふ》問題です。「戦時中日本軍は、朝鮮の女性を慰安婦として強制動員し、彼女たちの名誉と尊厳を傷つけた。日本は誠実に謝罪しろ」というのが韓国側の要求です。また18年10月には韓国大法院（最高裁）が、植民地時代に日本の製鉄所に徴用された人たちに対し、賠償金を支払うように日本企業に命じる判決を出しました。

これに対して日本人の中からは、「これまで日本は、戦前や戦時中に朝鮮の人たちに対して行なった過ちについてたびたび謝ってきたのに、彼らはいっこうに許してくれないし、何度も蒸し返す。いつまで謝り続ければいいんだ」といった、一種の謝罪疲れともいえる声も聞かれます。

日本人の韓国に対するイメージも悪化。内閣府の世論調査によれば、韓流ブームが起きていた2009年には、韓国に「親しみを感じる」と答えた人の割合は63・1％もいたのに、17年には37・5％にまで落ち込んでいます。

今後も両国は、歴史問題を根本的に解決できない限り、本当の意味での和解は難しいでしょう。なぜ両国は過去の清算をめぐってこんなにもつれてしまっているのでしょうか。

日韓の主な懸案事項と主張

日本		韓国
2015年の「日韓合意」で最終的かつ不可逆的な解決をしており、韓国側には着実な実施を強く求める	慰安婦問題	「日韓合意」に関する交渉には手続き的にも内容にも重大な欠陥があり、これで解決とはいえない
国際法上、明らかに日本固有の領土であり、歴史的事実もそれを実証している。韓国による占拠は不法	竹島問題	歴史的にも国際法上でも韓国固有の領土。日本の主張は根拠がなく、未来志向の関係構築を妨げている
首相や閣僚の靖国参拝は戦争の美化、正当化では決してない。戦没者に対する哀悼の念から参拝している	靖国参拝	韓国に対する挑戦であり、慰安婦問題、竹島問題とともに日韓関係改善の大きな障壁となっている

2011年～2017年

慰安婦問題が引き金となり日韓関係は最悪の状態に

日韓関係が「国交正常化以来最悪の状態」といわれるようになったのは、2012年頃からです。関係悪化の引き金となったのは、やはり慰安婦問題でした。

11年、韓国の憲法裁判所は、元慰安婦たちの訴えを受けて、「韓国政府は、慰安婦への補償について、日本政府ときちんと交渉をしろ」という判決を下しました。これを受けて李明博《イミョンバク》大統領は、同年12月に開催された日韓首脳会談において、慰安婦問題への対応を日本に対して求めます。しかし野田佳彦《のだよしひこ》首相は、「すでにこの問題は法的に解決済みである」という姿勢を崩しませんでした。

韓国に対する親近感

2000年代は韓流ブームの影響もあって「親しみを感じる」人の割合が多かったが、李明博の竹島上陸によって逆転。

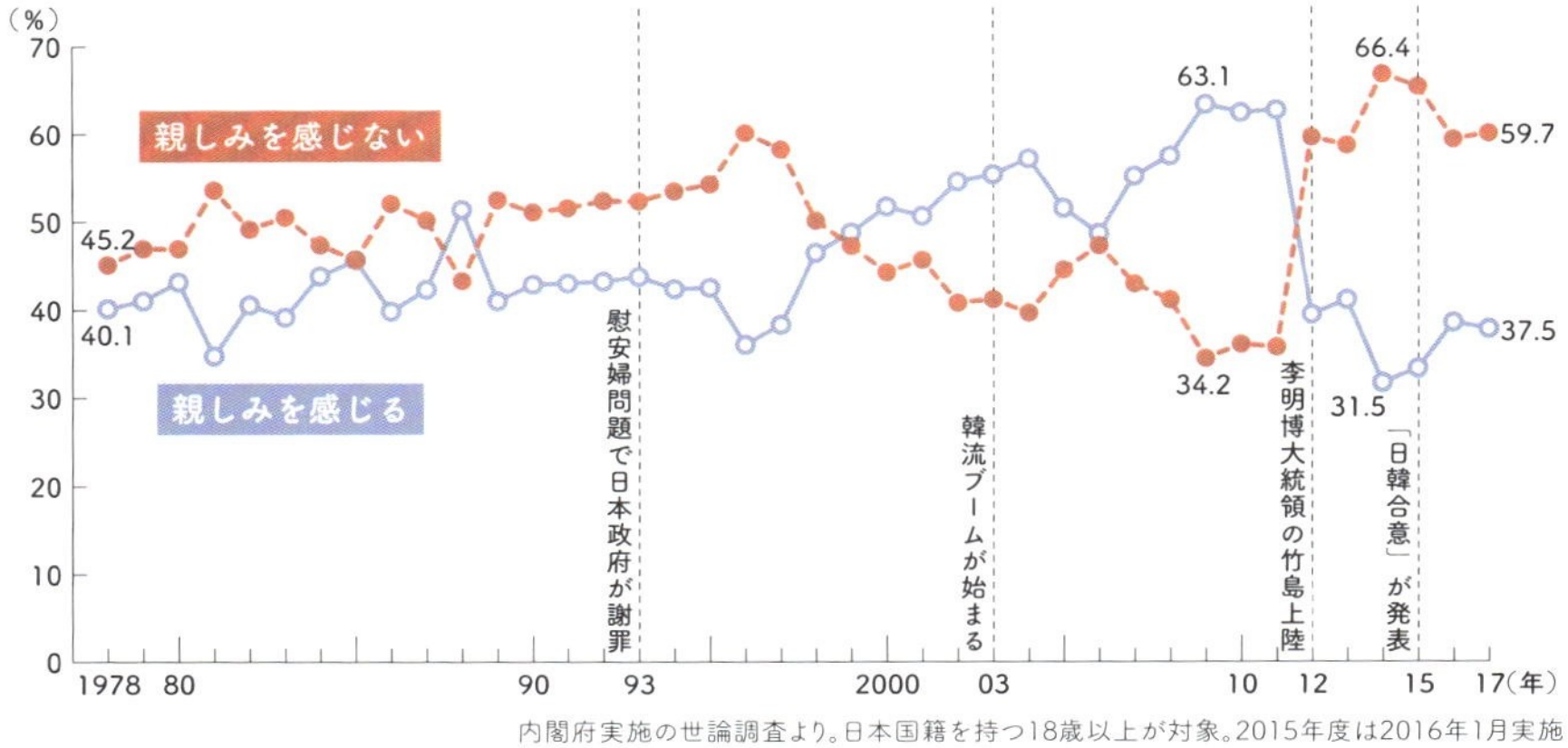

内閣府実施の世論調査より。日本国籍を持つ18歳以上が対象。2015年度は2016年1月実施

野田首相が言う「法的に解決済み」とは、1965年に締結された日韓基本条約のことをいいます（この条約により戦後断絶していた国交を回復）。条約締結のための交渉では、韓国は日本の植民地支配に対する賠償を請求し、日本は敗戦時に朝鮮半島に残した財産の返還を請求しました。結局は双方とも請求権を放棄し、日本は韓国に無償3億ドル、有償2億ドルを供与することなどで妥結。この国際法に基づいて両国は請求権を放棄したのだから、慰安婦問題についても韓国は日本に請求する権利はなく、日本も政府として補償する必要はないというのが日本の立場です。

日本の態度に怒りをあらわにした李大統領は、思わぬ行動に出ます。韓国は島根県の竹島を「独島《トクト》」と呼び自国の領土であると主張していますが、韓国の大統領として初めて「独島」に上陸したのです。これにより両国の関係は急速に悪化したわけです。

李大統領の次に就任した朴槿恵《パククネ》大統領も、日本への強硬な姿勢を維持し続けました。ただし慰安婦問題については15年、安倍晋三首相がおわびと反省を表明するとともに、韓国政府が設立する「和解・癒やし財団」に日本が10億円を拠出し、両国が協力しながら慰安婦支援を行っていくことで、問題解決のための「最終的かつ不可逆的な」合意（日韓合意）が図られました。

ところが17年に就任した文在寅《ムンジェイン》大統領は、「慰安婦問題は政府間の交渉で解決できるものではなく、被害者の心の傷が癒えるまで両国が努力していくべき問題だ」という態度を表明。さらに18年11月に韓国政府は、「和解・癒やし財団」の解散を発表します。ようやく結ばれた日韓合意は、骨抜きになってしまいました。

Column

竹島をめぐる日韓の主張とは？

竹島（韓国名・独島）をめぐる領土問題も、両国の関係改善の足かせの一つです。「竹島は17世紀半ばから日本が領有権を確立しており、1905年に正式に日本の領土に組み入れた」というのが日本の主張です。51年に結ばれたサンフランシスコ平和条約では、敗戦を受けて日本が放棄すべき領土に竹島は含まれておらず、つまり日本の領土であることが国際的に認められています。一方韓国は、「独島は韓国が先に領有していたのに、植民地化の中で日本に奪い取られた」と主張。52年には李承晩・韓国初代大統領が竹島を自領とする「李承晩ライン」を一方的に設定しました。今も両者の主張は大きく食い違っています。

keyword 李承晩《イスンマン》ライン≫ 1945年9月に米国は法的根拠のない「マッカーサー・ライン」を設定。韓国はそれを模倣して、排他的経済水域を一方的に主張。日本漁船328隻を拿捕し3929人を抑留した。

1991年～1997年
元慰安婦の告発によって慰安婦問題が明るみに出る

慰安婦問題が元慰安婦からの訴えによって明るみに出たのは、1991年のことです。終戦から46年も経ったこの時期にこの問題が顕在化した背景には、韓国の民主化が挙げられます。

80年代半ばまで、韓国では非民主的な政権が続いていました。それまでも歴史教科書問題などで、韓国が日本を批判することはありましたが、その批判は韓国政府によるもので、国民によるものではありませんでした。ところが87年に民主化が実現すると、国民はようやくさまざまな問題に対して自由に声を上げることができるようになります。その一つが元慰安婦からの告発だったのです。

日韓関係の戦後史

安倍晋三

朴槿恵

2015 日韓合意

慰安婦問題解決に関する政府間合意を日韓両外相が発表。合意に基づき支援を手がける「和解・癒し財団」が発足。しかしその後、文在寅政権下で財団解散が発表され、合意は反古にされようとしている。

↑

2003～ 韓流ブーム

2003年にNHKで韓国ドラマ『冬のソナタ』が放映されて以降、韓国のドラマ・映画・音楽への関心が高騰。ブームは00年代を通じて続き、2010年にはK-POPがヒットして第2次韓流ブームと呼ばれた。

↑

1991～ 慰安婦問題が顕在化

1991年に韓国で元慰安婦が名乗り出たのち、両国で報道が過熱。92年には宮澤喜一首相が謝罪のうえ真相究明を約束し、93年には河野洋平官房長官が旧日本軍の関与を認める「河野談話」を発表した。

↑

1965 日韓基本条約

日韓の国交正常化交渉はGHQの斡旋により1951年から進められていたが、感情的な対立が解消できずに長期化。ベトナム戦争勃発後、アメリカが西側陣営の結束強化を求めたことが後ろ盾となり、交渉が妥結。戦後賠償の一環としての日本の資本提供は、3億ドルの無償経済協力や2億ドルの長期低利借款に加え、民間借款も3億ドルを超す。

佐藤栄作

朴正《パクチョン》熙《ヒ》

↑

経済成長の契機となる ⇐ **1950 朝鮮戦争**

↑

終戦

who's who **朴槿恵：**［1952-］1960、70年代に韓国大統領を務めた朴正熙の娘。2012年に大統領に就任するも、政治スキャンダルにより弾劾され2017年に罷免。

日本は慰安婦問題について、93年に河野洋平官房長官が公式に謝罪を行います。一方韓国は日本に対して、慰安婦への補償を求めました。しかし前述したように、日本は補償に関しては「すでに日韓基本条約によって解決済み」という立場ですから、これに応じることはできません。そこで補償に代わる措置として民間団体「アジア女性基金」を設立し、そこから元慰安婦に「償い金」を出すことにしました。

ところが韓国の世論は、「日本はきちんと法的責任を認めて賠償すべきなのに、民間基金からの償い金というかたちでお茶を濁そうとしている」として、これを受け入れようとしませんでした。元慰安婦の女性たちの中にも、償い金の受け取りを拒否する人が多くいました。こうして慰安婦問題の解決は失敗に終わり、現在まで尾を引くことになったのです。

1965年 過去の清算を棚上げしたまま締結した日韓基本条約

こうして見ていくと、日本は慰安婦問題については謝罪はするものの、補償については「日韓基本条約によって法的に解決済みである」としてこれを認めず、そのために韓国側は日本が何度謝罪してもそれが不十分であると感じて、さらなる謝罪を要求するという構図になっているといえます。では日韓基本条約とは、どのような条約なのでしょうか。

戦後日本と韓国は、国交が途切れていました。日韓基本条約は、両国の国交正常化を図るために結ばれた条約です。条約締結にあたって交渉の争点となったのは、日本による韓国併合や植民地支配をどう位置づけるかについてでした。韓国は、韓国併合や植民地支配は

交渉時の両国の主張

日本
韓国
植民地支配下での韓国は奴隷状態にあり、賠償を請求する権利を持つ
韓国併合は合法的なもので、近代化に寄与した面もある

日韓基本条約の内容

- 韓国を朝鮮にある唯一の合法的な政府と認める
- 戦後賠償の一環として韓国への経済協力を実施
- 両国間の財産、及び請求権いっさいの完全かつ最終的な解決
- 両国間で外交・領事関係を開設
- 貿易や通商関係に関する条約締結のための交渉を開始
- 韓国併合条約など、日韓併合の有効性は「もはや無効」であることを確認
- 竹島問題は紛争処理事項として棚上げ

不法であり、それにより甚大な被害を被ったことに対する賠償を日本に対して請求しました。一方日本は、韓国併合は両国が対等な立場で条約を結んで行われた合法的なものであるから、賠償する必要はないと主張しました。

そこで日韓基本条約は、この問題をあいまいにしたまま結ばれることになりました。日本は韓国に「賠償」ではなく「経済協力」という名目で、無償3億ドル、有償2億ドル、民間借款約3億ドルを提供することになったのです。韓国がこれを受け入れたのは、当時韓国は経済的に厳しい状況にあり、経済の自立を図るために、日本の資本を必要としていたからです。

こうして両国の歴史認識のずれをあいまいにしたまま条約を結んでしまったことが、いまだに過去を清算できずにいる大きな要因になっているといえます。

20世紀初頭～1945年
日本は韓国併合の前から韓国支配の布石を打っていた

日韓基本条約をめぐる交渉において、韓国側は韓国併合と植民地支配は不法であり、日本側は合法であると主張しました。では実際のところ、韓国併合と植民地支配とはどのようなものだったのでしょうか。

日本が韓国（当時の国名は大韓帝国）を併合したのは1910年のことです。以後、日本が45年に敗戦を迎えるまで、朝鮮半島は日本の植民地であり続けました。

日本は韓国併合を行う前から、朝鮮半島を支配下に収めるための布石を打っていました。04年に日露戦争が始まると、日本はソウルを占領したうえで、韓国に対して日韓議定書の締結を

ソウルに建てられていた朝鮮神宮。天照大神と明治天皇が祭られていた。

朝鮮半島における戦中の皇民化教育。紀元節などの祝祭日を村人に説明している。

keyword **大韓帝国**≫ 1897～1910年までの朝鮮の国号。朝鮮は李氏朝鮮時代は中国の属国だったが、日清戦争での日本の勝利により独立を果たし、大韓帝国となる。1910年の韓国併合により滅亡。

迫り、さらには第一次日韓協約を締結させます。日韓議定書では日本による韓国内政への干渉権や、韓国国内での軍事行動の自由などを認めさせました。また、第一次日韓協約では韓国政府に日本人顧問を送り込むことなどを盛り込みました。

　そして翌年、日露戦争が終わると、韓国の外交権のすべてを日本の外務省が指揮監督することを認めさせた第二次日韓協約を締結します。これに対して韓国皇帝の高宗《ゴジョン》は、オランダで開かれていた第2回万国平和会議に密使を送り、条約の不当性を列強に訴えかけようとしますが、取り合ってもらえませんでした。この事件を受けて日本は、高宗を強制的に退位させます。

　韓国併合条約は、こうした経緯を経て締結されました。この条約は、韓国皇帝が韓国の統治権の譲与を日本に申し出て、日本はその申し出を受諾したという形式になっています。つまり強制的な併合ではなく、両者の対等な関係による合意によって条約が成立したというかたちがとられたわけです。このことが、日韓基本条約の交渉時に日本が「韓国併合は合法であった」と主張した根拠です。

　30年代後半になると、日本は韓国の人たちに対する皇民化政策（日本化政策）を推し進めます。日本の皇居の方角に向かって敬礼する宮城遥拝《きゅうじょうようはい》や神社参拝が義務づけられ、学校では日本語を使うことが強制されました。さらに40年には、名前を日本風に変えさせる「創氏改名《そうしかいめい》」も行われました。

　戦争が激化すると、労働力不足を補うために、多くの朝鮮人が日本で工場や炭鉱などの労働に従事させられました。日本軍の軍人・軍属として召集された人も数多くいます。そして慰安婦の問題も起きました。

19世紀後半
列強に対する危機感が日本を朝鮮支配に向かわせた

　もし日本が韓国併合を行わなければ、言うまでもなくその後の日韓関係は今とは大きく変わっていたはずです。なぜ日本は、韓国を植民地化したのでしょうか。

　福沢諭吉は1885年に発表した「脱亜論」の中で、「我国は隣国の開明を待て、共に亜細亜《あじあ》を興《おこ》すの猶予ある可らず、寧《むし》ろ其伍《その》を脱して西洋の文明国と進退を共にし、其の支那《しな》朝鮮に接するの法も隣国なるが故にとて特別の会釈に及ばず」と述べています。当時は帝国主義の時代。西洋列強が次々とアジアに進出していました。うかうかしていると、日本も西洋列強に飲み込まれてしまいます。そこで福沢が主張

keyword **皇民化政策≫** 天皇・皇室への忠誠と日本への同化を指導する政策で、朝鮮や台湾など大日本帝国の統治地域で実施された。日本語の公用語化、国歌・国旗・教育勅語の強制、国家神道の推進と神社建立など。

RUSSIE
CORÉE

日清戦争直前に描かれた風刺画。魚に描かれた朝鮮を日本と中国が釣ろうとしており、ロシアがその横取りを狙っている。

朝鮮半島をめぐる情勢
（19世紀後半〜20世紀初頭）

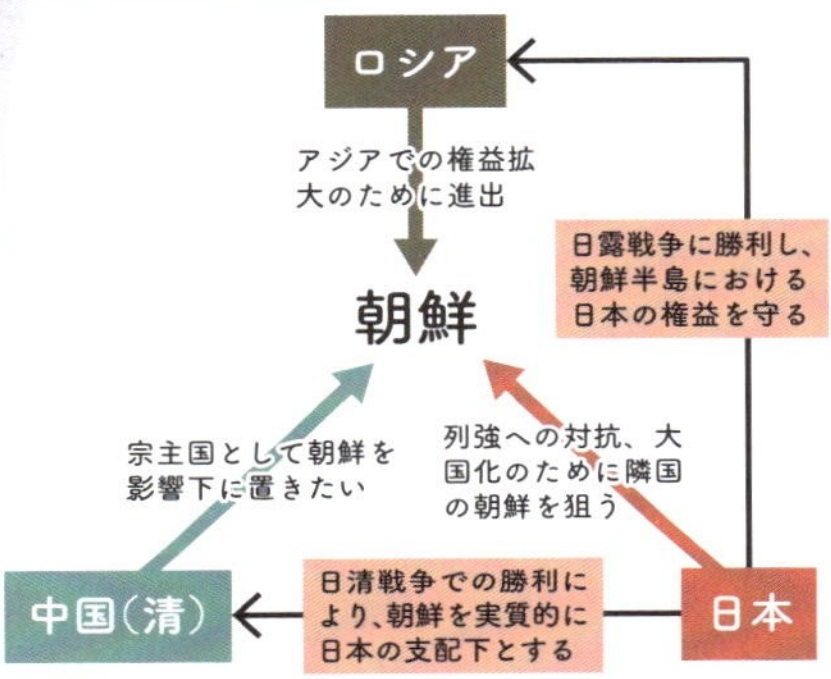
ロシア
アジアでの権益拡大のために進出
朝鮮
日露戦争に勝利し、朝鮮半島における日本の権益を守る
宗主国として朝鮮を影響下に置きたい
列強への対抗、大国化のために隣国の朝鮮を狙う
中国（清）
日清戦争での勝利により、朝鮮を実質的に日本の支配下とする
日本

したように、前近代社会を否定し、西洋列強の一員に加わることを目指すことにしたのです。

日本は隣国の朝鮮を支配下に収めることが、列強から国を守るために重要になると考えました。1894年の日清戦争は、朝鮮における清の影響を排除することをねらって行われたものです。日清戦争に勝利すると、今度は南下政策を進めるロシアが、日本の朝鮮における権益を脅かす存在になりました。そこで日露戦争を戦うことにしたわけです。

このように日本が朝鮮半島を支配下に収めようとしたのには、強い危機感が背景にありました。また「前時代の段階にある朝鮮を、近代化した日本がリードしてやる」といった意識があったことも一因と考えられます。いずれにしても日本がとった行動は、朝鮮で暮らす人たちに甚大な損害と苦痛を与えることになりました。

ふりかえり年表

1895	日清戦争で日本が勝利。中国（清）に朝鮮の宗主権を破棄させる
1897	国号を大韓帝国へ改称
1905	日露戦争で日本が勝利。朝鮮を保護国とする
1909	伊藤博文がハルビンで暗殺
1910	韓国併合条約により朝鮮を植民地化。朝鮮総督府設置
1919	三・一独立運動
1940	創氏改名を実施
1945	38度線を境に米ソが占領
1948	大韓民国と朝鮮民主主義人民共和国（北朝鮮）が設立
1950	朝鮮戦争勃発
1952	李承晩大統領の「海洋主権宣言」
1965	日韓基本条約締結
1988	ソウルオリンピック開催
1993	慰安婦問題で「河野談話」発表
2003	韓流ブームはじまる
2012	李明博大統領が竹島上陸
2015	日韓合意を発表
2017	文在寅大統領が日韓合意に疑義

植民地化

国交正常化!

関係悪化

改善ならず

参考文献 趙世暎『日韓外交史』（平凡社新書）／李鐘元ほか『戦後日韓関係史』（有斐閣アルマ）／和田春樹『日本と朝鮮の一〇〇年史』（平凡社新書）

日中関係

≫なぜ、日本と中国は激しくぶつかり合うようになったのか？

keyword 反日運動、尖閣諸島問題、愛国主義教育、改革開放路線、日中国交正常化交渉、損害賠償請求放棄

領土問題に揺れる尖閣諸島。写真手前から南小島、北小島、魚釣（うおつり）島。

ここ数年、日中関係は改善が進んでいるといわれています。

2018年5月に開催された日中首脳会談では、経済協力に関する合意がなされるとともに、記者会見の場で中国の李克強《りこっきょう（リークーチアン）》首相は、両国に吹いていた「波風や雨風は過ぎた」と発言しました。また同年10月には、安倍晋三首相が日本の総理大臣としては約7年ぶりに訪中（多国間会議への出席を除く）し、習近平《しゅうきんぺい（シーチンピン）》国家主席との会談を実現。安倍首相は中国が推し進める巨大経済圏構想「一帯一路《いったいいちろ》」についても一定の評価をし、日本も協力していきたいといった発言をしています。

関係改善は、中国にとっては日本企業による投資や雇用を国内に呼び込んでいくうえでプラスになります。特に中国は現在、貿易問題をめぐってアメリカとの間で制裁合戦を繰り広げています。米中関係が悪化する中で、今は日本との関係を維持しておきたいという思惑があるのでしょう。一方日本としても、トランプ大統領就任以降のアメリカの動きや、北朝鮮の情勢が不透明感を増す中で、中国との関係を改善することは、外交面でのリスク要因を一つ減らせるというメリットがあります。

ただし日中関係は、好転の兆しを見せても、すぐにまた悪化することを繰り返してきました。なぜこのように脆《もろ》い関係になっているのでしょうか。

2005年～2017年
中国各地で大規模な反日運動が起こる

中国では21世紀に入ってから、2005年と2012年の2回、大規模な反日運動が起きました。

12年の反日運動は、尖閣《せんかく》諸島（中国名・釣魚群島）をめぐって起きました。この年、当時の野田佳彦政権は尖閣諸島の国有化を閣議決定。これに対して自国の領土であると主張する中国政府は猛反発。激しい非難を日本政府に浴びせ、島周辺に監視船や航空機を送り込みました。そして中国国内でも民衆による暴動が起こり、多くの日系企業や日系スーパーが襲われました。

一方、05年の反日運動の要因は歴史問題でした。当時日本は、国連安全保障理事会の常任理事国入りを目指していました。しかし中国では、「アジアを侵略した過去の過ちについて、心からの謝罪をしていない日本に、常任理事国入りの資格はない」という声が強まり、反対運動が起こりました。さらに日本の「新しい歴史教科書をつくる会」の教科書の内容が中国に伝わると、運動は激化します。中国各地でデモが発生し、日系スーパーや日本領事館などが襲われて被害を受けました。

中国国内での大規模な反日運動は、当然のように日本人の対中感情の悪化を招きました。また尖閣諸島の領有権を声高に主張する姿は、中国への軍事的な警戒心を高めるのに十分でした。そのため日本政府は日米同盟の強化を進め、力には力で対抗しようとしました。こうして日中関係は、政府間レベルでも国民感情のレベルでも、すっかり冷え込みました。

尖閣諸島の周辺地図

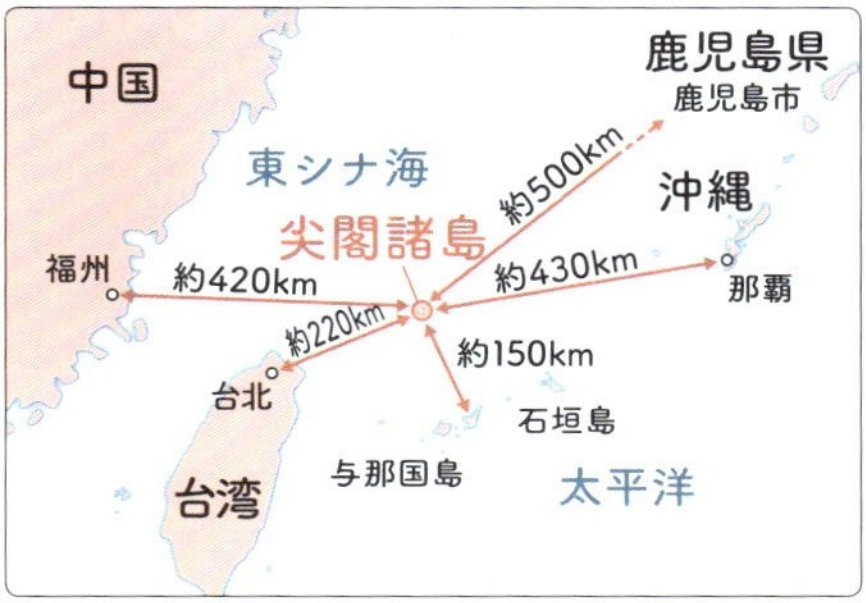

東シナ海に位置する尖閣諸島は航路上の要衝にあり、明治時代に日本政府が沖縄県に編入したにもかかわらず、1970年代から中国と台湾が領有権を主張し始めた。

尖閣諸島問題の経緯

- 2013　中国が東シナ海上空に防空識別圏を設定→以降、中国公船の領海侵犯が相次ぐ
- ↑
- 2012　東京都・石原慎太郎知事が尖閣諸島の買い取りを企画。これを受け、野田佳彦首相が国有化を決定
- ↑
- 2000年代～　中国漁船などの領海侵犯が多発
- ↑
- 1970年代～　中国や台湾が領有権を主張し始める
- ↑
- 明治時代　他国が占領していないことを確認のうえ、日本の領土に編入

keyword **魚釣島《うおつり》≫** 尖閣諸島の中でもっとも大きな島。湧き水が出たことから明治中期以降は海産物加工工場が稼働していたが、昭和初期に事業が中止され、それ以降は無人島になった。

1989年〜2004年

愛国主義教育が若者の反日感情を高めた⁉

二つの反日運動が衝撃的だったのは、デモに参加していた中国の民衆、とりわけ若者たちが、日本に激しい憎悪を燃やしていたことでした。

この背景には、中国が1990年代半ば以降に力を入れてきた愛国主義教育の影響があります。89年に天安門《てんあんもん》事件が起きたあと、中国共産党は党に刃《やいば》を向ける若者が再び出てくることに強い危機感を抱きました。そこで学校の歴史の授業の中で「日本軍がかつて中国においていかに残虐な行為を行い、それに対して中国共産党がどう勇敢に抗日戦争を戦ったか」を徹底的に教える愛国主義教育を開始したのです。それが若者たちの反日感情の高まりにつながったといわれています。

1989年、学生を中心とした民主化運動は武力鎮圧された（天安門事件）。写真は天安門広場のそばで戦車の前に立ちはだかる男性。

2005年、北京で起きた反日デモの様子。歴史問題に端を発し、上海や広州など全土に広がった。

そして90年代末以降に発展したインターネット空間の中で、若者たちは過激な反日的発言や外交政策を主張するようになります。やがてその主張は一つの世論を形成し、共産党ですら無視できないものになっていきました。共産党としては、外交戦略の一手法として日本に強硬な姿勢を示すことはあっても、日本との過度な関係悪化は望んでいません。しかし、だからといって反日で過熱する世論を無理に抑え込もうとすると、今度は不満や怒りが共産党に向けられるリスクがあります。

中国では言論の自由は認められていません。しかし改革開放が進む中で、以前のように国民の声を完全に管理下に置くのは難しくなっていました。だから時に政府の思惑を超えて、世論が暴発することがこの頃から起き得るようになったのです。

keyword **天安門事件»** 1989年6月4日、民主化を求める一般市民のデモを軍隊が鎮圧。多数の死者を出した。1976年に起こった天安門事件と区別するため、六四天安門事件とも呼ばれる。

1978年～1990年代
中国の経済成長のために支援を惜しまなかった日本

　日中間の対立関係が鮮明になってきたのは、１９９０年代半ば以降のことです。その要因はここまで見てきたように、経済力、軍事力をつけた中国が日本にとって脅威となってきたこと、愛国主義教育の影響や改革開放が進む中で、時に中国の民衆が公然と反日的な言動をするようになったことなどが挙げられます。

　ではそれ以前の日中関係はというと、70年代後半から80年代にかけてはかなり良好でした。

　70年代の中国は、それまでの政策の失敗で、経済的にすっかり疲弊していました。そこで共産党内で権力を掌握した鄧小平《とうしょうへい（ドンシャオピン）》は、経済の建て直しに取り組みます。**社会主義経済の中に市場経済を導入する改革開放路線を打ち出したのです。**これは要は「共産党の指導のもとで、資本主義を導入する」というもので、実質的な社会主義の否定といってもよいものでした。

　このとき鄧小平が経済成長のお手本としたのが日本でした。来日時には、「偉大な日本人民に学びたい」と発言し、日本の工場や新幹線などを熱心に視察しました。

　日本もそんな中国をＯＤＡのかたちで経済支援します。**１９７９年から95年の間に中国が外国政府から受け取った借款のうち、じつに約4割を日本が占めています。**中国はそのお金を元手に、鉄道や港湾、発電所などのインフラを整備しました。まさに日本は、中国が70年代から80年代にかけて、その後の経済発展のいしずえを築いていくうえで、一番の協力者になったのでした。

対中国経済協力の推移

グラフ内の数値は、円借款（政府貸付）、無償資金協力、技術協力を含む。2007年に円借款の新規承諾はストップし、2018年10月の日中首脳会談において、年度内にすべてのODA新規採択を終了することが決定した。支出総額約3兆6500億円のうち、約3兆3200億円は有償協力であり、継続的に返済されている。

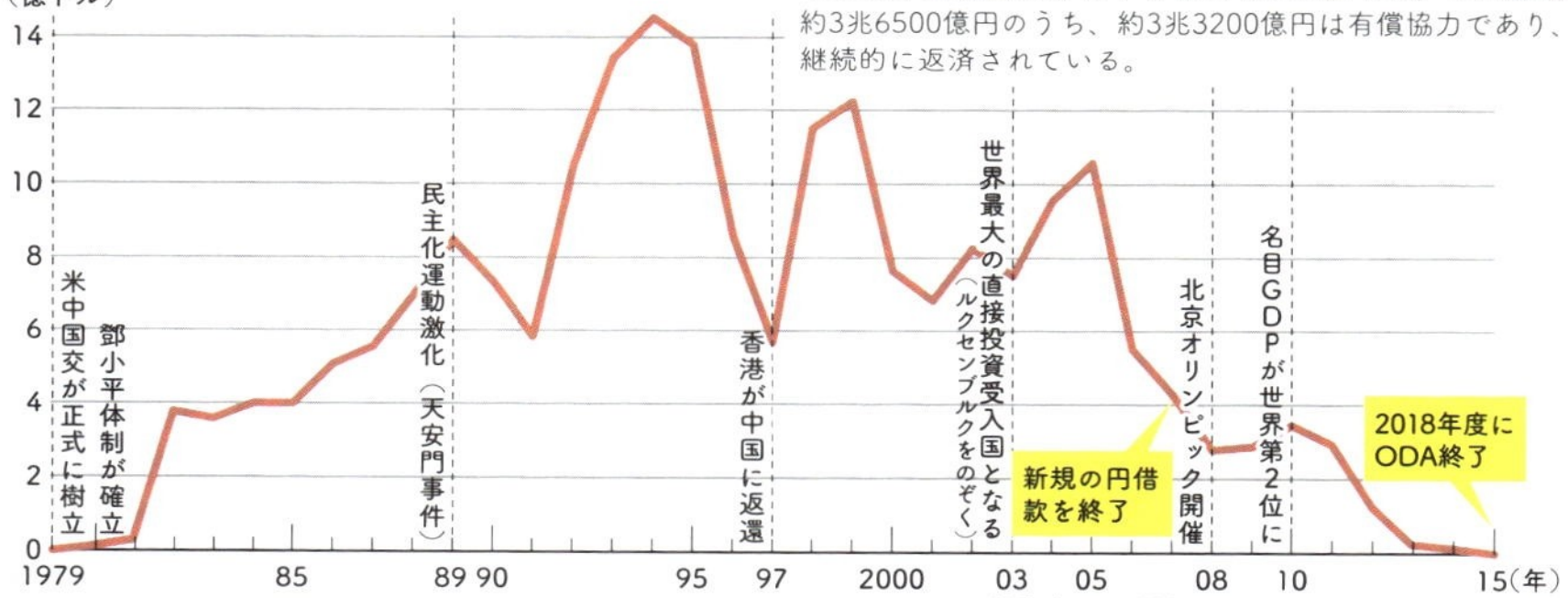

外務省HPに掲載の各種データをもとに作成

keyword **ODA≫**〔Official Development Assistance／政府開発援助〕先進国政府が発展途上国に行う援助や出資のこと。日本は1954年からODA供出国になった。供出額は世界第4位（2016年）。

1972年

損害賠償が放棄されたうえで日中の国交が回復する

日本が中国を積極的に支援したのは、当時日本人の多くが中国に好意的な感情を抱いていたからでした。

戦後、1972年まで日本と中国の間には国交がありませんでした。その国交正常化交渉において、争点となると見られていたのが、日中戦争時の損害賠償についてでした。

ところが中国は「日本の軍国主義者と日本人民は別で、日本人民に負担を負わせるわけにはいかない」という理由で、賠償請求を放棄します。これが多くの日本人を感動させました。そこで日本は損害賠償に代わるものとして、中国に多額の経済援助を行うことにしたのです。

戦後の日中関係

1979　中国に対するODA開始

1978　日中平和友好条約締結
主権・領土の相互尊重、相互不可侵、反覇権主義を掲げる

↑

1972　日中共同声明
日本は戦争責任を認め、中華人民共和国を唯一の中国とする。中国は対日賠償を放棄

↑

1960　日中貿易再開　中国は反発

1952　台湾と日華平和条約締結

しかし今から振り返ると、日本はむしろ損害賠償を行うことで、過去の歴史問題をしっかり清算するべきだったかもしれません。そうすれば今日まで事あるごとに中国から歴史問題を持ち出されることはなかったはずです。ちなみに経済援助については、中国政府が日本による援助を中国国民に知らせなかったために、「いくら援助しても感謝されない」ということが起きてしまいました。

もう一つの問題は、中国政府が損害賠償を放棄するという決断を、国民の合意を得ずに独断で行ってしまったことです。そもそもこの頃の中国は、国民が政府の決定に異を唱えることが不可能でした。そのため日本側としては国交正常化時に歴史問題は解決していると考えているのに、中国国民の中にはそうは考えない人が多数いるといったすれ違いが起き、これがのちの反日運動につながったといえます。

日中共同声明調印後に乾杯する田中角栄首相（右）と中国の周恩来首相（左端）。

who's who
鄧小平：［1904-1997］10代で共産党に入党し、国共内戦に参加。文革以降、毛沢東と対立して何度か失脚するが、毛の死後は実質的な最高指導者となり、改革開放路線に取り組む。

Column

中国人は日本を「軍国主義」だと思っている!?

日本の民間団体「言論NPO」と中国の「中国国際出版集団」では、お互いの国のイメージに対する世論調査を毎年行っています。その中に「お互いの国の社会政治体制を表す言葉は？」という質問項目があります。2018年の調査結果では、日本人が中国に対して抱く言葉としては、1位が「社会主義・共産主義」(49.4%)、2位が「全体主義（一党独裁）」(32.6%) です。一方中国人が日本に対して抱く言葉は、1位は「資本主義」(48.9%) ですが、3位はなんと「軍国主義」(25.7%) が入っています。これも愛国主義教育の影響でしょうか。

中国から見た日本の社会・政治体制のイメージ

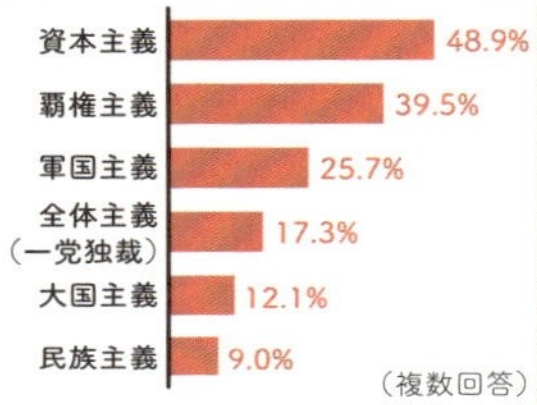

ふりかえり年表

- 1931 満州事変が起こる
- 1937 盧溝橋事件。日中戦争本格化
- 1945 日中戦争終結。国共内戦再開
- 1949 中華人民共和国成立
- 1952 日本と台湾が日華平和条約締結
- 1960 日中貿易再開
- 1966 文化大革命始まる
- 1972 ニクソン訪中。日中共同声明
- 1976 毛沢東死去
- 1978 日中平和友好条約締結 鄧小平による改革開放路線始まる
- 1979 中国に対する経済協力（ODA）開始。米中国交正常化
- 1989 天安門事件勃発
- 1997 香港が中国に返還
- 2001 この頃「世界の工場」と呼ばれ、経済成長が進む
- 2005 歴史問題に端を発し、反日デモが全土に広がる
- 2008 北京オリンピック開催
- 2010 中国の名目GDPが世界第2位に
- 2012 尖閣諸島問題が顕在化。反日デモ勃発

二つの中国

転換点

大国への道

反日の高まり

1945年〜1971年

東西冷戦構造が日中の交流を阻んでいた

日本は中国（中華人民共和国）と国交を回復させる1972年まで、戦後ずっと台湾の中華民国を中国を代表する政府とみなし、こちらと国交を結んでいました。

この間も中国との経済交流を深めようという動きがなかったわけではありません。しかし当時は東西冷戦の真っただ中。社会主義国である中国と近づくことは、中国の共産党政権と対立する台湾の国民党政権のみならず、アメリカが許しませんでした。そのアメリカが米中和解によって関係を改善したことで、ようやく日本も国交回復が可能になったのです。戦後の日中関係が本格的に始まったのは、それからのことです。

参考文献 毛里和子『日中関係』（岩波新書）／毛里和子『日中漂流』（岩波新書）／服部龍二『日中国交正常化』（中公新書）

北方領土

なぜ、ロシアは北方領土を実効支配し続けているの

keyword 「我が国固有の領土」、イルクーツク宣言、四島返還 … 還論、サンフランシスコ平和条約、ヤルタ会談、日露和親 …

2018年2月7日（北方領土の日）に行われた「北方領土返還要求全国大会」に参加する安倍晋三首相。

2018年11月、膠着状態にあった北方領土問題に、新たな動きがありました。日露首脳会談において、1956年に結ばれた日ソ共同宣言を基礎に、平和条約締結交渉を加速させることで、両国が合意したからです。日ソ共同宣言には、平和条約締結後、北方四島（歯舞《はぼまい》群島、色丹《しこたん》島、国後《くなしり》島、択《えと》捉《ろふ》島）のうち歯舞と色丹の二島を日本に引き渡すことが記されています。

しかし、日本はこれまで「四島同時返還」を求めてきました。そのため政府は公式には「領土問題の帰属を解決したうえで、平和条約を結ぶという原則に変わりはない」と表明しています。しかし実際には、政府は「二島先行返還」に方針転換したのではないかと見る向きもあります。いずれにせよロシア側が今後どのような主張をしてくるかも含めて、事態の進展を見守る必要があります。

北方領土は第二次世界大戦末期に、日ソ中立条約を破棄したソ連によって占領され、今も占領状態が続いています。日本が戦前に併合した領土は敗戦後に取り上げられましたが、北方領土はずっと昔から日本固有の領土であるのだから返還されるべきである、というのが日本政府の主張です。しかしロシアはこの求めに応じてきませんでした。なぜ、交渉は難航を続けてきたのでしょうか。

北方領土の位置

2018年
ロシアにとって北方領土は重要な軍事拠点になっている

交渉が進まない理由の一つに、これらの島々が軍事上重要な意味を持つことが挙げられます。近年、ロシアはアメリカとの関係が悪化しています。そのためプーチン大統領は「島を日本に引き渡せば、そこに米軍が展開する可能性がある」と懸念を表明しています。

国後島と択捉島の間にある国後水道は、冬でも海が凍結しません。もしここに米軍が駐留すると、ロシア軍はオホーツク海から国後水道を通って、太平洋へと抜けられるルートが塞がれてしまいます。軍事上、非常に不利になるわけです。ロシアは今、国後島と択捉島に地対艦ミサイルを配備し、守りを固めています。

2001年～2009年
動き出すかに見えた交渉も途中で暗礁に乗り上げる

これまで北方領土問題は、ロシアとの間で交渉の余地が皆無だったわけではありません。2001年に日露両国で出されたイルクーツク宣言では、1956年の日ソ共同宣言が、今も有効であることが確認されました。日ソ共同宣言とは、両国が平和条約を締結したのちに、北方四島のうちの歯舞と色丹の二島を日本に引き渡すことを定めたものです。当時日本としては、まず二島を返還してもらい、そして残り二島の返還交渉に臨むつもりでした。

しかし平和条約締結の交渉は難航。さらにソ連が米軍の日本からの撤退を二島引き渡しの条件に加えてきたため、交渉は暗礁に乗り上げます。その

who's who

ウラジーミル・プーチン：［1952-］ロシア第2・4代大統領及び第5代首相。「強いロシアの回復」を政策目標に掲げ、クリミアを併合するなど、その強権的な手法には西側諸国が反発している。

後日ソ共同宣言は、その有効性さえあいまいになっていたのですが、イルクーツク宣言で、まだ有効であることを双方が確認したわけです。イルクーツク宣言のあと、日本政府の中では、「二島先行返還論」が検討されましたが、結局「四島同時返還」を主張する声が勝ち、このプランは消えました。

また、06年にはプーチン大統領が「双方が妥協して領土問題を解決したい」と発言。譲歩案として日露が北方四島を面積で折半する案が考えられ、これに対し麻生太郎外相も「検討対象になる」と柔軟な姿勢を見せました。しかし、のちに首相に就任した麻生が「ロシアが北方領土を不法占拠している」等の発言をしたことにより、ロシアが態度を硬化。北方領土問題に進展は見られませんでした。

このように北方領土交渉は、日本が四島すべての同時返還にこだわったために、滞った面があります。

日露間の交渉の変遷

2001年
イルクーツク宣言
〔森喜朗・プーチン〕
国後・択捉も交渉対象とすることが明記され、四島の帰属問題を解決して平和条約を締結すべきことが再確認される。

1993年
東京宣言
〔細川護熙・エリツィン〕
日露間で過去の条約などを引き継ぐことを合意。歯舞・色丹の引き渡しも間接的に確認される。

1956年
日ソ共同宣言
〔鳩山一郎・ブルガーニン〕
国交回復したこの宣言内で、平和条約締結後に日本へ歯舞・色丹を引き渡すことが規定される。

1951年～1956年
日本は当初は二島返還を主張していた

今の日本は北方領土の四島返還を主張していますが、じつは1950年代前半は二島返還論が主流でした。

1951年、日本は48カ国とサンフランシスコ平和条約を締結。これにより敗戦から続いていた占領状態が終わります。この条約の中に「日本は千島列島を放棄する」という内容の一文が含まれていたことが、日本が北方四島を失う法的な根拠となりました。しかし日本は国後と択捉は千島列島に含まれるが、歯舞と色丹は北海道の一部であるから、この二島は返還されるべきだと主張したわけです。

サンフランシスコ平和条約では、日本が放棄した千島列島を誰が領有する

Column

日本がロシアとの共同経済活動を目指す理由とは？

今日本は北方四島において、ロシアと共同経済活動を進めるべく交渉を重ねています。これは観光や風力発電などの五つの分野において、両国がさまざまな協力を行いながら、北方四島の経済発展を促進させていこうというプロジェクトです。日本としてはこの活動を通じて、ロシアとの間で信頼関係を構築し、領土交渉の進展に結びつけたいという思いがあります。しかし米ロ関係が悪化する中で、ロシアはアメリカと同盟を結ぶ日本に警戒感を抱いており、交渉は順調に進んでいるとは言えません。

共同経済活動5項目

- ①海産物の養殖
- ②温室野菜の栽培
- ③観光ツアーの開発
- ④風力発電の導入
- ⑤ごみの減少

かについては定められていませんでしたが、実際にはソ連が占領によって実効支配をしていました。そこでソ連と交渉が始まりました。

ところがここで待ったをかけたのがアメリカです。当時のダレス国務長官は、「歯舞と色丹の返還だけで交渉を終わらせ、国後と択捉をソ連に渡すなら、アメリカは沖縄を日本に返還するのを再考する」と日本に圧力をかけたとされています。冷戦構造の中で、日ソ関係を改善させたくないという思惑が働いたものだと思われます。

以後日本は、二島返還論を取り下げ、四島返還論に転換します。サンフランシスコ平和条約では「日本は千島列島を放棄すること」が定められていますが、「歯舞と色丹だけでなく、国後と択捉も千島列島には含まれないから、条約の内容とは矛盾しない」と、日本は主張するようになりました。

1945年～1951年 ソ連が千島を領有することはアメリカとの約束だった!?

前述したようにサンフランシスコ平和条約には、日本が千島列島を放棄することを定めた一文が入っていますが、問題はこの条文の中に、千島列島の範囲が定められていないことです。だから日本は最初のうちは「歯舞と色丹は千島列島ではない」と二島返還を主張し、のちに「国後と択捉も千島列島ではない」と四島返還を主張するようになったわけです。もし条約締結時に千島列島の範囲が明記されていれば、北方領土問題はこれほどこじれることはなかったかもしれません。

またサンフランシスコ平和条約には、日本が千島を放棄したあとに誰が領有するかも記されていませんでし

keyword **ヤルタ会談≫** 1945年にアメリカ・イギリス・ソ連の首脳による戦後処理についての会談。その際に米ソ間で密約が結ばれ、ソ連の対日参戦へとつながった。

北方領土の変遷

サンフランシスコ平和条約後
（1951年）

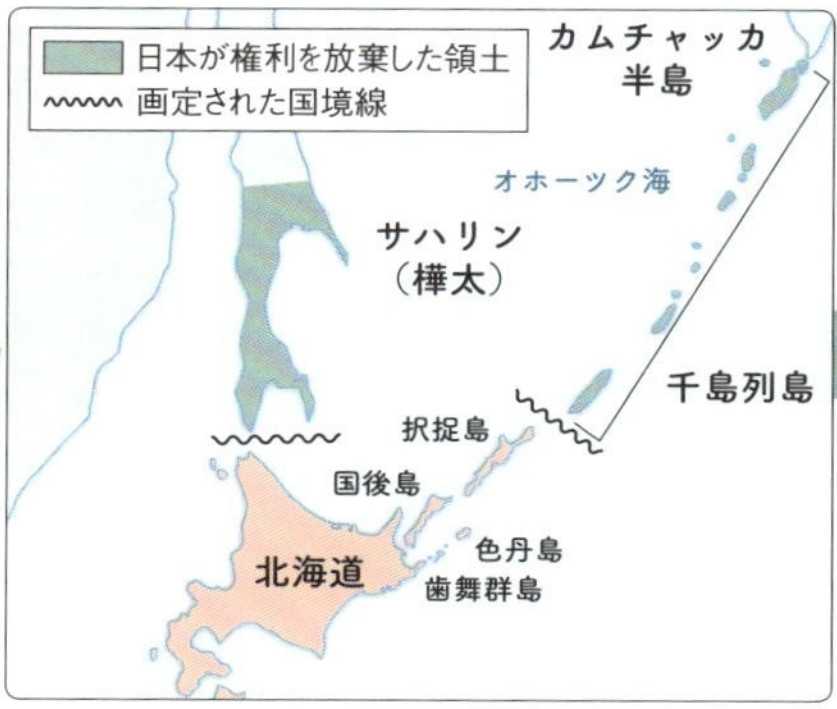

第二次世界大戦に敗北した日本は、樺太の一部と千島列島の権利を放棄した。

日ソ共同宣言
（1956年）

日ソ共同宣言では、平和条約交渉の継続と、平和条約締結後に歯舞・色丹を引き渡すことに日ソ両国で合意。ここから北方領土に関する交渉が開始された。

た。しかしソ連は「自分たちが領有するのが正当だ」と考えました。その理由はヤルタ会談にあります。

ヤルタ会談とは、1945年初頭に米英ソの首脳が、第二次世界大戦後の戦後処理について話し合ったものです。そこで行われた米ソ会談において、アメリカはソ連に対して対日本への参戦を求めました。ソ連に参戦してもらい、米軍の損害を少しでも減らすためです。**アメリカは参戦の見返りに、日本が領土としている樺太の南半分と千島列島を、戦後ソ連が領有することを**認めました。この合意内容に沿ってソ連は日ソ中立条約を破り、対日参戦し、北方四島を占領したわけです。

サンフランシスコ平和条約で、ソ連は会議には参加しましたが、調印はしませんでした。しかし日本が放棄した千島列島については、「自分たちが領有して当然」と考えているのです。

1855年～1945年　国境が画定されて以来北方四島はずっと日本領

日本政府は北方四島を「我が国固有の領土」であると主張しています。これは本当でしょうか。

日本とロシアは1854年に日露和親条約を締結。それまであいまいだった国境を画定させます。これにより択捉島以南が日本領、ウルップ島以北がロシア領となりました。また樺太は、日露両国の雑居地となりました。つまり北方四島は、このときから明確に日本領になりました。

次いで日露は75年に樺太・千島交換条約を締結。ウルップ島以北からカムチャッカ半島までの千島列島が日本領となり、樺太はロシア領となります。さらに日本は日露戦争での勝利によっ

keyword **日ソ中立条約**≫ 1941年に結ばれた日本とソ連間で相互不可侵を約束した条約。しかし1945年、ソ連が条約を破って満州や北方四島へ侵攻。そのため、条約違反だと日本政府は主張した。

樺太・千島交換条約後
（1875年）

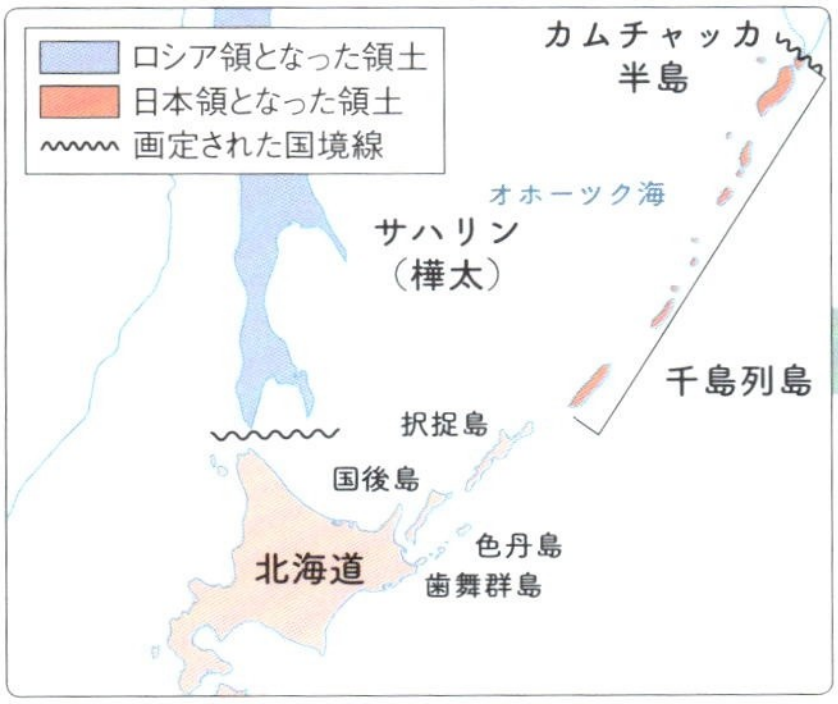

日本はロシアに樺太の権利を譲り、代わりに千島列島を得ることを取り決めた。

ポーツマス条約後
（1905年）

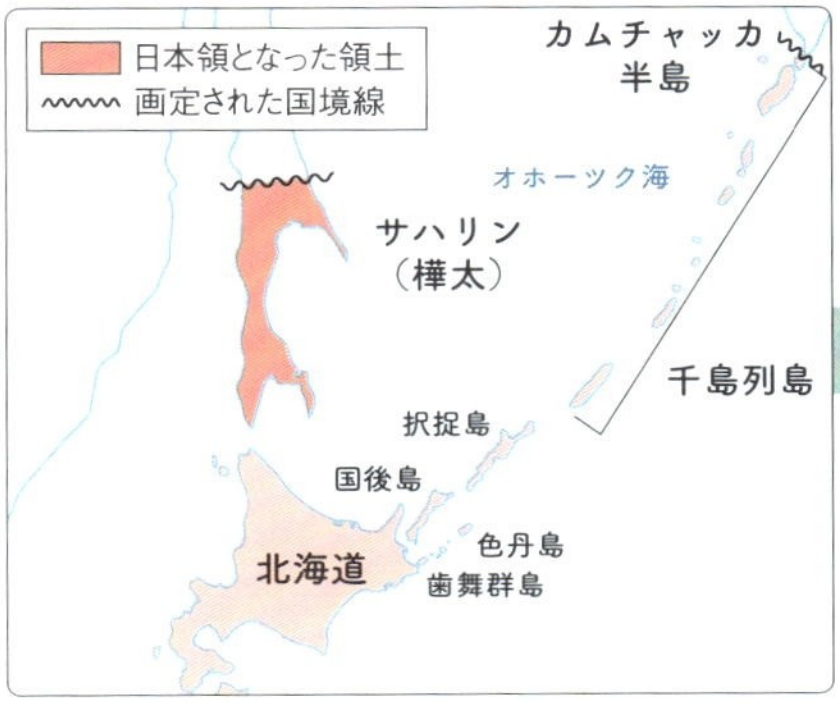

日露戦争に勝利した日本はポーツマス条約にもとづき、南樺太をロシアから譲与された。

て、南樺太も奪取。しかし第二次世界大戦の敗戦により、北方四島のみならず、ウルップ島以北の千島列島も南樺太も一気に失います。

このように日露の領土は、短期間で大きく変わりました。ただし**北方四島に関しては、54年の最初に国境が画定されて以降、敗戦まで日本領であり続けました。**

アメリカとイギリスは1941年に定めた大西洋憲章の中で、「領土不拡大宣言」をしています。これは「第二次世界大戦後、連合国は敗戦国から領土の割譲を求めず、領土拡大はしない」ことを宣言したものです。ソ連もこれに合意しました。

北方四島は最初に領土が確定されて以降、ずっと日本の領土でしたから、その占領は領土不拡大宣言に反します。これが、日本政府が北方領土を「我が国固有の領土である」として返還を求める論拠の一つになっています。

ふりかえり年表

1854	日露和親条約を締結
1875	樺太・千島交換条約を締結
1904	日露戦争がはじまる
1905	ポーツマス条約
1945	ヤルタ会談が行われる。ポツダム宣言を受諾し、日本が敗戦。ソ連が北方四島を占領
1947	この頃から冷戦が始まる
1951	サンフランシスコ平和条約締結も、ソ連は署名せず
1956	日ソ共同宣言により国交回復
1989	冷戦の終結
1991	日ソ共同声明。ソ連崩壊
1993	東京宣言
2001	イルクーツク宣言。平和条約締結後の2島引き渡しを確認
2016	日露山口会談で、共同経済活動についての協議を開始
2018	プーチンが東方経済フォーラムにおいて、「前提なしの平和条約締結」を提案。安倍首相も条約締結に前向きな姿勢を示す。

問題の起点

交渉スタート

転換期

参考文献
石郷岡建ほか『北方領土の基礎知識』（東洋書店新社）／小笠原信之『「北方領土問題」読本』（緑風出版）／外務省「われらの北方領土 2017年版」

沖縄基地問題≫

なぜ、米軍基地が沖縄からなくならな[illegible]か？

keyword 普天間基地、辺野古移設、民主党政権、アメリカ施政下、沖縄戦、琉球王国

2018年8月、米軍辺野古基地移設工事に抗議する反対派の人びと。

アメリカは世界中に米軍基地を設け、軍隊を駐留させています。その中で現在、米軍の駐留人数が世界でもっとも多い国が日本です。かつてはドイツが1位でしたが、冷戦終結後に大幅削減が進んだため、日本が追い抜いてしまいました。

その日本の中で、米軍基地が圧倒的に集中しているのが沖縄です。国土面積に占める沖縄県の面積は0・6%に過ぎないのに、日本の米軍基地面積の約70%が沖縄県に集まっています。

沖縄県では、1972年の本土復帰後、2017年までに米軍機事故が約750件、米軍兵士による強姦《ごうかん》事件などの凶悪犯罪が580件近く起きています。そのため沖縄県民の多くが、米軍基地の大幅縮小を求めています。

これまで沖縄はよく「基地があるおかげで経済が成り立っている」といわれてきました。しかし現在、県民総所得に占める基地関係の収入の割合は5%程度に過ぎません。むしろ基地を返還してもらって、都市開発をしたほうが、多大な経済効果が期待できるという試算もシンクタンクなどから出されています。

基地の大幅縮小は沖縄県民の悲願であるにもかかわらず、なぜ実現が難しいのでしょうか。そもそもどうしてこんなに沖縄だけに、基地が集中することになったのでしょうか。

2012年～2018年
普天間問題をめぐって対決姿勢を強める国と沖縄県

近年、沖縄の米軍基地をめぐる報道の中で、もっとも頻繁に登場するのが「普天間《ふてんま》基地」と「辺野古《へのこ》移設」です。

政府は、米軍から普天間基地（沖縄県宜野湾《ぎのわん》市）の土地を返還してもらう代わりに、基地の移設先を辺野古（沖縄県名護《なご》市）の沿岸部に定め、埋め立て工事に着手しています。辺野古新基地には、2本の滑走路や港湾設備、弾薬搭載場などが建設される予定です。つまり単なる普天間基地からの機能移設ではなく、機能拡充といえます。

ちなみに移設に伴う費用は、日本側が負担します。じつは米軍はかつて、辺野古の沿岸部に基地の建設計画を立てていたことがありますが、費用が膨

米軍専用区域の県別面積

全国の米軍基地の7割が沖縄に集中しており、その面積は沖縄本島の20％にも及ぶ。

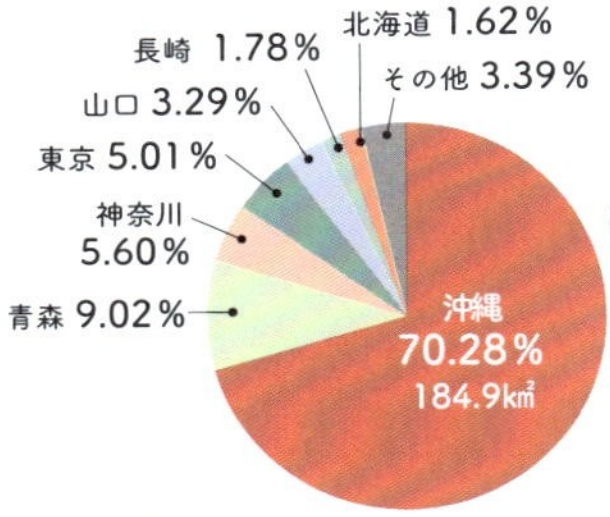

防衛省・自衛隊HP「在日米軍施設・区域の状況」をもとに作成（2018年）

沖縄の在日米軍基地の状況

基地のある場所を中心に、米軍飛行機の墜落事故が起きており、また米軍による凶悪犯罪も複数起きている。

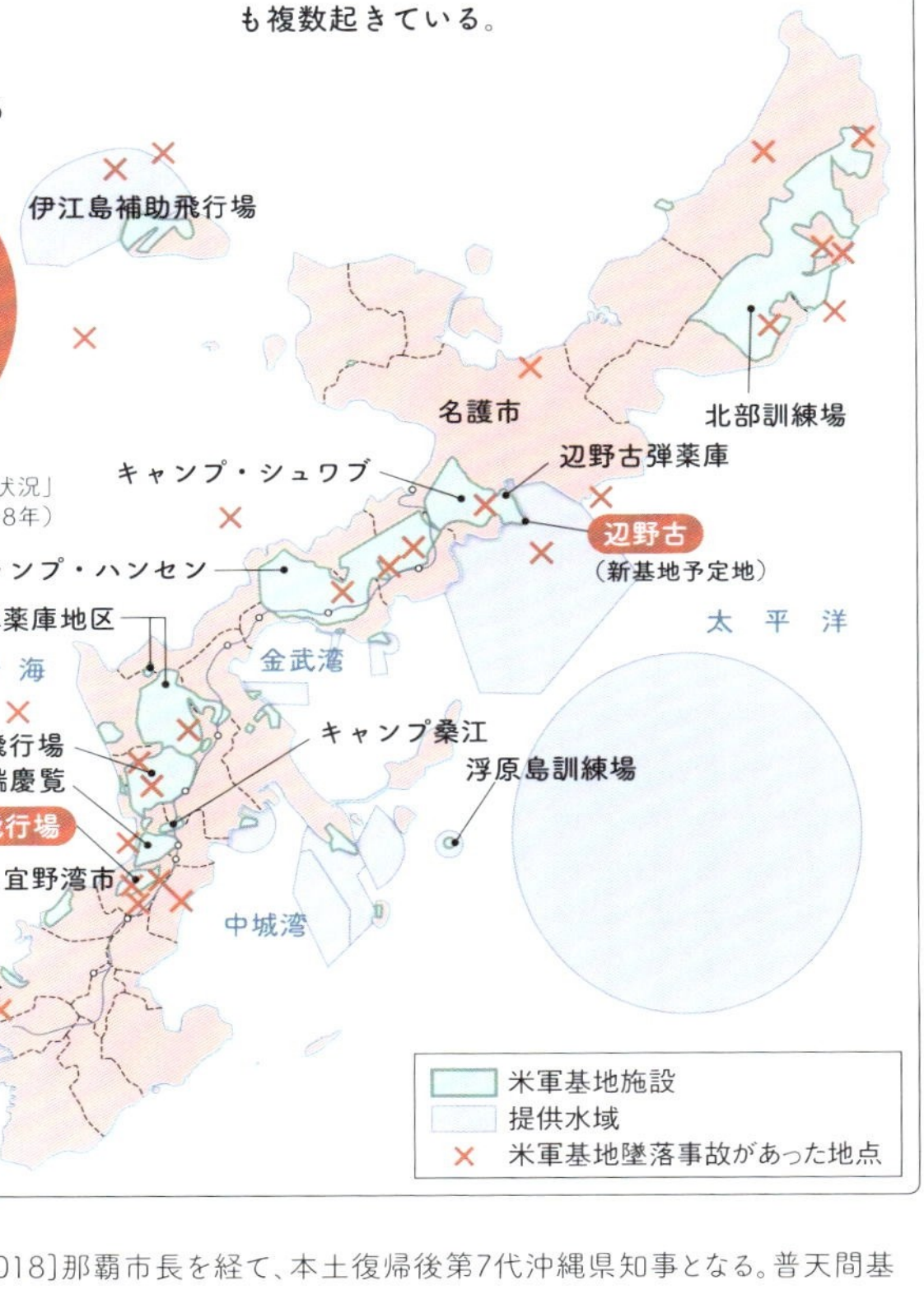

who's who

翁長雄志：［1950-2018］那覇市長を経て、本土復帰後第7代沖縄県知事となる。普天間基地の廃止、辺野古への移設反対を強く主張し続けた。在職中に病没。

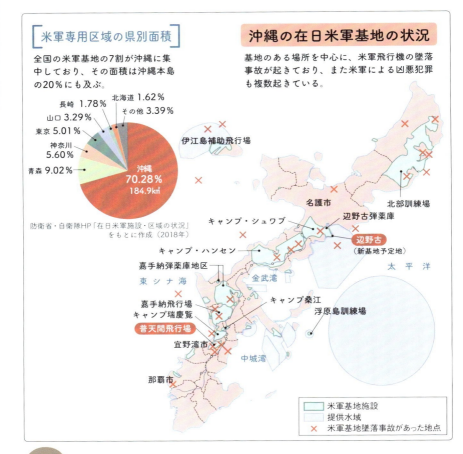

大になるため断念していました。

　こうした動きに沖縄の人たちは、「なぜ沖縄ばかりが基地の負担を背負わなくてはいけないのか」と考え、2014年の沖縄県知事選挙では「普天間基地の県外移設」を訴える翁長雄志《おながたけし》知事を誕生させました。

　一方政府は、12年に第2次安倍晋三内閣が発足して以来、強硬姿勢が目立っています。「辺野古移設は、仲井《なかい》眞弘多《まひろかず》前沖縄県知事が埋め立てを承認した時点ですでに解決済みだ」として、翁長知事の訴えに耳を傾けようとはしませんでした。翁長知事が埋め立て承認取り消しを行うと、政府はこれを違法であるとして行政訴訟を起こすことで対抗し、対立が深まります。18年9月には翁長知事の死去を受けて行われた知事選で、やはり辺野古移設見直しを訴える玉城《たまき》デニーが当選しましたが、政府の方針に変化は見られません。

1995年〜2010年
「国外、最低でも県外」と断言した民主党の迷走

　日本政府が普天間基地に代わる米軍基地の建設に力を注いでいるのは、「中国の台頭や北朝鮮情勢が不安定な中で、日本の防衛のためには在日米軍の存在が欠かせない」という思いがあるからです。そのためには日本が米軍基地の移転費用や駐留経費などを負担するのもやむを得ないというのが、政府の考えです。

　もちろん、代替先が沖縄県内である必然性はありませんが、他に米軍基地を受け入れてくれる自治体が現れる可能性は極めて低く、沖縄に我慢してもらうしかないというわけです。

　アメリカとの間で普天間基地返還合意がなされ、辺野古への移設案が浮上

Column

日米地位協定に対する沖縄県民の憤り

　1995年、沖縄で3人の米兵が少女を暴行したあとに、米軍基地に逃げ帰る事件が起きました。沖縄県警は米軍に容疑者の身柄引き渡しを要求しましたが、日米地位協定では検察が起訴するまでは米軍側が身柄を拘束できるという規定があるため、米軍は引き渡しを拒否。沖縄県警は取り調べができなくなりました。このときは多くの沖縄県民が怒りの声を上げました。日米地位協定の見直しを要求して、8万5000人が参加した大集会が開かれたのです。日米地位協定の見直しも、米軍基地の縮小と同じぐらいに沖縄の人たちが求めていることです。

1995年、宜野湾海浜公園の沖縄総決起大会で怒りの声を上げる沖縄県民。

keyword **日米地位協定≫** 1952年の日米行政協定を承継し、1960年に結ばれた在日米軍の権限などに関する地位協定。米軍人の犯罪行為を日本で十分に捜査するのが難しいなどの問題点がある。

米軍基地と海兵隊員数の推移

米軍基地面積の割合は1960年代に本土と沖縄の割合が逆転。沖縄でも基地面積自体は縮小しているが、本土との比率は変わらず、依然として沖縄に集中している。

米軍基地面積の割合（沖縄）
米軍基地面積の割合（本土）
米軍海兵隊員数（沖縄）
米軍海兵隊員数（本土）

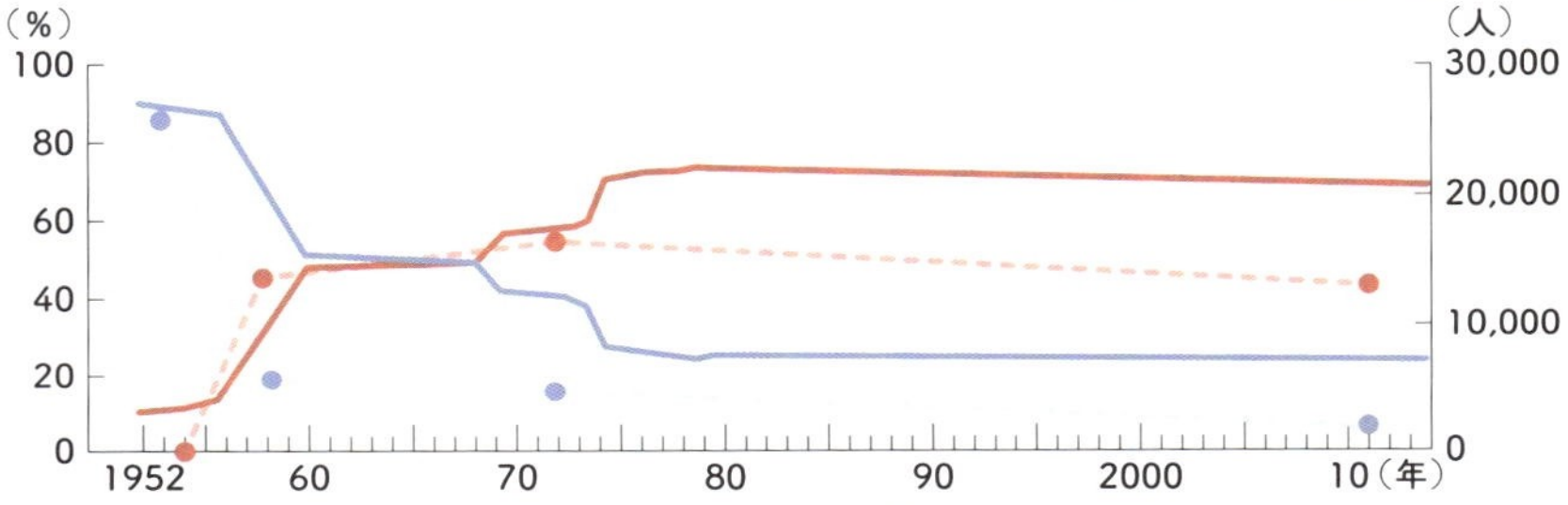

朝日新聞（2013年4月）の記事、山本章子・沖縄国際大学非常勤講師らの調査をもとに作成

したのは1996年のことです。翌年、地元の名護市では市民投票が行われ、受け入れ反対が過半数を占めました。95年に起きた沖縄米兵少女暴行事件も、反米感情を後押しし、以来、沖縄県内では世論調査などでも移設反対の声が多数を占めてきました。

そんな中で、風向きが変わった時期があります。2009年に民主党政権が誕生すると、鳩山《はとやま》由紀《ゆき》夫《お》首相は普天間移設先について「国外か、最低でも県外」という政策を打ち出したのです。鳩山首相には「自民党とは違って対米従属政権にはならない」という思いがありました。ところが鳩山首相には、辺野古に代わる移設案もなければ、事前の根回しもしていませんでした。設定していた期限内に移転先は決まらず、従来の辺野古移設案に戻ることになったのです。結局、沖縄の人たちを振り回すだけに終わりました。

1965年〜1972年
祖国復帰は果たすが米軍基地は残ったままに

日本にある米軍基地のうち、面積にして約70%を沖縄県が占めているというのは、前述した通りです。ただしこの割合はかつてはもう少し低く、60%程度でした。

1965年、佐《さ》藤《とう》栄《えい》作《さく》首相は沖縄を訪問した際に、演説の中で「沖縄の祖国復帰が実現しない限り、我が国にとっての戦後は終わっていない」と発言しました。当時沖縄は、潜在主権は日本にあったものの、アメリカの施政権下に置かれていたからです。その後佐藤首相は、アメリカのニクソン大統領との本格的な沖縄返還交渉をスタートさせました。アメリカも、沖縄の人たちの祖国復帰への思いの高まりを抑えき

keyword **普天間基地≫** 沖縄県宜野湾市にある米軍基地。住宅密集地にあるため、事故時の危険性が高く「世界一危険な基地」ともいわれる。

れないと感じていたので、交渉は順調に進み、72年5月15日をもって沖縄は日本に返還されることになりました。

これは本来なら沖縄の人たちにとって、歓迎すべきことであったはずです。しかし問題がありました。日米両政府は、沖縄の米軍基地の重要性を再確認したうえで返還に合意したのです。沖縄の人たちが何より望んでいた「アメリカの施政権下から離れることで、基地のない島を実現したい」という思いは遠のきました。

沖縄返還の期日が正式に決定したのは、72年1月の日米首脳会談です。じつはこの会談では、沖縄返還を機に、関東地方にある米軍基地を大幅に集約することも決まりました。一方沖縄の米軍基地については、わずかな削減にとどまりました。返還により「基地のない島」の実現どころか、逆に沖縄への米軍基地の集中度が高まったのです。

1945年～1952年

アメリカが占領したときから沖縄は基地の島になった

沖縄に米軍基地が集中することになったのは、米軍が太平洋戦争末期に沖縄を占領した時点から始まります。米軍は住民を収容所に入れたうえで土地を接収し、そこに日本本土攻撃のための基地を築きました。

終戦後、日本は連合国に占領されることになりましたが、沖縄に関しては直接米軍の軍政下に置かれました。そして日本がサンフランシスコ平和条約の締結によって独立を回復した際にも、沖縄はそこから外され、引き続きアメリカの施政権下に置かれることになりました。沖縄には住民を代表する琉球政府が設置されたものの、アメリカの方針に反することはできず、その自治権は限定的なものでした。

戦後の本土と沖縄統治の違い

第二次世界大戦後、本土もアメリカの占領下におかれたが、日本政府を介する間接統治だった。一方沖縄では直接統治が行われた。

沖縄

→制圧された沖縄は米軍政府の直接統治下に置かれる。1950年に軍政府から米国民政府に統治機関が移行。1952年に琉球政府が設置されるが、米国民政府の支配下にあった。

本土

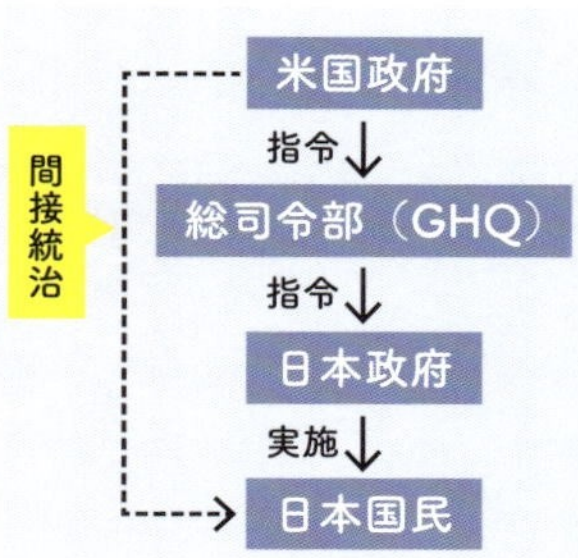

→1952年以降、独立回復

『新詳日本史』（浜島書店）をもとに作成

keyword **佐藤・ニクソン会談≫** 1969年に行われた、沖縄返還をめぐる日米両首脳の会談。本土と同じく基地に核兵器がない状態で沖縄を返還する「核抜き」「本土並み」で合意した。

1945年4月、沖縄本島南西部に上陸した米軍。水平線まで米船が連なっている。

1945年、沖縄に上陸した米兵が日本兵の遺体を横目に前線へと向かうところ。

アメリカが沖縄を自らの支配下におくことにしたのは、沖縄を「太平洋の要石《かなめいし》」と定めたからです。戦後、東西冷戦が激化する中で、アメリカはソ連や中国の勢力拡大を食い止める必要がありました。そのために自分の意のままに基地を築き、その基地を他国の了解を得ずに自由に使える場所を求めていました。それが沖縄だったわけです。沖縄が中国から近い位置にあることも魅力でした。

　米軍は占領から１９４９年までの間に、約４万３０００エーカー（１エーカー＝約４０４６平方メートル）もの土地を軍用地として接収していました。これは占領前に沖縄にあった旧日本軍の軍用地の30倍以上の面積です。当初、土地の使用料は無償でした。52年以降は無償ではなくなりましたが、長い間地代は低く抑えられ、時には強制的な土地接収も行われました。

１９４５年
本土決戦の時間稼ぎのために沖縄の人たちが犠牲になる

米軍が沖縄を占領する前に日本軍と戦火を交えた沖縄戦は、熾烈《しれつ》を極める戦いでした。戦闘は米軍が沖縄上陸作戦を開始した１９４５年３月26日に始まり、戦闘終了を米軍が宣言した７月２日まで、３カ月以上にわたりました。

　沖縄の学校に通う14歳以上の男子生徒は兵士として、15歳以上の女子生徒は看護要員として動員されました。また普段生活している場所が戦場になったため、多数の住民が犠牲になりました。沖縄戦における沖縄出身の戦没者は、軍人・軍属、戦闘参加者（準軍属）、一般住民を合わせると12万人以上に上ります。

　沖縄戦が始まった時点で、すでに日

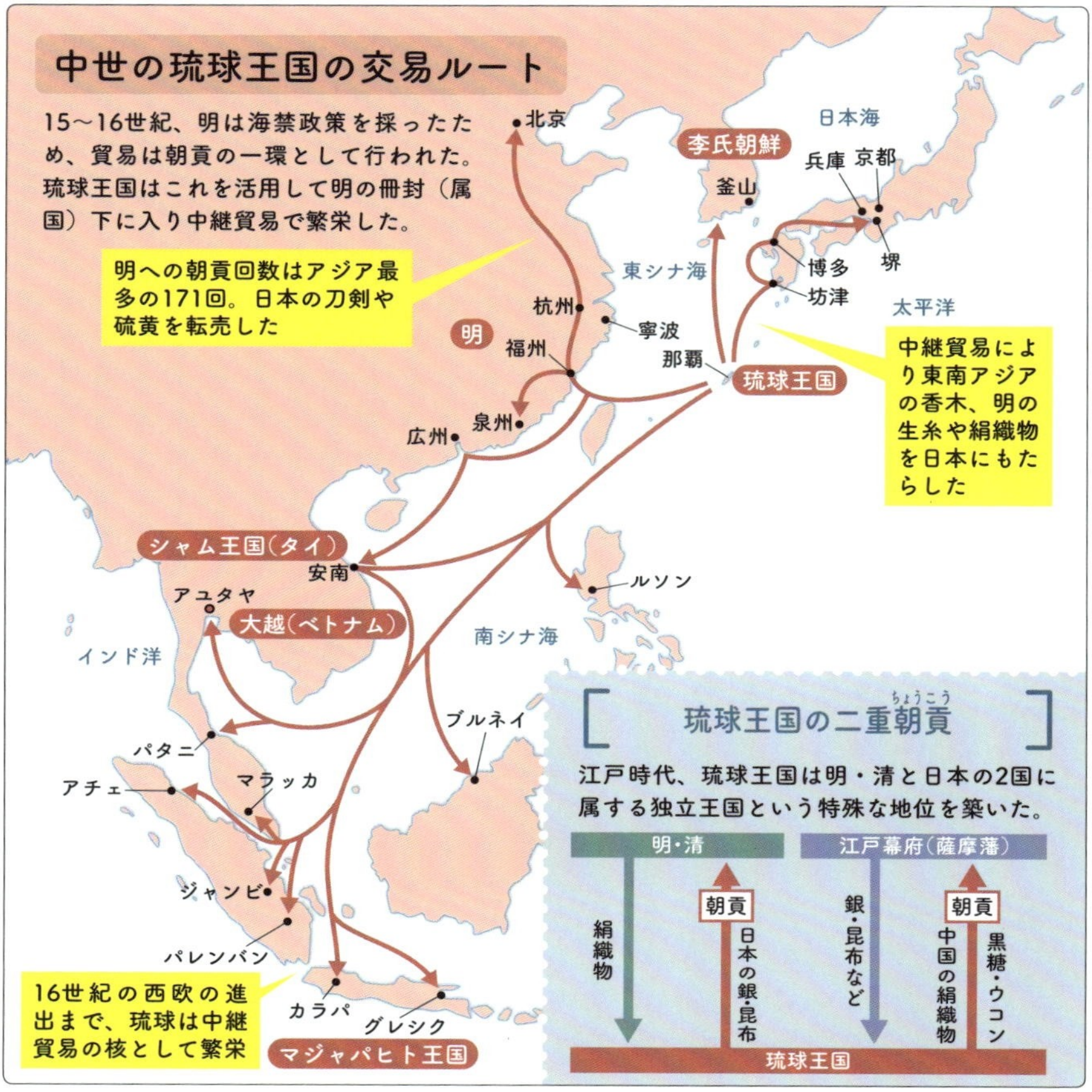

本の敗北は決定的になっていました。44年7月にサイパン島が陥落したことによって、完全に米軍に制空権を奪われていたからです。東京や大阪をはじめ、日本の主要な都市は次々と空襲に遭いました。沖縄戦においても圧倒的な戦力の差があり、日本軍に勝ち目はありませんでした。にもかかわらず戦争を継続したのは、もう一度どこかで戦果をあげ、わずかでも有利な状況を作ったうえで和平交渉に持ち込みたいという思惑があったからです。

そのため沖縄戦では、いずれ来る本土決戦を前にして、米軍を消耗させるために、住民を巻き添えにしながら少しでも戦争を引き延ばす作戦がとられました。これが沖縄戦が悲惨なものになった一番の理由です。

そういう意味で沖縄は、ずっと日本やアメリカの軍事的な都合に翻弄され続けているといえます。

keyword **河上肇舌禍《ぜっか》事件》** 1911年、京都帝国大学の河上肇が沖縄での講演で「沖縄は忠君愛国の思想に乏しい」と発言したことに沖縄県民が抗議。県内で愛国心をめぐる議論のきっかけとなる。

1429年〜1912年 独立国でありながら日本の支配を受けた琉球王国

時代をぐっとさかのぼると、もともと沖縄は琉球《りゅうきゅう》王国という独立国でした。成立したのは1429年のこと。日本や中国、朝鮮、東南アジアの中間点にあった琉球王国は、交易によって大いに栄えます。

明《みん》の冊封《さくほう》を受けていた琉球は、明の皇帝に貢ぎ物を納める代わりに、高価な返礼品を受け取っていました。中継貿易といって、その返礼品を日本や東南アジアの国々に売ることで、多大な利益を得ていました。

ところが琉球は1609年、薩摩《さつま》藩に侵略され、その支配下に入ります。ただし薩摩藩はあえて琉球の独立を維持しました。琉球には独立国として引き続き中国と中継貿易を行わせ、そこで得た利益を自分たちのものにしようとしたのです。

明治時代に入ると、日本は国民国家を確立するため、それまで「日中両属」だった琉球を、正式に自国の版図《はんと》に加えるべく動き出します。1871年、琉球から台湾に漂流した人たちが、現地住民に殺されるという事件が起きました。その報復を理由に、日本は74年に台湾出兵を行います。これに対して清《しん》は賠償金を払いました。「日本に賠償金を払ったということは、清は琉球を日本のものだと認めたということだ」と日本政府は解釈し、79年に琉球藩を廃止。沖縄県として強引に日本の領土に組み込んだのです。

しかし沖縄は、日本の一部になってからも、土地制度や租税制度は昔のまま。衆議院議員選挙も1912年まで実施されないなど、長らく差別的な扱いを受け続けました。

ふりかえり年表

1429	尚巴志が琉球王国を建国	
1609	島津家久、琉球王国を支配。中国と日本の両属関係に	
1879	琉球処分。琉球王国を廃止し、沖縄県が誕生	転換点
1945	沖縄戦。米軍が沖縄本島に上陸し、地上戦の末多数の死傷者が出た	
1952	サンフランシスコ平和条約発効。琉球政府が発足	反米感情高まる
1972	本土復帰	
1995	沖縄米兵少女暴行事件	
1996	日米が普天間基地返還に合意	
2008	沖縄県議会、辺野古移設に反対決議	
2009	民主党政権が発足、県外移設を主張	期待と挫折
2010	鳩山首相、県外移設を撤回	
2012	普天間基地にオスプレイ配備	
2013	日本政府が辺野古埋め立て申請、仲井眞弘多知事が承認	政府へ反旗
2014	翁長雄志、沖縄県知事当選	
2017	辺野古埋め立て護岸工事着手	
2018	沖縄県、辺野古埋め立て承認撤回	

参考文献 新崎盛暉『日本にとって沖縄とは何か』(岩波新書)/櫻澤誠『沖縄現代史』(中公新書)/高良倉吉『沖縄問題』(中公新書)/楳澤和夫『これならわかる沖縄の歴史Q&A』(大月書店)

憲法9条と自衛隊

（な）ぜ今、憲法改正が問題になっているのか？

keyword イラク特別措置法、PKO協力法、55年体制、自……察予備隊、GHQ、芦田修正

日本国憲法は１９４７年に施行されて以来、一度も改正されてきませんでした。これは他国と比べると珍しいことです。例えば49年に制定されたドイツの憲法はこれまで60回、58年制定のフランスの憲法も24回改正されてきました。アメリカの憲法（１７８７年制定）も、戦後６回改正されています。

近年、日本国憲法も改正に向けた動きが慌ただしくなっています。自民党が「憲法９条に自衛隊の存在を明記」「緊急事態対応」「教育の無償化」「参議院の選挙区の合区解消」の４項目の改正案を、国会に提示することを計画しているからです。今まで改憲をめぐる議論は９条を中心に行われてきましたし、今回注目されているのも９条の改正です。

衆参両院で総議員の３分の２以上の賛成が得られると、国会は国民に憲法改正を発議。その後、国民投票が実施され、過半数が賛成すると、改正が承認されます。今、国会には改憲に前向きな政党に属する議員が３分の２以上を占めており、改正が発議され、国民投票にまで至る可能性は十分にあり得ます。

そもそもなぜ今、憲法改正（特に９条）が大きな動きを見せているのでしょうか。逆にいえば、なぜこれまで日本では一度も憲法改正が行われなかったのでしょうか。

《日本国憲法》

第二章　戦争の放棄

第九条　日本国民は、正義と秩序を基調とする国際平和を誠実に希求し、国権の発動たる戦争と、武力による威嚇又は武力の行使は、国際紛争を解決する手段としては、永久にこれを放棄する。

第二項　前項の目的を達するため、陸海空軍その他の戦力は、これを保持しない。国の交戦権は、これを認めない。

2003年〜2018年 第1次安倍政権発足時から改憲への動きが加速する

憲法改正をめぐる動きが活発になってきたのは、2006年に第1次安倍晋三政権が発足してからです。

当時日本では、憲法9条の条文と、現実の自衛隊の活動との乖離《かいり》が問題になっていました。例えば03年、イラク戦争後に自衛隊がイラクでの復興支援に携われるようにするために、時限立法でイラク特別措置法が制定されました。しかしこれまで自衛隊が海外で行ってきたPKO活動とは違って、イラクでの活動は治安状態の悪い中で行われることになるため、自衛隊が戦闘に巻き込まれることも考えられました。その際には、武力行使をせざるを得なくなります。「本当にそんなところに自衛隊を送って大丈夫か。そもそも今の自衛隊の活動と、戦力の不保持や交戦権の否認を謳《うた》っている憲法9条との整合性はどうなっているんだ」という声が上がったのです。

そんな中、「改憲によって、9条の中に自衛隊の存在を明記するべきではないか」という論議が盛んになります。そして登場した安倍首相は、明確な改憲論者でした。07年に改正案発議後に行われる国民投票の方法を定めた国民投票法が成立。同年に実施された参院選で、自民党のマニフェストの中に「10年改憲発議」の公約を掲げます。

ところがその選挙で自民党は惨敗し、安倍首相は辞任。その後も自民党の低迷は続き、ついに政権を民主党に明け渡します。改憲どころではなくなりました。しかし12年、安倍首相は政権に返り咲き、再び改憲への意欲を燃やしているわけです。

自衛隊に対する印象

2011年の東日本大震災への自衛隊の支援活動などによって、自衛隊によい印象を持つ人の割合が高まった。

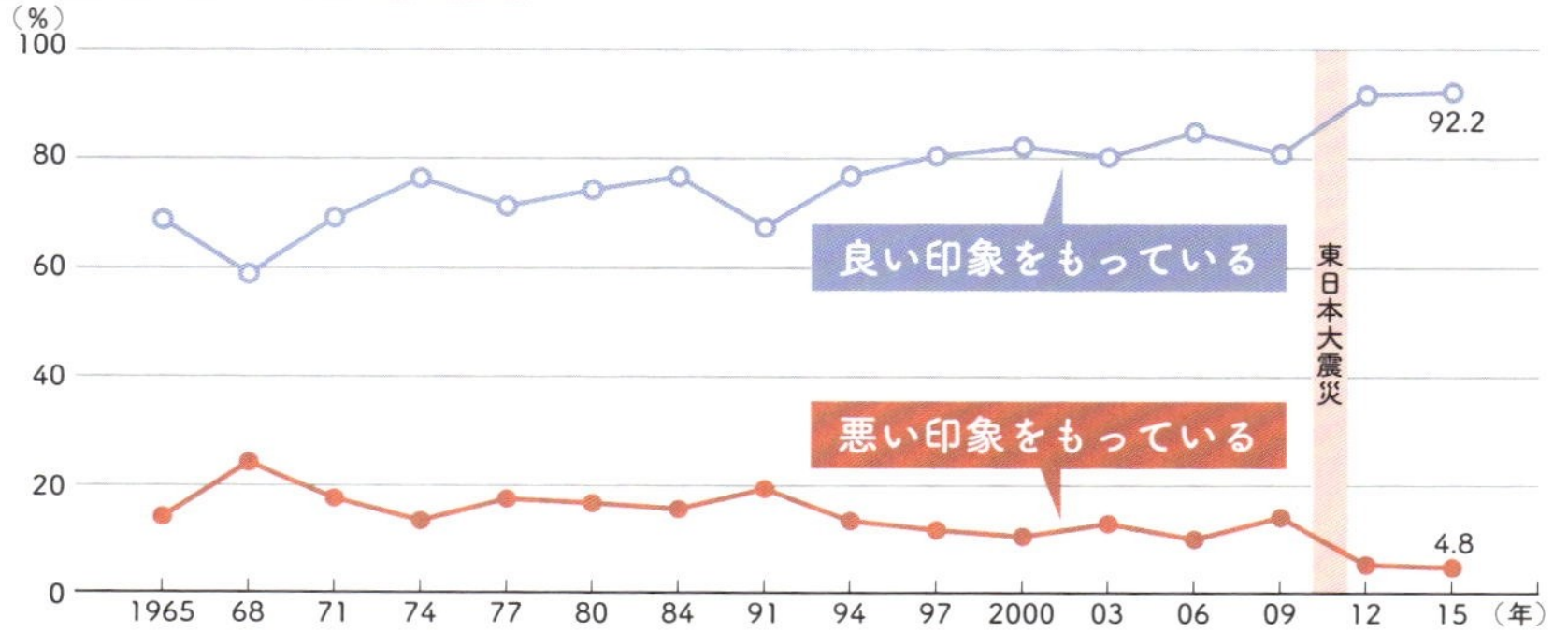

内閣府「自衛隊・防衛問題に関する世論調査」をもとに作成

keyword イラク特別措置法≫ イラク戦争後に同国の再建の支援を目的とし、けが人の手当など人道支援、輸送機関の燃料補給などの安全確保支援を活動内容とする。

憲法改正への意識の変遷

湾岸戦争やPKOへの自衛隊派遣の是非をめぐる論争を経て、93年に憲法改正賛成派と反対派が逆転。

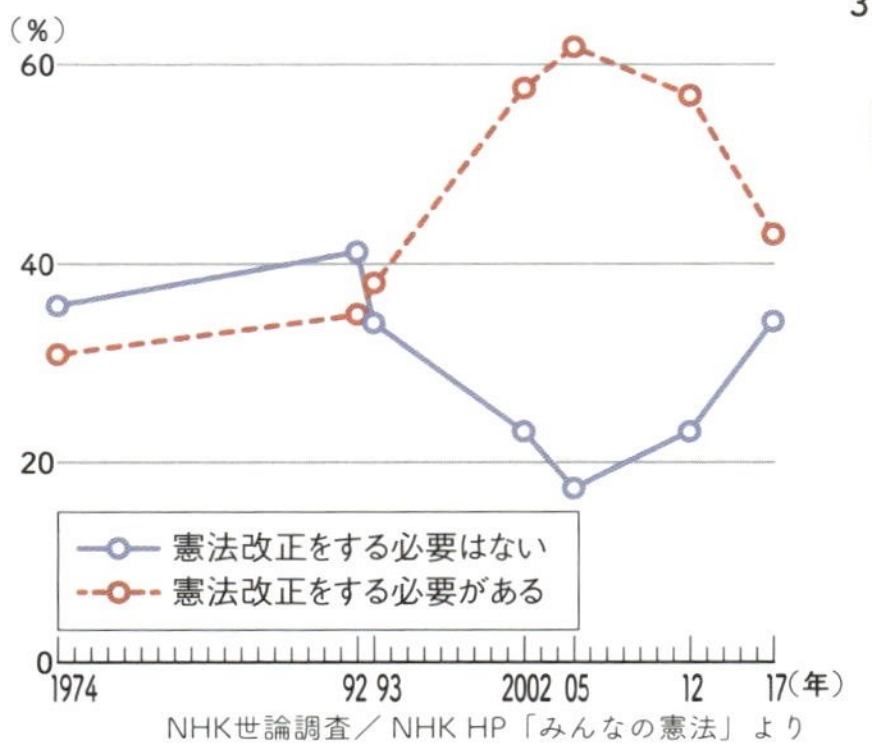

NHK世論調査／NHK HP「みんなの憲法」より

憲法改正に対する世論調査の結果

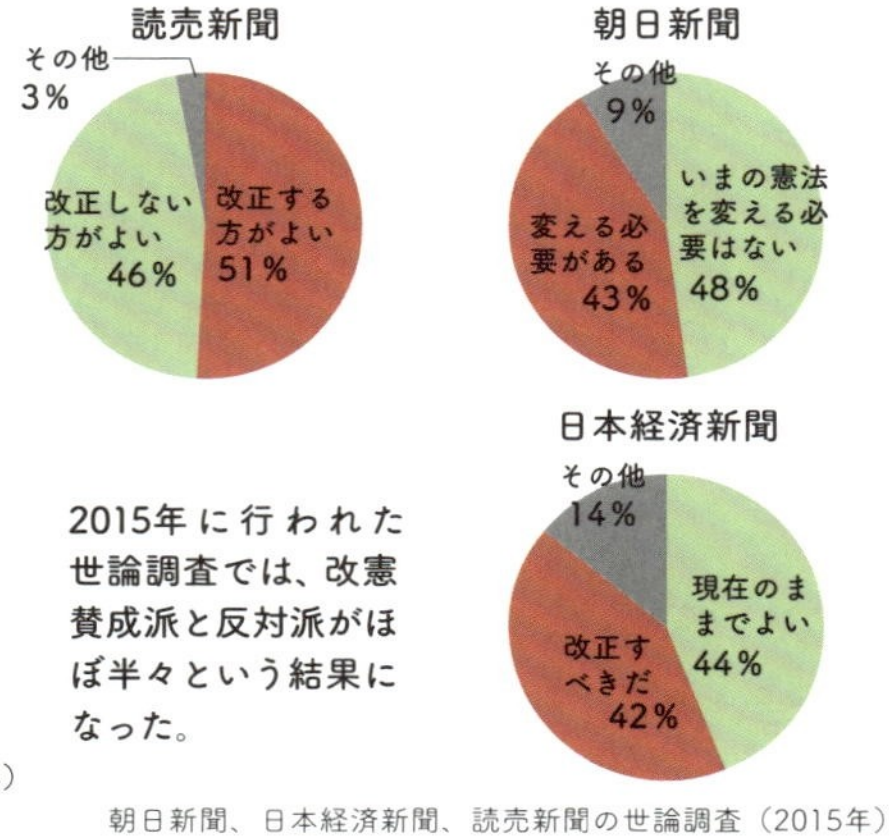

2015年に行われた世論調査では、改憲賛成派と反対派がほぼ半々という結果になった。

朝日新聞、日本経済新聞、読売新聞の世論調査（2015年）

1991年～1992年 憲法解釈の変更によって自衛隊の海外派遣が可能に

憲法9条と自衛隊の整合性が問われたのは、イラク特別措置法のときが初めてではありません。1992年のPKO協力法成立時も、同様の議論が起こりました。PKOとは国連平和維持活動のこと。国連の統括下で、加盟国から派遣された人員が、紛争地における停戦の監視や治安維持に取り組むものです。

日本は91年の湾岸戦争のとき、アメリカから多国籍軍への自衛隊の協力を求められましたが、自衛隊の海外派遣は違憲になりかねず断念しました。その代わり多国籍軍に多額の資金協力を行うのですが、国際的には評価されませんでした。そのためこの頃から強くなったのが、「日本は自国の平和を守るだけでなく、もっと国際貢献に力を入れるべきだ」という声でした。

これまで政府は自衛隊の海外派遣について「憲法上許されない場合が多い」と述べてきました。けれどもPKO協力法案の上程の際は、「武力行使をしないのであれば、海外派遣をしても憲法違反ではない」という見解を示します。

つまり憲法9条を変えずに、9条の解釈を変えることで、海外派遣を実現したのです。これはのちに、「集団的自衛権の行使は違憲にあたる」という従来の政府解釈を変更して成立させた安保関連法（2015年／14ページ参照）のときも、同じ光景が繰り返されます。このように改憲ではなく、解釈によって憲法9条が運用されたことも、これまで日本で一度も憲法改正が行われずにきた要因の一つです。

keyword **PKO協力法≫** 人道的な国際救援活動を目的とする法。この法律に基づき、自衛隊はカンボジア、モザンビーク、東ティモールなどに派遣されている。

国連におけるPKOの位置づけ

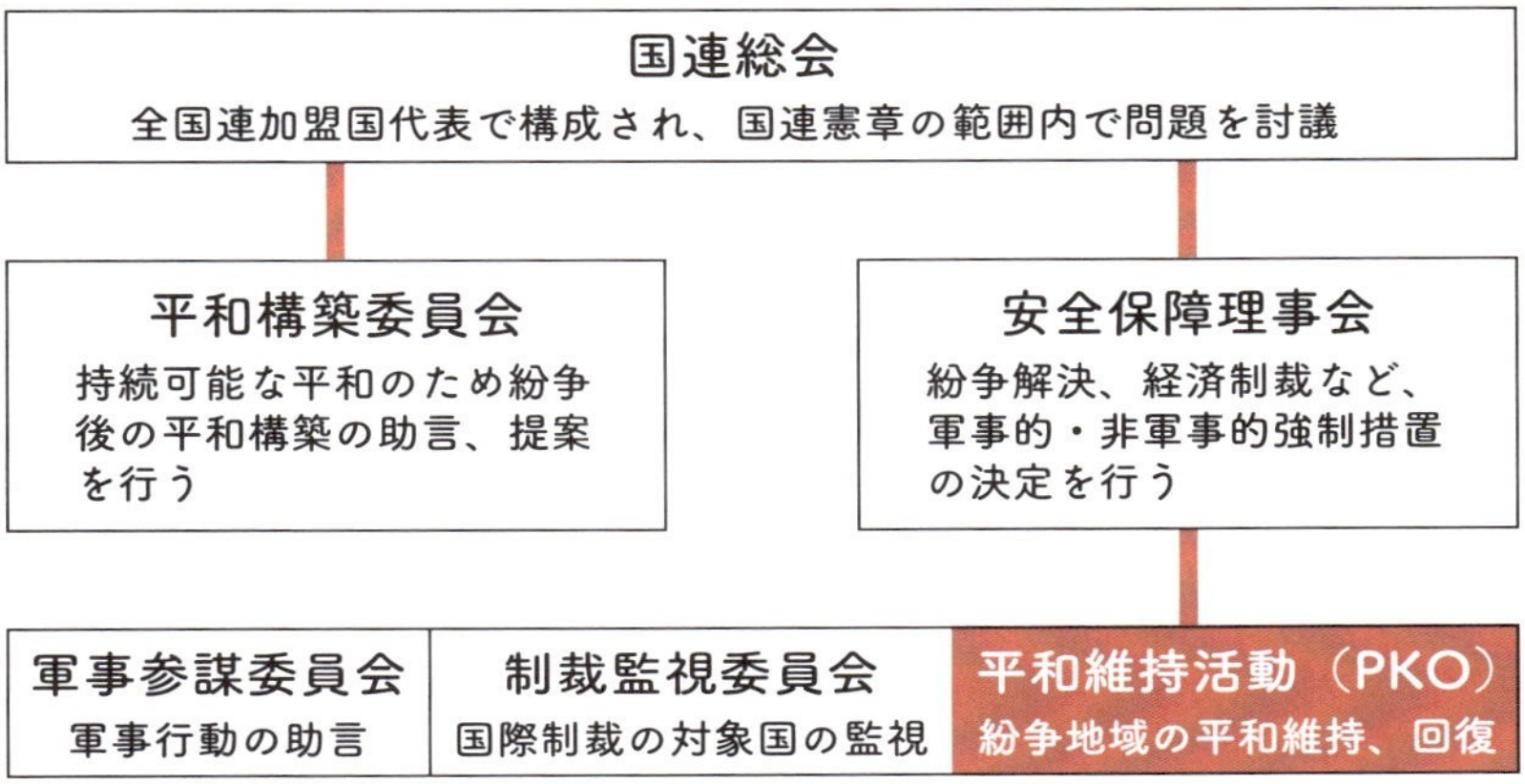
国連総会
全国連加盟国代表で構成され、国連憲章の範囲内で問題を討議
平和構築委員会
持続可能な平和のため紛争後の平和構築の助言、提案を行う
安全保障理事会
紛争解決、経済制裁など、軍事的・非軍事的強制措置の決定を行う
軍事参謀委員会
軍事行動の助言
制裁監視委員会
国際制裁の対象国の監視
平和維持活動（PKO）
紛争地域の平和維持、回復

1955年〜1990年

55年体制の中で改憲が実質不可能だった時代

日本では1955年に、自民党が政権を担い、社会党が野党第一党を占め続ける「55年体制」がスタートします。この体制はその後40年近く続き、まさに日本が湾岸戦争やPKO派遣などで揺れ動いた90年代前半に崩壊しました。

自民党は55年に保守勢力の日本民主党と自由党が合同し、結成された党です。結党以来、憲法改正を党是に掲げてきました。特に旧日本民主党の議員たちが、「今の憲法は占領時にアメリカから押し付けられたものであり、自分たちで憲法を作り直す必要がある」と主張し、旧自由党がこれを受け入れたからです。

ところが55年体制においては、憲法改正が議論の俎上《そじょう》に載ることさえ稀《まれ》でした。社会党をはじめとした9条擁護を掲げる革新勢力が、国会で3分の1以上の議席を占めていたため、現実問題として国会で憲法改正の発議を行うことが困難だったからです。このように日本国憲法の場合、硬性憲法といって、憲法改正の発議ができる要件が厳しいことも、これまで憲法が一度も改正されてこなかった理由の一つです。

また当時の自民党には、9条は改正しないほうがいいと考える人も多数いました。アメリカから防衛費の増強を求められても、9条を理由にこれを断ることができます。ただし自衛隊だけでは国は守れないので、そこは日米安保条約によって補完します。そして防衛費にお金を回さなくてよくなった分を、自民党は経済政策に注ぎ込んだことで、日本は高度経済成長を果たしたのです。

憲法9条と自衛隊、及び自衛権をめぐる首相の発言

安倍晋三

〔2006-2007、2012-〕

「憲法に、わが国の独立と平和を守る自衛隊をしっかりと明記し、違憲論争に終止符を打たなければならない。それこそが今を生きる政治家の責任だ」

鈴木善幸

〔1980-1982〕

「自衛権の行使は、わが国を防衛するため必要最小限度の範囲にとどまるべきで、集団的自衛権の行使は憲法上許されない」

小泉純一郎

〔2001-2006〕

「(イラク特別措置法の非戦闘地域の定義を問われ)法律上ということになれば、自衛隊が活動している地域は非戦闘地域だ」

鳩山一郎

〔1954-1956〕

「他に手段がないと認められる限り、誘導弾等の基地をたたくことは、法理的には自衛の範囲に含まれ、可能であるというべき」

村山富市

〔1994-1996〕

「私としては、専守防衛に徹し、自衛のための必要最小限度の実力組織である自衛隊は憲法の認めるものと認識している」

吉田茂

〔1946-1947、1948-1954〕

「戦争放棄の趣意に徹することは、決して自衛権を放棄するということを意味するのではない」

〔 〕は在位年を示す

1951年〜1955年
日本国民の多くは再軍備を求めていた!?

ここまでの話を振り返ると、55年体制のときには改憲は現実的に困難だったし、メリットも少なかったことがわかります。しかし1990年代前半から、国際貢献やアメリカとの同盟強化が求められる中で、自衛隊の活動範囲が広がり、憲法9条と自衛隊の活動との整合性が問われるようになります。政府はこれを憲法解釈を変えることによって乗り切ってきましたが、いよいよ乖離が激しくなり、自民党などは9条改正を真剣に検討している状況です。

では55年以前はどうだったかというと、軍隊保持に前向きな意見が多数でした。例えば51年9月の朝日新聞の世論調査では、『日本も講和条約ができ

who's who

村山富市：〔1924-〕社会党委員長を務めていた1994年、自民・社会・新党さきがけ連立政権で首相に就任。これまでの社会党の見解を転換し、自衛隊は合憲であるという考えを示した。

て独立国になったのだから、自分の力で自分の国を守るために、軍隊を作らねばならぬ』という意見に賛成か」という問いに対し「賛成」が71%を占めていました。

ところが54年に自衛隊法が成立。保安隊と警備隊が統合して自衛隊が発足した頃から、世論は変わっていきます。55年11月の朝日新聞の世論調査では、9条改正に「賛成」が37%だったのに対して、「反対」は42%でした。以後世論調査では、護憲派のほうが徐々に多数派を占めるようになっていきます。

反対派の中には、「9条を改正せず自衛隊を持つことが可能なら、わざわざ改正して正規の軍隊を持つ必要はない」と考えた人もいたということでしょう。こうして憲法9条と自衛隊の共存が多くの人に承認され、55年体制下で改憲されることがなかったのです。

1947年〜1950年 占領政策の転換と警察予備隊の設立

日本国憲法は1947年に施行されますが、特に9条に関しては、けっして順風満帆な出航だったわけではありません。当初は共産党も「自衛権を放棄することは、民族の独立を危うくする危険がある」として9条を批判していました。一方当時は多くが公職追放をされてはいましたが、右派勢力の中にも、戦前回帰的な志向から戦争放棄や象徴天皇制に反対する人たちが数多くいました。

そして何より平和憲法の制定を日本に要求してきたアメリカ自身が、冷戦構造が激化する中で、48年頃から占領政策を転換しました。日本を社会主義勢力の拡大を防ぐための防波堤にするために、経済力や工業力の回復を急ぎ

1950年、陸上自衛隊の前身である警察予備隊が創設される。

1950年、警察予備隊の発足に合わせて求人も実施された。

ました。さらにアメリカ国防省は、日本の再軍備を計画しました。戦力放棄を謳った憲法9条との整合性が、いきなり問われる事態が起きそうになったのです。

一方、GHQ（連合国軍総司令部）最高司令官として日本の占領政策を指揮してきたマッカーサーは再軍備に反対でした。そのため国防省と対立します。吉田茂《よしだしげる》首相も早期の再軍備は経済的な負担が重く、復興を遅らせることになると考え、マッカーサーの力を借りながら、再軍備を避けようとしました。

ところが50年、朝鮮戦争が勃発したことで、事態は大きく動きます。日本に駐留していた米軍が朝鮮半島に動員されたため、国内を警備する部隊がいなくなり、マッカーサーは警察予備隊の設立を命じます。吉田もこれに応じざるを得ませんでした。こうして警察予備隊、のちの自衛隊が生まれました。

1946年 芦田修正が自衛隊合憲の解釈を可能にした

政府が新憲法案を国会に上程したのは、1946年3月のことでした。表向きは日本政府が手がけたことになっていましたが、実質はGHQの指導によるものでした。

大日本帝国憲法が日本を軍国主義に導いたと考えたGHQは、政府に憲法改正を示唆します。これに従って政府は改正案の検討を進めますが、その内容は日本の民主化や非軍事化を推し進めたいGHQにとって不十分なものでした。

そこでGHQは自ら草案を作成して、日本政府に示します。その中には戦争放棄に関する内容も含まれていました。そして政府はこの草案に沿って

「芦田修正」の変更点

［修正前］

第九条　国の主権の発動たる戦争と、武力による威嚇又は武力の行使は、他国との間の紛争の解決の手段としては、永久にこれを放棄する。

陸海空軍その他の戦力は、これを保持してはならない。国の交戦権は、これを認めない。

［修正後］

第九条　日本国民は、正義と秩序を基調とする国際平和を誠実に希求し、国の主権の発動たる戦争と、武力による威嚇又は武力の行使は、国際紛争を解決する手段としては、永久にこれを放棄する。

前項の目的を達するため、陸海空軍その他の戦力は、これを保持しない。国の交戦権は、これを認めない。

波線は編集部による

who's who
芦田均《あしだひとし》：［1887-1959］日本国憲法制定のための帝国憲法改正小委員会の委員長を務め、憲法9条に関して有名な「芦田修正」を行う。1948年、第47代内閣総理大臣に就任。

新憲法案を作成し、国会に上程したわけです。

国会では政府案についての審議が行われました。この審議の過程で、「芦田修正」といって、9条に関する箇所で重大な修正がなされます（右ページ参照）。特に注目してほしいのは、修正案に盛り込まれた「国際紛争を解決する手段としては」と「前項の目的を達するため」という文言です。この修正によって、「国際紛争を解決する手段としては戦力を保持しないが、自衛のための戦力保持を否定しているわけではない」という解釈の余地が生まれます。そしてこれがのちに自衛隊の存在を合憲とみなす論拠となったわけです。

こうして見ていくと、憲法9条と自衛隊は、その整合性をいかに図っていくかの歴史であったといえます。そして今もまたその整合性を図るために、9条改正をめぐる論議が盛んになっているわけです。

Column

なぜ、大日本帝国憲法下で軍部は暴走したのか？

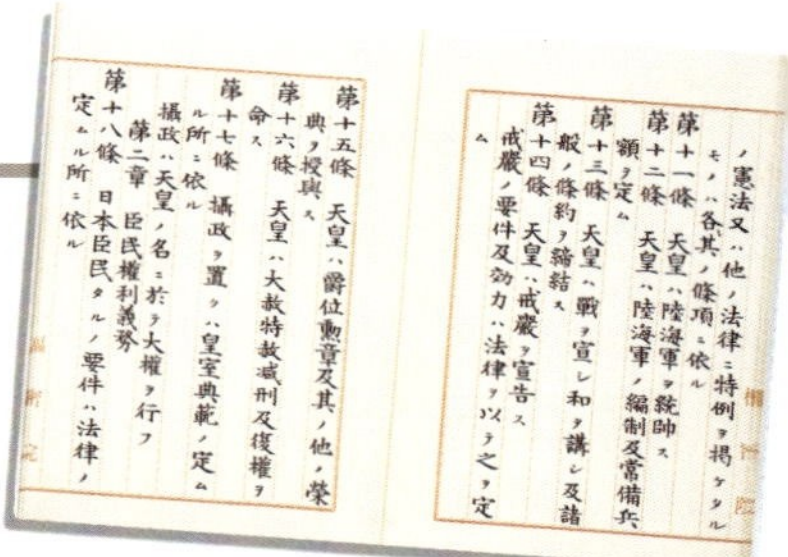
ノ憲法又ハ他ノ法律ニ特例ヲ掲ケタル
モノハ各其ノ條項ニ依ル
第十一條 天皇ハ陸海軍ヲ統帥ス
第十二條 天皇ハ陸海軍ノ編制及常備兵額ヲ定ム
第十三條 天皇ハ戰ヲ宣シ和ヲ講シ及諸般ノ條約ヲ締結ス
第十四條 天皇ハ戒嚴ヲ宣告ス
戒嚴ノ要件及効力ハ法律ヲ以テ之ヲ定ム
第十五條 天皇ハ爵位勲章及其ノ他ノ榮典ヲ授與ス
第十六條 天皇ハ大赦特赦減刑及復權ヲ命ス
第十七條 攝政ヲ置クハ皇室典範ノ定ムル所ニ依ル
攝政ハ天皇ノ名ニ於テ大權ヲ行フ
第二章 臣民權利義務
第十八條 日本臣民タルノ要件ハ法律ノ定ムル所ニ依ル

大日本帝国憲法の原本。11条の存在により、陸海空軍が三権分立から独立し、第四の権力となった。　国立公文書館

1947年の日本国憲法施行まで、日本の憲法は大日本帝国憲法でした。帝国憲法の第11条には「天皇ハ陸海軍ヲ統帥（とうすい）ス」と定められており、軍は内閣からも独立して、天皇が直接指揮することになっていました。しかし、実際には天皇が軍にさまざまな指示をすることなど不可能であり、戦略立案は軍が行っていました。

内閣に軍を指揮する権限を与えなかったことは、帝国憲法の致命的な欠陥になりました。満州事変をはじめとする軍の暴走を内閣がコントロールすることができず、戦争への道を突き進むことになったからです。

ふりかえり年表

1947	日本国憲法施行
1950	警察予備隊設置
1951	日米安全保障条約調印
1955	砂川事件が起こる
1960	日米新安全保障条約・行政協定調印
1970	日米安全保障条約の延長
1990	湾岸戦争で90億ドル追加支援
1992	国連平和維持活動（PKO）協力法成立。自衛隊カンボジア出発
1993	55年体制崩壊
2001	テロ対策特別措置法が成立
2003	イラク復興支援特別法が成立
2006	第1次安倍政権発足
2009	海賊処罰対処法が成立
2010	尖閣諸島で中国漁船との衝突事件
2012	第2次安倍政権発足
2014	集団的自衛権の限定的容認閣議決定
2015	安全保障関連法が成立
2016	安全保障関連法が施行

矛盾のはじまり

議論活性化

転換点

意見拮抗

参考文献
境家史郎『憲法と世論』（筑摩選書）／佐道明広『自衛隊史』（ちくま新書）／山本昭宏『教養としての戦後<平和論>』（イースト・プレス）／川口暁弘『ふたつの憲法と日本人』（吉川弘文館）

天皇制

なぜ、象徴天皇制は戦後日本に根づいたのか？

keyword 今上天皇退位、被災地訪問、戦没者慰霊、人間宣言、巡幸、大日本帝国憲法、尊王論

国民に手を振る天皇皇后両陛下。写真は2018年の沖縄訪問の様子。

2016年8月、今上《きんじょう》天皇は国民に向けたビデオメッセージを公表しました。その中で「すでに80を越え、幸いに健康であるとは申せ、次第に進む身体の衰えを考慮するとき、これまでのように全身全霊をもって象徴の務めを果たしていくことが、難しくなるのではないかと案じています」と述べ、退位の意向を示しました。

1947年に制定された皇室典範《こうしつてんぱん》では、皇位の継承は天皇が崩御《ほうぎょ》したときのみと定められており、譲位は認められていません。けれども今上天皇の発言は、重く受け止める必要があります。そこで政府有識者会議や国会での議論を経たうえで、退位を恒久制度化するのではなく、一代に限って退位を認める特例法を制定することになりました。また退位の時期は、19年4月30日に決まりました。

その後宮内庁では、退位を前にして、国事行為以外の天皇の公的活動を、皇太子や秋篠宮親王《あきしののみやしんのう》が少しずつ引き継ぐことで、天皇の負担を軽減する案が出されました。しかし今上天皇は同意しませんでした。「その任にある限りは務めを全うしたい」という強い責任感を抱いていることが感じとれます。

象徴天皇制は戦後に始まったものですが、今では多くの人に肯定的に受け入れられています。なぜ、象徴天皇制は国民に根づいたのでしょうか。

1989年〜2018年
国民とともに歩むことを大切にした今上天皇と皇后

日本国憲法では、天皇を「日本国の象徴であり日本国民統合の象徴」と定めています。今上天皇が、昭和天皇の崩御により即位したのは1989年1月のこと。その後の今上天皇の公的活動を見ていくと、「日本国民を統合するための象徴として、自分はどうあるべきか」を常に考えながら活動してきたことがわかります。

91年、長崎県の雲仙《うんぜん》・普賢岳《ふげんだけ》で43人の死者・行方不明者を出す大火砕流《かさいりゅう》が発生。このとき天皇は皇后とともに被災地を訪れます。じつは天皇の被災地への見舞いは、前例がないことでした。以後、95年の阪神・淡路大震災のときも、2011年の東日本大震災でも、天皇は皇后とともに被災地を訪れ、膝をついて被災者と同じ目の高さになって語りかけ、またその言葉に耳を傾けました。「国民に困難なことが起きたとき、苦しみを共に分かち合うこと」を天皇の務めとして大切にしてきたわけです。

今上天皇と皇后がもう一つ大切にしてきたのが、戦没者慰霊の旅でした。終戦50年にあたる94年から95年にかけては硫黄島《いおうとう》や長崎、広島など5カ所、終戦60年にあたっては6カ所、終戦70年にあたっては11カ所を訪れました。太平洋戦争の激戦地となったサイパンやフィリピン、パラオなど国外へも足を運びました。昭和天皇の戦争責任の有無については議論が分かれますが、戦争が天皇の名のもとに行われ、多くの人が亡くなったのは事実です。天皇と皇后は、その追悼と哀悼の旅を、自らに課すように続けてきました。

2011年の東日本大震災後、今上天皇は各地の避難所を訪れ、膝をついて被災者に声をかけた。

多くの日本兵が命を落としたサイパンのバンザイクリフを訪れ、黙祷を捧げる両陛下(2005年)。

keyword **今上天皇≫** 在位中の天皇を示す敬称。「昭和」「平成」などの呼称は崩御されてから贈られる追号であるため、存命中に「平成天皇」と呼称することは不適切とされる。

天皇に対する国民の意見

今上天皇の即位後に「好感」を持つ人が増加し、在位中に「尊敬」の数値も上昇している。

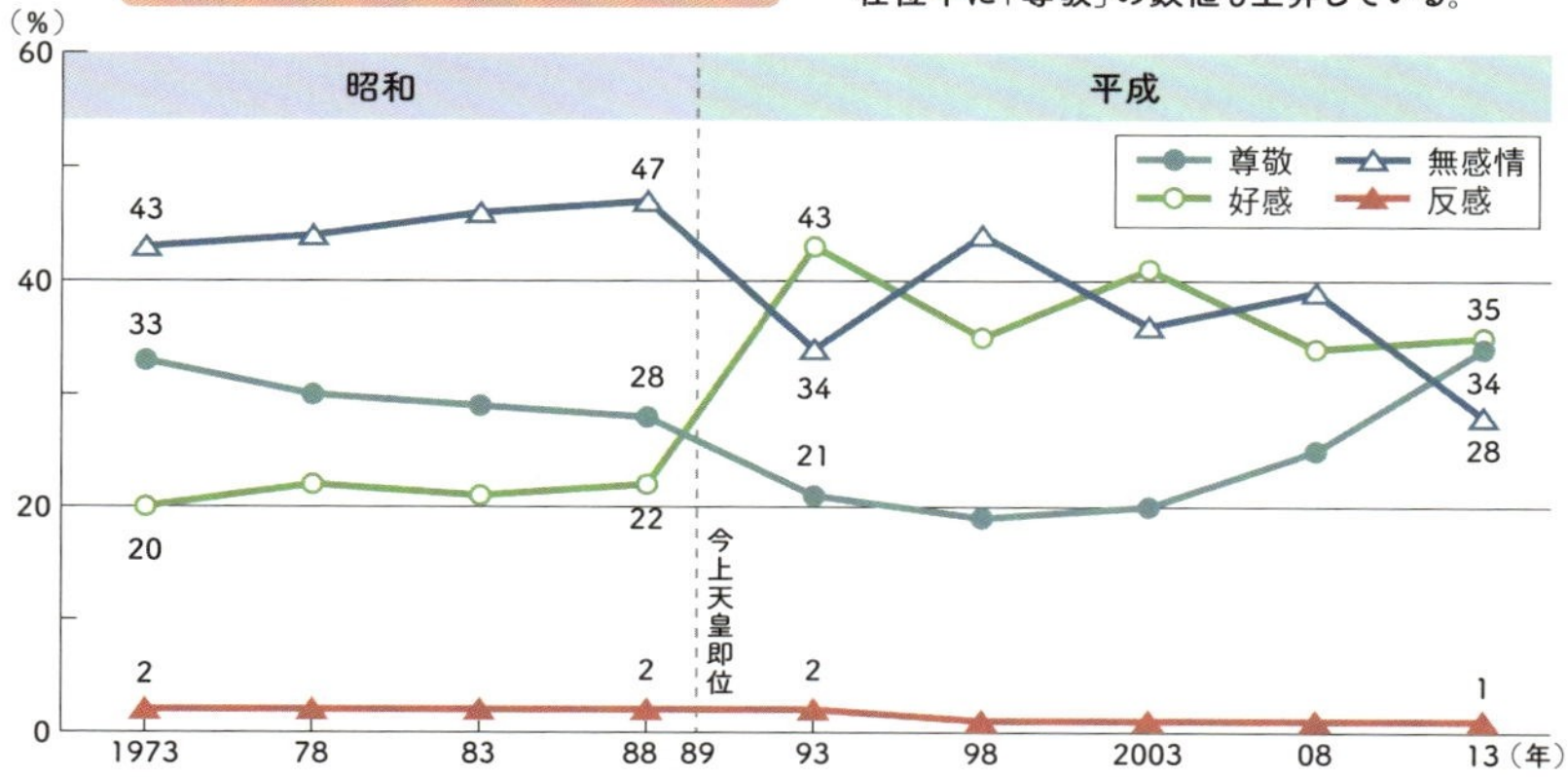

NHK世論調査／『現代日本人の意識構造』(NHKブックス)より

1959年〜1989年
象徴としてのあるべき姿を皇太子時代から問うていた

今上天皇は「日本国民を統合するための象徴として、自分はどうあるべきか」という問いを、おそらく皇太子だった頃から持ち続けていました。

1975年、皇太子夫妻は、本土に復帰してまだ間もない沖縄を訪問しました。沖縄は太平洋戦争末期、18万人以上の人が亡くなる地上戦が行われた地です。さらにさかのぼれば、沖縄は明治時代の琉球処分後、徹底した皇民化教育によって住民の「国民」化が進められました。ですから沖縄には、天皇制について複雑な思いを抱いている人もいました。

そして訪問時、幸いケガはありませんでしたが、地元の活動家が皇太子夫妻に火炎瓶《かえんびん》を投げるという事件が起きます。皇太子の訪沖反対を訴える活動家の存在は、沖縄訪問前から懸念されたことでした。しかし皇太子は「石ぐらい投げられてもいい。そうしたことを恐れずに県民の中に入っていきたい」と話しました。自らの務めに対する覚悟が感じられる逸話です。

59年に結婚されて以来、さまざまな公的活動を行う皇太子の隣には、いつも美智子妃がいました。昭和天皇の場合は、天皇が一人で行動し、皇后は宮中を守っていました。しかし、明仁《あきひと》皇太子と美智子妃においては今もそうですが、常に二人で行動していました。これは戦後の夫婦のあり方の一つのモデルとなりました。

こうした皇太子時代からの今上天皇と皇后の不断の努力が、象徴天皇制が多くの人に受け入れられるようになった大きな理由だと考えられます。

keyword **巡幸≫** 元来、天皇は滅多に内裏から出ることがなく、民衆から遠い存在だった。明治に入ると民衆に自分たちが天皇を中心とする国家の一員と認識させるため、各地への巡幸が実施される。

1945年～1954年
人間宣言と戦後巡幸から象徴天皇制はスタートした

1945年の敗戦後、天皇制は存続か廃絶かの岐路に立たされていました。終戦直前にアメリカで行われた世論調査では、約80％が昭和天皇の処刑や処罰、国外追放などを支持していました。しかし当時日本を占領していたGHQのマッカーサーは、天皇制を維持し、また昭和天皇を戦争犯罪者として扱わないという方針を決定。もし天皇を処罰した場合、かなりの規模の国民による反乱が起き、占領統治が困難になると判断したからです。

そこでGHQはまず「国家神道」を廃止。さらに天皇の神格を否定しようと考えました。46年元旦に発布されたのが、昭和天皇自身が「自分は神ではない」と宣言した人間宣言（新日本建設に関する詔書）でした。この年の11月には日本国憲法が公布（施行は47年5月）され、天皇はこれまでの「神聖にして侵すべからず」の存在から「日本国の象徴であり日本国民統合の象徴」へと生まれ変わります。

また46年は、昭和天皇による戦後巡幸が始まった年でもあります。46年2月の神奈川県を皮切りに、54年までに沖縄県を除くすべての都道府県を回りました。これは天皇が各地を訪れ、そこで暮らす人々と言葉を交わすというもので、「人間」としての天皇を演出する場となりました。

戦後巡幸での天皇と国民との対話は、最初のうちは双方ともぎこちないものだったようです。しかし巡幸を重ねるうちに次第に慣れていき、会話が弾む場面が増えていきました。こうして象徴天皇制はスタートしました。

終戦後の1945年9月、昭和天皇はアメリカ大使館を訪れ、マッカーサー元帥と会見。写真は新聞に掲載され、天皇がマッカーサーと並んで写っている姿に多くの日本人が衝撃を受けた。

隣にいるにもかかわらず、昭和天皇を探す女性。昭和天皇は軍服のイメージが強いため、背広姿でわからなかったという。1949年の九州行幸での一幕。

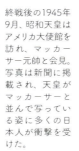

1868年〜1945年

天皇を国家の頂点に置いた国民国家の形成を目指す

天皇が全国各地を回る巡幸は、1872年から85年にかけて、明治天皇によっても行われました。このときの巡幸の目的は、天皇が国家の頂点におり、民衆は天皇を中心とした国家の一員であることを人々に意識させることにありました。江戸時代まで民衆には、「国家」という概念は希薄でした。しかし国を一つにまとめ、国力を高めていくためには、「自分も国家の一員である」という意識を民衆の間に醸成していくことが不可欠となります。そこで国民国家を形成するための装置として、天皇が用いられたわけです。

89年に発布された大日本帝国憲法では、「大日本帝国ハ万世一系《ばんせいいっけい》ノ天皇之《これ》ヲ統治ス」とされ、国民は天皇の臣民に位置づけられました。また90年には教育勅語が発布され、その翌年から小学校では教育勅語の奉読と、御真影（明治天皇の写真）への礼拝が義務づけられました。

《日本国憲法》

第一条 天皇は、日本国の象徴であり日本国民統合の象徴であつて、この地位は、主権の存する日本国民の総意に基く。

第四条 天皇は、この憲法の定める国事に関する行為のみを行ひ、国政に関する権能を有しない。

《大日本帝国憲法》

第一条 大日本帝国ハ万世一系ノ天皇之ヲ統治ス

第四条 天皇ハ国ノ元首ニシテ統治権ヲ総攬シ此ノ憲法ノ条規ニ依リ之ヲ行フ

大日本帝国憲法では、天皇はすべての統治権を握る総覧者とされました。こうして天皇は絶大な権限を有する存在となりましたが、実際には発言権は小さく、天皇を補弼《ほひつ》する元老《げんろう》や内閣によって政治が担われました。また陸海軍の統帥権《とうすいけん》は、内閣から独立して天皇の直属とされましたが、これが内閣の権限を弱め、軍部の台頭を許す要因になりました（57ページコラム参照）。

昭和に入ると内閣を無視して軍が暴走を始め、昭和天皇もこれを止められませんでした。ただし天皇も軍の大元帥として、戦争の遂行について積極的に発言していた面があります。

keyword **尊皇論》** 儒教に由来する、王者を尊ぶ思想のこと。江戸時代の水戸藩で「水戸学」として発展。その段階では幕府を否定する思想ではなかったが、幕末の激動期に尊皇論から倒幕の動きが芽生えた。

天皇の歴史と役割の変化

飛鳥	奈良	平安	鎌倉	室町	江戸	明治	大正	昭和	平成

国民の象徴
敗戦でも天皇制は廃されなかった。日本国憲法によって「国民の象徴」であり、特定の国事を行う存在と位置づけられる。

主権者で国家元首
幕末の尊皇思想を背景に天皇は政治の表舞台にかえり咲き、明治維新によりその権威が復権。欧州の立憲君主制をモデルに、天皇を国家元首で主権者とする体制が確立した。

幕府の正統性を承認
天皇は武家政権を承認する存在となり、政治権力は低下。後醍醐天皇が親政を復活させるも短命に終わる。江戸時代の天皇は幕府による規制のもと、宗教・文化を司る存在に。

朝廷による支配
平安初期まで天皇親政が続くが、やがて藤原氏が台頭し、実権は藤原氏へ。その後、上皇専制の体制となる。

「天皇」の確立と親政
7世紀の天武天皇の代に「天皇」号が成立し、朝廷の体制が整う。奈良時代は天皇親政が行われた稀な時代。

中世~1868年
自己の権威を高めるために天皇の伝統を利用した徳川幕府

歴史を振り返ると、武家政権期の天皇の役割は幕府を承認することにあり、鎌倉時代以降、その政治的権威は次第に失われていきました。特に江戸時代の天皇は、神事に従事し学問を修めるだけの存在となります。天皇の伝統的権威を重んじることによって、その天皇から政権を委任されている徳川幕府の権威を高めようとしたのです。

ところが19世紀半ばに黒船来航によって外圧が高まると、天皇を尊ぶ尊皇論が外国人排斥を訴える攘夷《じょうい》論と結びつき、幕府批判に用いられます。相対的に天皇・朝廷の地位が高まり、政局を左右する存在となりました。そして明治以降の天皇を中心に据えた近代国家建設へとつながっていきます。

ふりかえり年表

1868	五箇条の御誓文が布告される。年号が慶応から明治に変更
1869	天皇の東京行幸(事実上の遷都)
1889	大日本帝国憲法制定 (立憲君主制の国家元首)
1912	明治天皇が61歳で崩御。大正天皇(第123代)が践祚
1921	裕仁皇太子が摂政となる
1926	大正天皇が48歳で崩御。昭和天皇(第124代)が即位
1933	今上天皇(明仁様)が誕生
1945	8月14日にポツダム宣言受諾を決定(ご聖断)。翌15日に玉音放送
1946	全国巡幸開始。日本国憲法制定 (「国民の象徴」となる)
1952	今上天皇(明仁様)が皇太子となる
1958	明仁皇太子と美智子様がご婚約
1960	徳仁親王(浩宮様)が誕生
1975	明仁皇太子が初の沖縄訪問
1989	昭和天皇が87歳で崩御。今上天皇(第125代)が即位
1991	雲仙・普賢岳噴火の被災地をお見舞い
2016	ビデオメッセージで退位の意向

参考文献 「NHKスペシャル」取材班『日本人と象徴天皇』(新潮新書)/保阪正康『天皇「君主」の父、「民主」の子』(講談社文庫)/山本博文『天皇125代と日本の歴史』(光文社新書)

政党政治

なぜ、戦後日本はずっと自民党政権が続くのか？

keyword 自民党一強、小選挙区比例代表並立制、無党派層 勢力、非自民8党派、55年体制

2012年の衆議院総選挙に勝利し、拍手で迎えられる安倍晋三総裁（その後首相）。自民党はこの選挙で政権を奪回した。

1955年の結党以来、93年からの1年弱と2009年からの約3年のわずかな期間を除いて、自民党は常に政権に携わってきました。議会制民主主義を取り入れている国の中で、一つの党がこれだけ長期間政権を担っている例はかなり珍しいことです。

17年に行われた衆院選でも、過半数を大きく上回る284議席を獲得。これで12年、14年の衆院選に続いて、3回連続での圧勝となりました。

ただしこの圧勝は、96年の衆院選より実施された小選挙区比例代表並立制だからこそ可能でした。一つの選挙区から1人しか当選できない小選挙区制は、死票が多く、勝敗が極端に出る傾向があります。17年の衆院選でも自民党は小選挙区289議席のうち218議席を獲得（占有率75％）しましたが、得票率自体は48％でした。比例区（176議席）に至っては得票率は33％。比例区の割合がもっと多ければ、ここまでの圧勝ではありませんでした。

今は議席数では自民党一強が続いていますが、民意が極端に反映されやすい現行の選挙制度では、風向きが少しでも変われば、09年に民主党旋風が吹き荒れたときのように、再び政権を奪われる可能性は十分にあり得ます。とはいえ、近年多くの人が自民党を支持しているのも事実です。なぜ、自民党は政権を担い続けているのでしょうか。

2009年～2018年
民主党に政権を明け渡すが立て直しに成功して政権を奪取

長く政権を担っている理由の一つとして、社会の変化に合わせて、自民党自体が変化を遂げることにさしあたり成功していることが挙げられます。

２００９年の衆院選で自民党は歴史的な惨敗を喫し、民主党に政権を明け渡します。ところが民主党は、財源不足などにより公約の一部しか実行できず、さらには沖縄の普天間基地の移設問題（43ページ参照）をめぐって鳩山由紀夫首相が迷走を続けたことにより、支持率を大きく下げました。

一方、自民党の党勢も低迷したままでした。かつての自民党は、右派からリベラル派まで幅広い政治家が党内にいることが特徴でしたが、近年はリベラル派の凋落《ちょうらく》が目立っていました。そこで自民党が立て直しのためにとった戦略は、リベラル色の強い民主党との対立軸を鮮明にするために、憲法改正案の作成などを通じて、保守政党としての立場をより強調するというものでした。こうして保守層の有権者の自民党支持を強固なものにしていきます。

そして12年末に政権交代を実現すると、第2次安倍晋三政権は「アベノミクス」を打ち出します。これはかつて小泉純一郎首相が行った「小泉構造改革」とは、性質が異なるものでした。

政権与党の変遷（2006～18年）

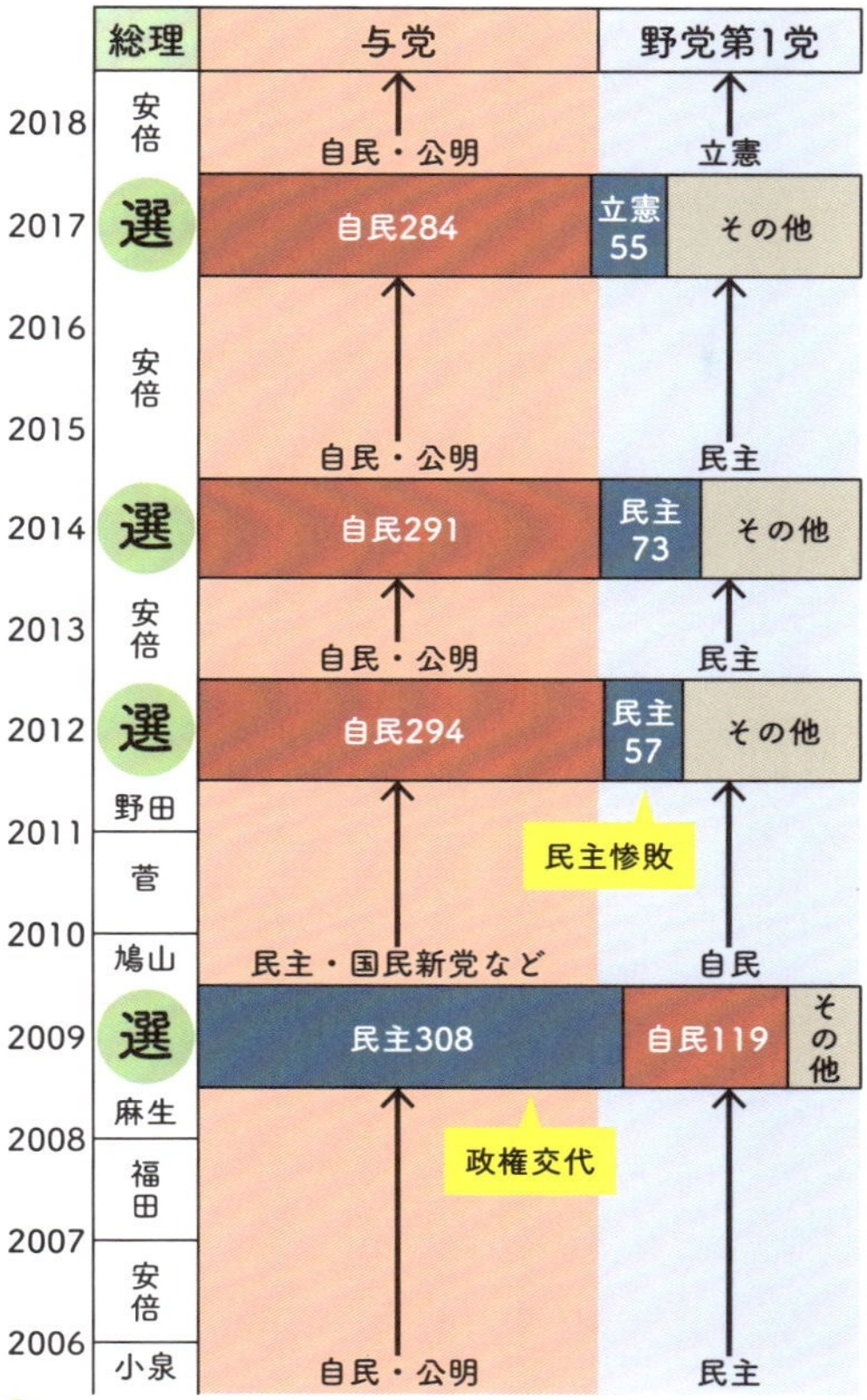

選 は衆議院総選挙とその結果を示す

2009年の総選挙で当選者に花をつける民主党の鳩山由紀夫代表（その後首相）。圧勝した民主党は念願の政権交代を果たした。

who's who
鳩山由紀夫：［1947-］祖父は55年体制下で初の総理を務めた鳩山一郎。2009年に政権交代を果たし首相に就任するも、普天間基地問題や政治資金問題が表面化し9カ月で辞任。

小泉首相は「小さな政府」を志向し、公共事業の削減や公的機関の民営化を進めました。しかしこの政策はのちに格差を拡大させたという批判を生みます。一方、アベノミクスでは「３本の矢」の一つに「積極的な財政政策」を盛り込むなど、公共事業への投資を惜しまないことを表明します。こうした機を見るに敏な行動によって、自民党は支持の回復に成功しています。

１９９６年～２００９年
小選挙区制と無党派層の増加が選挙のかたちを大きく変える

前述したように、衆院選の小選挙区比例代表並立制は、１９９６年の衆院選から実施されていますが、この時期、政治の世界ではもう一つ大きな変化が起きていました。世論調査で「支持政党なし」と答える有権者の割合が、50%を超えるようになったことです。

無党派層は、そのとき脚光を浴びている政治家の言動に投票行動を左右される傾向にあります。この無党派層を味方につけることに長けていたのが、小泉首相でした。特に２００５年の衆院選では、郵政民営化に反対する議員を「抵抗勢力」と批判する小泉氏に絶大な人気が集まりました。しかも小選挙区制では、わずかな得票率の違いが大きな議席数の差につながります。このとき自民党は２９６議席を獲得し、大勝利を収めました。

政権与党の変遷（1991～2006年）

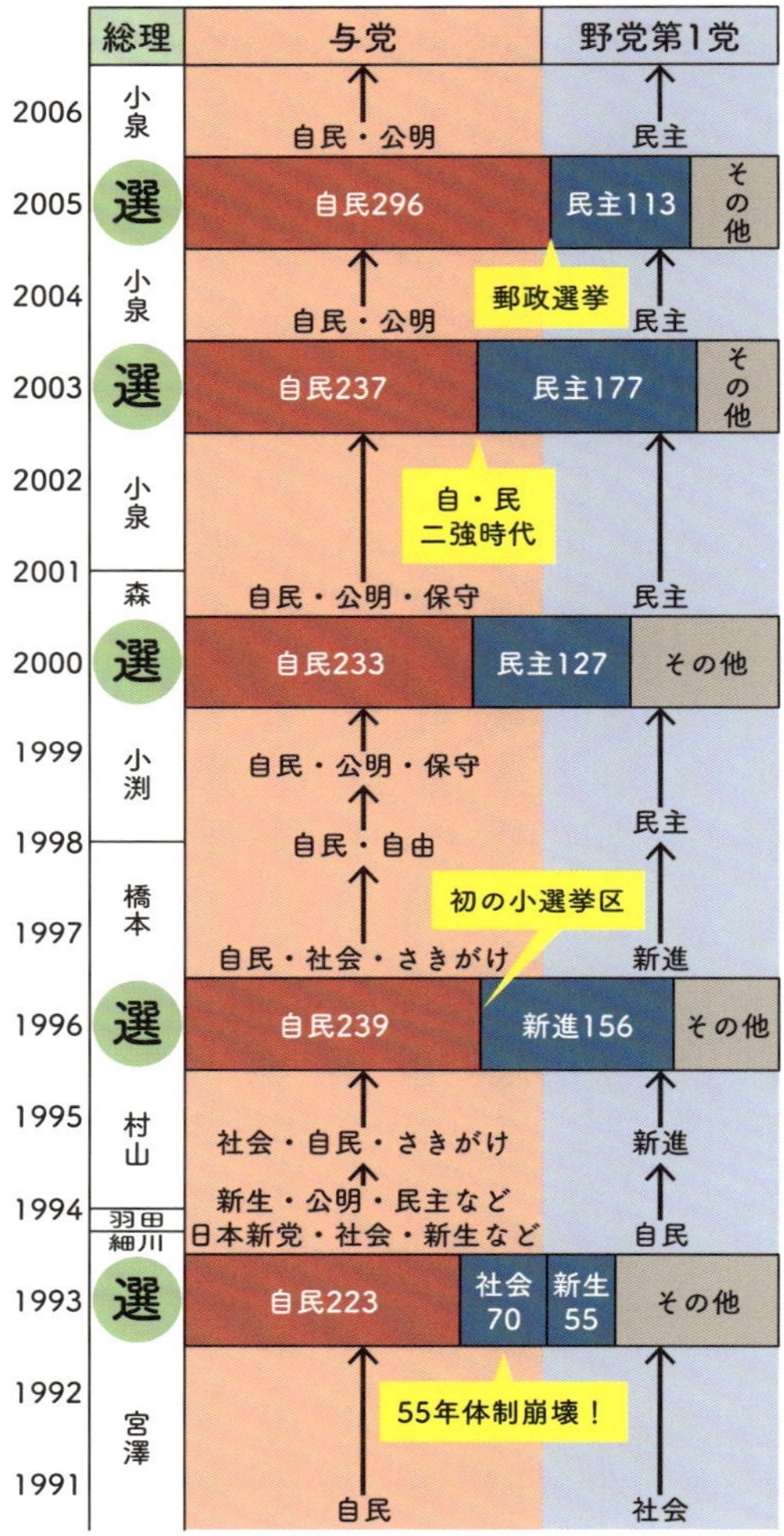

選 は衆議院総選挙とその結果を示す

小泉首相は在任時、郵政改革法案を成立させたことに象徴されるように、有権者からの支持を背景に強いリーダーシップを発揮しました。もう一つ大きかったのは、橋本龍太郎政権期に行われた行政改革によって、予算編成や人事に関する首相や内閣の権限が強化されていたことです。小泉首相はこの権限も存分に活用しました。

小泉首相の退任後、3年の間に安倍晋三（第1次）、福田康夫、麻生太郎が相次いで政権を担いますが、支持率低迷に悩みます。小選挙区制のもとでは、所属議員から「この首相では選挙に勝てない」と見なされると、党内での辞任圧力が今まで以上に強くかかるようになります。そのためいずれの政権も短命に終わりました。

そして2009年には衆院選の敗北によって、自民党は野党に転落することになったわけです。

1989年～1994年　日本を取り巻く環境変化が政治改革のうねりを生み出す

ここまで見てきたように、小選挙区制は選挙ごとに議席数が大きく変動しやすい制度です。ではなぜ小選挙区制への変更が行われたのでしょうか。

1980年代末から90年代初頭にかけて、日本を取り巻く政治環境は大きく変わりつつありました。まず対日貿易赤字に苦しむアメリカが、日本の市場が閉鎖的だとして、大幅な規制緩和と市場開放を強く要求するようになります。この求めに応じることは、これまで自民党が支持基盤としてきた業界団体の利害との齟齬《そご》をきたすことを意味していました。

また91年には湾岸戦争が勃発し、自衛隊の海外派遣をめぐって、国会が大きく揺れました。この問題は冷戦構造が終結した中で、日本が今後どのようなかたちで国際貢献を行っていくべきかを問うものでした。

しかしこうした外部環境の変化に対する自民党の反応は鈍いものでした。これに危機感を覚えたのが、当時自民党で強い発言力を持っていた小沢一郎幹事長です。小沢は、党内や野党との利害調整に時間がかかる当時の中選挙

中選挙区と小選挙区

中選挙区	小選挙区
＝	＝
1選挙区**複数人**当選	1選挙区**1人**当選
メリット	**メリット**
●死に票が少ない ●小さい政党でも議席確保の可能性が高まる	●選挙にかかる費用が安い ●政権が安定する
デメリット	**デメリット**
●選挙にかかる費用が高い ●派閥争いが強くなる	●死に票が多くなる ●少数意見が反映されにくい

who's who　**小沢一郎：**［1942-］元自民党議員だが、1993年の総選挙前に離党。1993年と2009年の2度の非自民党政権成立の陰の立役者となる。新党結成とその解体が多いことから「壊し屋」と評される。

区制では時代の変化に応じた改革は難しく、政治が緊張感とダイナミズムを取り戻すために、政権交代が可能な仕組みを取り入れる必要があると考えました。そこで浮かび上がってきたのが、小選挙区制の導入だったのです。

　しかし党内では賛同を得られないと判断した小沢は、自民党を離脱して新生党を結成します。そして93年の衆院選で敗北した自民党に代わり発足した非自民8党派による細川護熙《ほそかわもりひろ》連立内閣において、選挙改革法案を成立させ、小選挙区制を実現したのです。

小選挙区制度導入を主導し、新生党を結成した小沢一郎。

1955年～1989年
55年体制のもとで自民党の長期安定政権が続く

　自民党は、1955年11月に保守勢力の日本民主党と自由党が合同することで結成されました。その前月には、右派と左派に分かれていた革新政党の社会党も再統一されていました。

　以降、与党を自民党が、野党第一党を社会党が占める、いわゆる「55年体制」が40年近く続きます。この時代、政権交代の可能性はほぼ皆無。社会党は58年を除いて、衆院選で過半数を上回る候補者を立てなかったからです。社会党の議席数は、自民党の2分の1程度という状態が保たれました。

　当時は、1選挙区あたり3～5人程度が選出される中選挙区制でした。一つの選挙区から複数の自民党候補者が立候補することが一般的だったため、自民党候補者にとっての最大の難敵は同じ党の別の候補者でした。党の候補者としての主張は当然両者とも同じですから、有権者の支持を得るには、いかに地元や業界団体に利権をもたらすかがカギを握ります。こうして利権政治がはびこるようになりました。また党内での派閥も生まれました。

　自民党は60年に日米安保改定をめぐって社会党と激しく対立したあとは、憲法改正などの政治的議論を巻き起こす課題は持ち出さないようになり、一種のなれ合い政治が続きました。経済が安定していたことと、冷戦構造の中で国際情勢に大きな変動がなかったことが、これを可能にさせました。

　しかし冷戦終結とバブル崩壊以降は、この体制を維持させることが困難になります。政治は安定の時代から、激しく変動する時代に移行しました。

keyword **日本社会党≫** 非共産党系の社会主義勢力が結集して1945年に結成。47年、社会党を中心とする片山内閣が発足。その後左右分裂するも55年に再結集。96年の村山内閣辞職後、社会民主党へ改称。

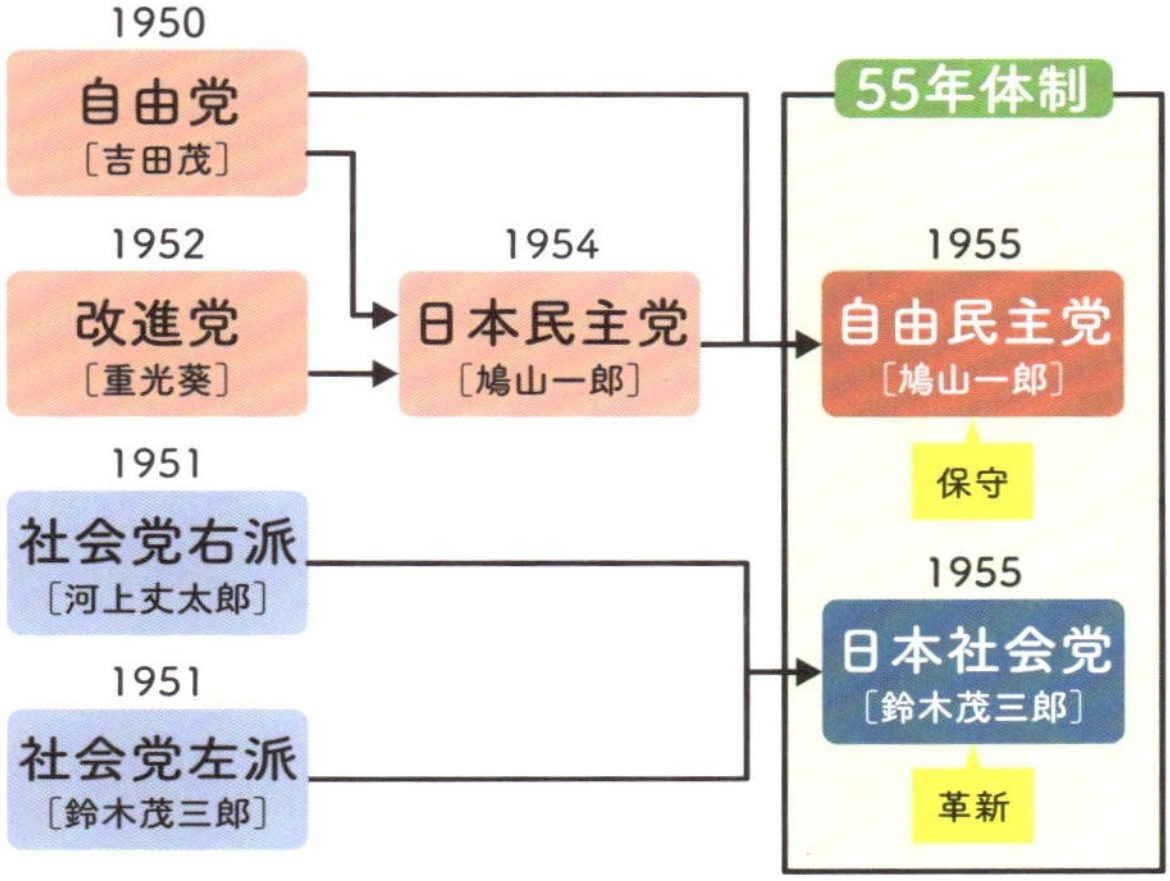

55年体制の成立と衆議院の議席割合

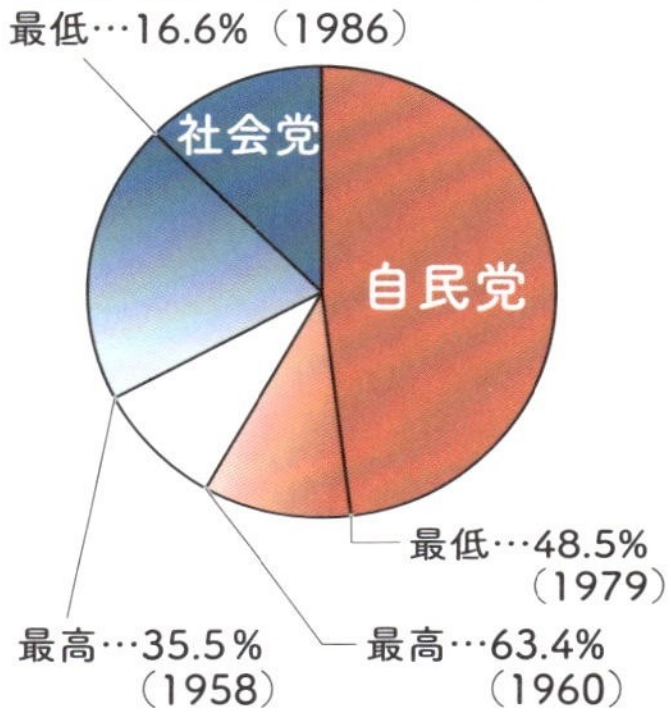

1924年〜1955年

革新勢力拡大への危機感が自民党結成の原動力になった

日本では1924年以降、立憲政友会と立憲民政党が交互に政権を担う本格的な政党内閣時代が訪れます。しかしやがて軍部の台頭を許し、政党内閣時代は8年で終焉を迎えました。

戦後になると保守、革新ともいくつかの政党が誕生しますが、保守勢力はやがて自由党と日本民主党にまとまりました。ただし同じ保守でも、自由党が護憲や軽軍備を主張したのに対して、日本民主党は改憲や再軍備を唱えるなど、政策には隔たりがありました。そんな保守二党が合同したのは、同じく統一によって強大になった社会党に対抗するためです。そして自民党結成後は、党内に多様な政治思想の議員がいることが逆に強みとなりました。

ふりかえり年表

1918	初の本格的な政党内閣・原敬内閣誕生
1924	立憲政友会と立憲民政党が交互に政権を担う政党内閣時代が到来
1932	五・一五事件で犬養毅が暗殺され、戦前の政党内閣は終焉
1940	大政翼賛会が発足し全政党が解体
1945	終戦後、日本自由党、日本社会党、日本共産党などが結党・再建
1951	日米安保条約をめぐり、社会党が分裂
1955	自由民主党、日本社会党結成 (55年体制成立)
1992	細川護熙が日本新党結成。「新党ブーム」起こる
1993	非自民8党派による連立内閣成立 (55年体制崩壊)
1994	小選挙区比例代表並立制が導入。社会党と自民党が組む連立内閣成立
1996	小選挙区制初の総選挙 (転換点)
2009	総選挙で民主党が大勝。民主党を中心とする連立内閣が成立
2012	安倍率いる自民党が大勝。政権奪回
2017	自民党が大勝。立憲民主党が野党第1党に

参考文献
北岡伸一『自民党 政権党の38年』(中公文庫)/清水真人『平成デモクラシー史』(ちくま新書)/中北浩爾『自民党政治の変容』(NHKブックス)/中北浩爾『自民党——「一強」の実像』(中公新書)

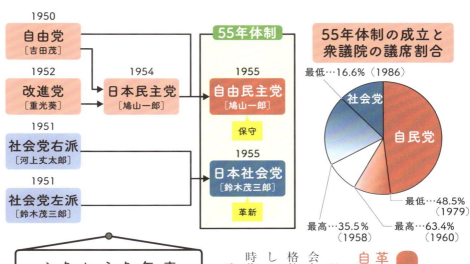

日本経済 ≫

なぜ、日本経済の未来に
るい展望を描けなくなっ
か？

アベノミクス、3本の矢、失われた20年、バブル景

成長

実感なき好景気

2017年11月の調査では「景気回復を実感していない」の意見が8割以上を占めた。

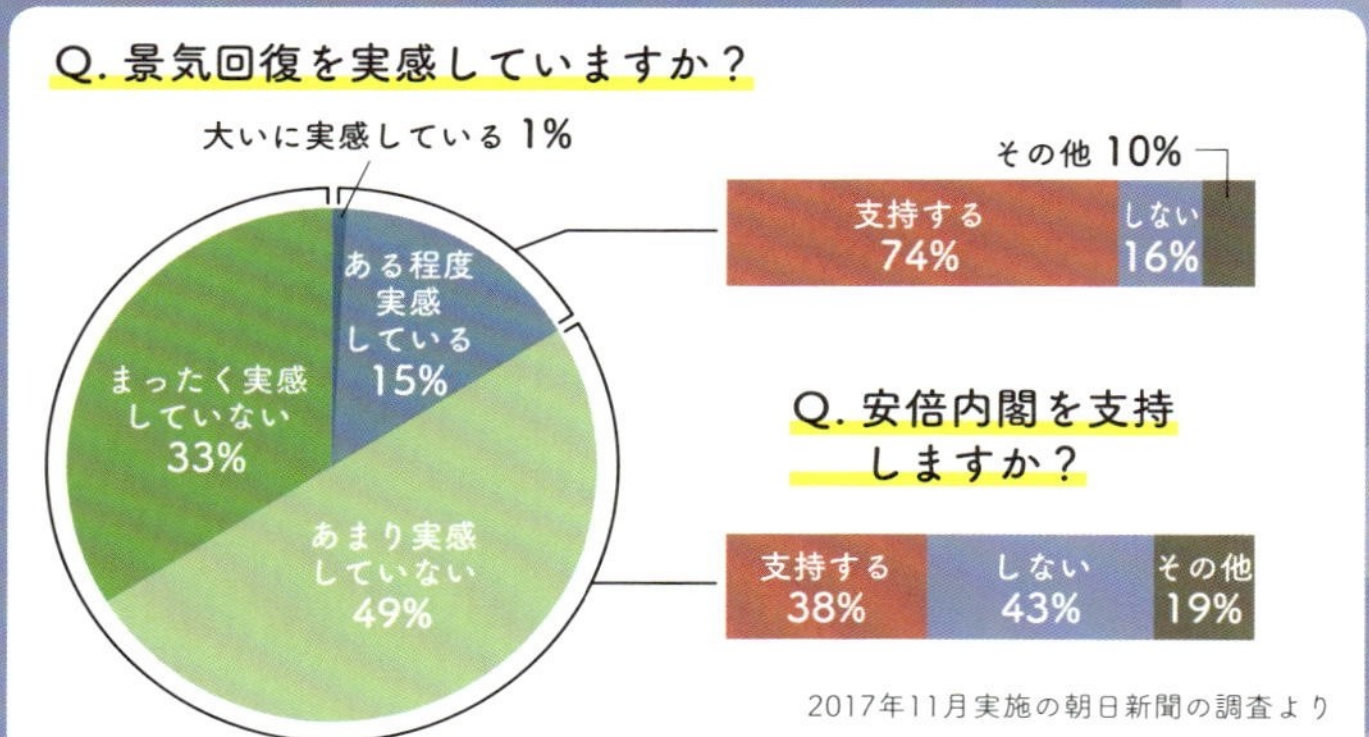

2017年11月実施の朝日新聞の調査より

「我が国の経済は、2012年11月を底に緩やかな回復基調が続いている」18年1月に公表された内閣府の『日本経済2017―2018』にはそう書かれています。実質GDP成長率は、14年度こそ消費税率引き上げの影響でマイナスになりましたが、他の年はプラスを続けているからです。このまま景気拡大が19年1月まで続けば、戦後最長を記録することになります。

しかし現実には、「実感なき好景気」といわれています。大きな理由は、労働者の賃金の伸びが鈍いこと。企業が稼ぎを人件費に回す割合を労働分配率といいますが、17年度の労働分配率は66・2%と、43年ぶりの低水準です。一方で企業が稼ぎを蓄えに当てる内部留保の金額は過去最高に。企業の稼ぎが労働者に還元されていないのです。

それに多少賃金が上がっても、老後の年金や介護の不安を考えると、気前よく消費はできません。また現在は世界経済全体が好調なことや、円安を誘導する金融政策により日本企業も好調ですが、アメリカのように新興グローバル企業がどんどん出てこないと、日本の国際競争力は落ちるばかりになってしまうでしょう。国内市場も、今後人口減によって縮小していきます。

それにしてもどうして日本経済は、こんなにも未来に明るい展望を描きにくくなってしまったのでしょうか。

2012年～2018年
「3本の矢」からなるアベノミクスが打ち出される

現在の景気拡大が始まった２０１２年11月の翌月、第２次安倍晋三内閣が発足しました。安倍首相は「大胆な金融政策」「機動的な財政政策」「民間投資を喚起する成長戦略」の「３本の矢」からなるアベノミクスと呼ばれる経済政策を発表します。

「大胆な金融政策」とは、日本銀行が金融機関から大量の国債を買い取ることで、市中に出回るお金の供給量を増やし、円安とインフレを人為的に起こす政策です。これにより市場は円安基調となり、輸出産業に増益をもたらしました。ただしインフレのほうは「２年で２％の物価上昇」という目標を、18年11月現在も達成できていません。

一方「機動的な財政政策」とは、公共事業を増やすことで仕事を作り、経済を活性化しようとする政策です。

そして本来もっとも重要なのが、「民間投資を喚起する成長戦略」を持つことです。日本経済が本当の意味で強くなるためには、たとえ円高でも、グローバル市場で勝ち抜ける競争力を持った新しい産業や企業が次々と出てくることが条件となります。事実「強いアメリカ」の経済力は、新興のＩＴ企業が支えており、現在はシェアリング・エコノミーの分野が著しい成長を遂げています。

しかし新しい産業や企業を、政府の手で創り出そうとするのは限界があります。それは企業家自身がやるべきことで、政府にできるのは新興企業が市場に参入しやすいように規制緩和を進めることぐらいです。今後の日本を牽引する新しい産業や企業をどう生み出していくかが課題になっています。

「3本の矢」とその成果

2012年、第2次安倍晋三内閣が掲げた「3本の矢」。1、2の矢は一定の成果を収めたものの完全ではなく、計画の最終段階となる第3の矢は具体的な成果が見えていない。

大胆な金融政策

評価 円安により経済再生の兆し。だがインフレ率は目標を達成できず

機動的な財政政策

評価 公共事業が増え雇用が促進されたが限定的。国債が増加し財政圧迫

民間投資を喚起する成長戦略

評価 新たな市場の創出などを目指したが、目立った成果は上がっていない

2013年7月、街頭演説で「3本の矢」について語る安倍首相。

keyword **新・3本の矢≫** 安倍政権は2015年、従来の「3本の矢」に続いて、「希望を生み出す強い経済」「夢をつむぐ子育て支援」「安心につながる社会保障」からなる「新・3本の矢」も発表している。

「失われた20年」の停滞

バブル崩壊後「失われた20年」が訪れた。経済成長率がマイナスから2％程度で推移する期間が続き、日本経済は停滞した。

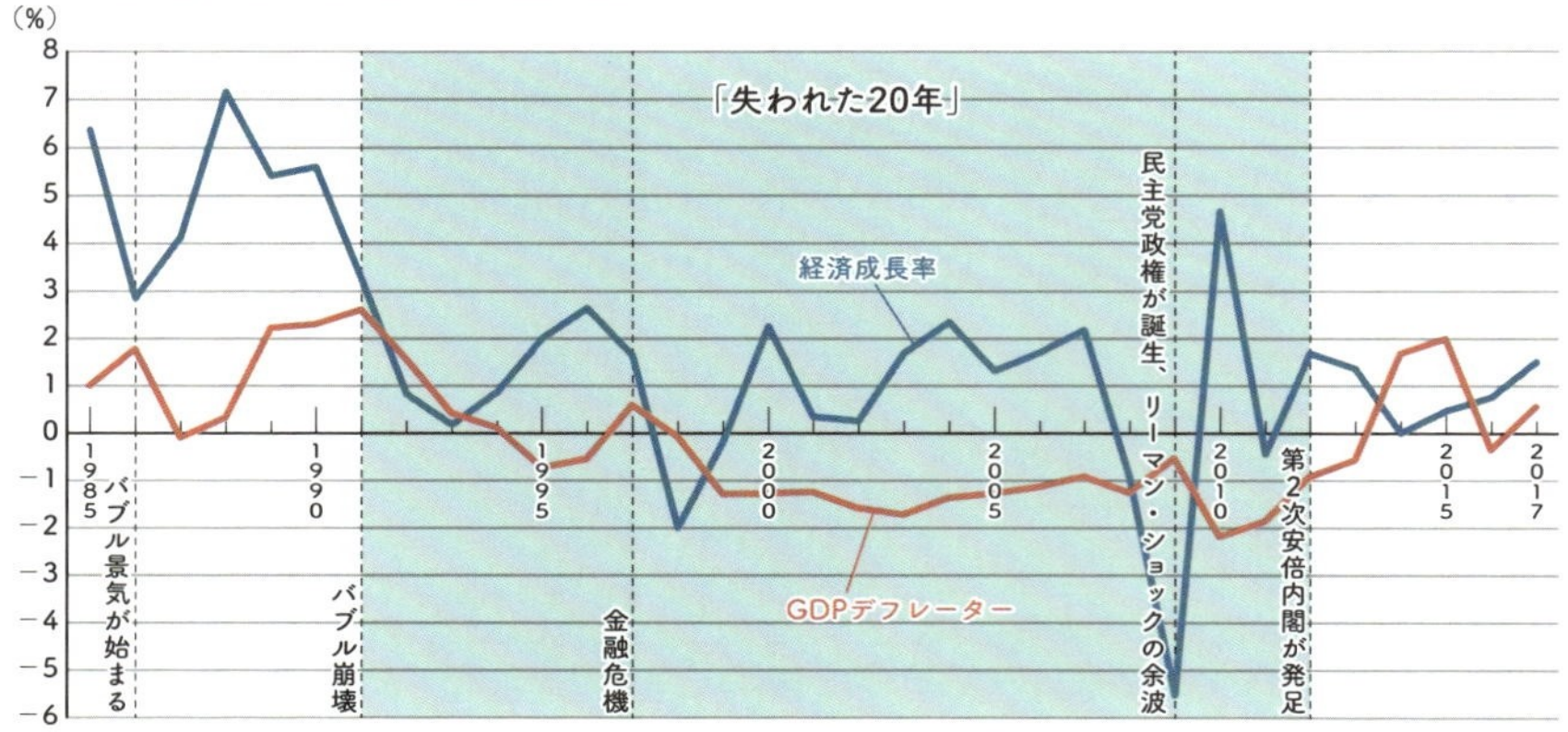

世界銀行「World Development Indicators 2015」などをもとに作成

1991年～2011年
バブルの後始末に追われ経済成長から取り残される

アベノミクスが始まる前の1990年代初頭から2010年代初頭にかけ、日本経済は「失われた20年」と呼ばれるトンネルの中にいました。

80年代末のバブル期に3万8915円（終値）を記録した日経平均株価は、08年には6994円にまで下落します。一方GDP成長率も、この20年間、ほぼ横ばいの状態が続きました。

労働者の平均年収も、90年代半ばをピークに下がり続けました。また企業は人件費を抑えるため、非正規労働者の雇用を拡大。人々は消費を控えるようになり、企業は利益を減らし価格を下げてモノを売ろうとしたため、さらに賃金が下がり、ますます人々は消費を控えるデフレ不況が到来しました。

「失われた20年」の原因の一つに、バブルの後始末に時間を要したことがあります。バブル崩壊によって、金融機関は多額の不良債権を抱えました。政府が多額の公的資金を金融機関に注入し、ようやく一区切りついたのは、00年代に入ってからのことです。一方民間企業は、リストラによっていかにコスト減を図っていくかに追われていました。日本経済は、「攻め」よりも「守り」で精一杯だったのです。

その間、世界経済は順調にGDPや株価を伸ばしていました。特に成長が著しかったのは中国で、10年には日本を抜いてGDP世界第2位に躍り出ます。アメリカも、世界最強のITと金融立国の国に生まれ変わっていました。世界経済のトップランナーだった日本は、「失われた20年」の間にすっかり周回遅れにされたわけです。

keyword **「失われた20年」**≫ バブル崩壊から約20年間の日本経済が低迷した期間を指す。経済成長率がマイナスから2％程度で推移し、世界各国に遅れを取る大きな原因となった。

1985年～1990年
日銀の金融緩和で始まったバブル景気に浮かれる

では１９９０年代以降の日本経済に大きな後遺症をもたらしたバブルとは、いったい何だったのでしょうか。

85年、貿易赤字に苦しむアメリカのレーガン大統領は、他の先進国に対してドル高の是正を求め、日本をはじめとした国々も要求を受け入れました（プラザ合意）。これにより1ドル２４０円前後だった円相場は、87年には１ドル１４０円台に突入します。

円高ドル安基調になったことで、日本の輸出企業は打撃を受け、日本は不況に陥りました。そこで日本銀行は公定歩合を引き下げます。企業が金融機関からお金を借りて、新たな投資を行いやすい環境を作ることで、経済の活性化を図ろうとしたのです。

1989年、当時の最高値を更新し、証券マンが押し寄せる東京証券取引所。

平成30年間における世界トップ企業の変遷

1989年（平成元年）と2018年（平成30年）の世界時価総額ランキング。1989年は日本企業がトップ20のうち14社を占めていたが、2018年には1社もなく、最高が35位のトヨタ自動車である。

1989年（平成元年）

順位	企業名	国
1	NTT	日本
2	日本興業銀行	日本
3	住友銀行	日本
4	富士銀行	日本
5	第一勧業銀行	日本
6	IBM	アメリカ
7	三菱銀行	日本
8	エクソン	アメリカ
9	東京電力	日本
10	ロイヤル・ダッチ・シェル	イギリス
11	トヨタ自動車	日本
12	GE	アメリカ
13	三和銀行	日本
14	野村證券	日本
15	新日本製鐵	日本
16	AT&T	アメリカ
17	日立製作所	日本
18	松下電器	日本
19	フィリップ・モリス	アメリカ
20	東芝	日本

2018年（平成30年）

順位	企業名	国
1	アップル	アメリカ
2	アマゾン・ドット・コム	アメリカ
3	アルファベット	アメリカ
4	マイクロソフト	アメリカ
5	フェイスブック	アメリカ
6	バークシャー・ハサウェイ	アメリカ
7	アリババ・グループ	中国
8	テンセント・ホールディングス	中国
9	JPモルガン・チェース	アメリカ
10	エクソン・モービル	アメリカ
11	ジョンソン・エンド・ジョンソン	アメリカ
12	ビザ	アメリカ
13	バンク・オブ・アメリカ	アメリカ
14	ロイヤル・ダッチ・シェル	イギリス
15	中国工商銀行	中国
16	サムスン電子	韓国
17	ウェルズ・ファーゴ	アメリカ
18	ウォルマート	アメリカ
19	中国建設銀行	中国
20	ネスレ	スイス

keyword **バブル景気≫** 1986～91年までの日本で起きた急激な資産価格の上昇や好景気を指す。週末の夜はタクシーが争奪戦となるほどで、ディスコブームなど独自の文化も生まれた。

すると企業は、銀行から借りたお金を土地の投資に当てました。そのため地価が高騰します。

その様子を見た企業や個人は「土地は儲かる」と投資を重ね、さらに地価は高騰していきました。バブル景気の到来です。人々は株式投資も盛んに行い、株価も急上昇します。日本は空前の好景気に沸きました。

ただしサラリーマンが一生働いても家を買えないほどに地価が高騰している状況は、明らかに異常でした。日本銀行は89年5月より、公定歩合を段階的に引き上げ始めます。また大蔵省は銀行に対して、不動産向け融資を制限する総量規制の通達を出しました。そしてバブル景気は弾けました。

こうして見ていくと、バブル（泡）とはまさに言い得て妙です。それは日本銀行の金融政策によって始まった、実質を伴わないお祭り騒ぎでした。

1945年～1973年 朝鮮特需をきっかけに高度経済成長に突入

日本の戦後は、焼け野原から始まりました。鉱工業の生産額は戦前の3分の1以下になり、街には戦争孤児があふれていました。

復興の足掛かりを得たのは、1950年に始まった朝鮮戦争でした。米軍の補給地となり、武器の製造や機械、自動車の修理などの需要（「朝鮮特需」）が発生し、好景気が訪れます。企業は設備投資を積極的に行ったため、生産力は51年には戦前のレベルまで回復。国も電力や鉄鋼、造船などを重点産業に定め、集中的に資金を投入しました。そのため重化学工業分野が日本の基幹産業として育ち、朝鮮戦争休戦後も輸出を拡大させていきます。

Column

高度経済成長はどのように終わりを迎えたのか

高度経済成長が終わったのは1973年のことです。この時期の日本は、世界経済の荒波に襲われていました。73年、それまで1ドル360円（71年からは1ドル308円）だった固定相場が変動相場に移行し、円高ドル安が進行。輸出企業が打撃を受けました。また中東の産油国が原油価格の引き上げを発表すると、石油の値上げが他の商品の値上げに波及し、激しいインフレに見舞われます。そして74年、戦後初のマイナス成長を記録し、高度経済成長に完全にピリオドを打ったのです。以後日本は安定成長時代に移行し、やがて80年代後半のバブル景気を迎えます。

1974年、消費者物価指数が23％も上昇する「狂乱物価」となった。値上げに抗議してデモをする主婦たち。

飛躍的に成長した日本経済

1955年から73年までの高度経済成長期、経済成長率は平均10％以上を記録した。

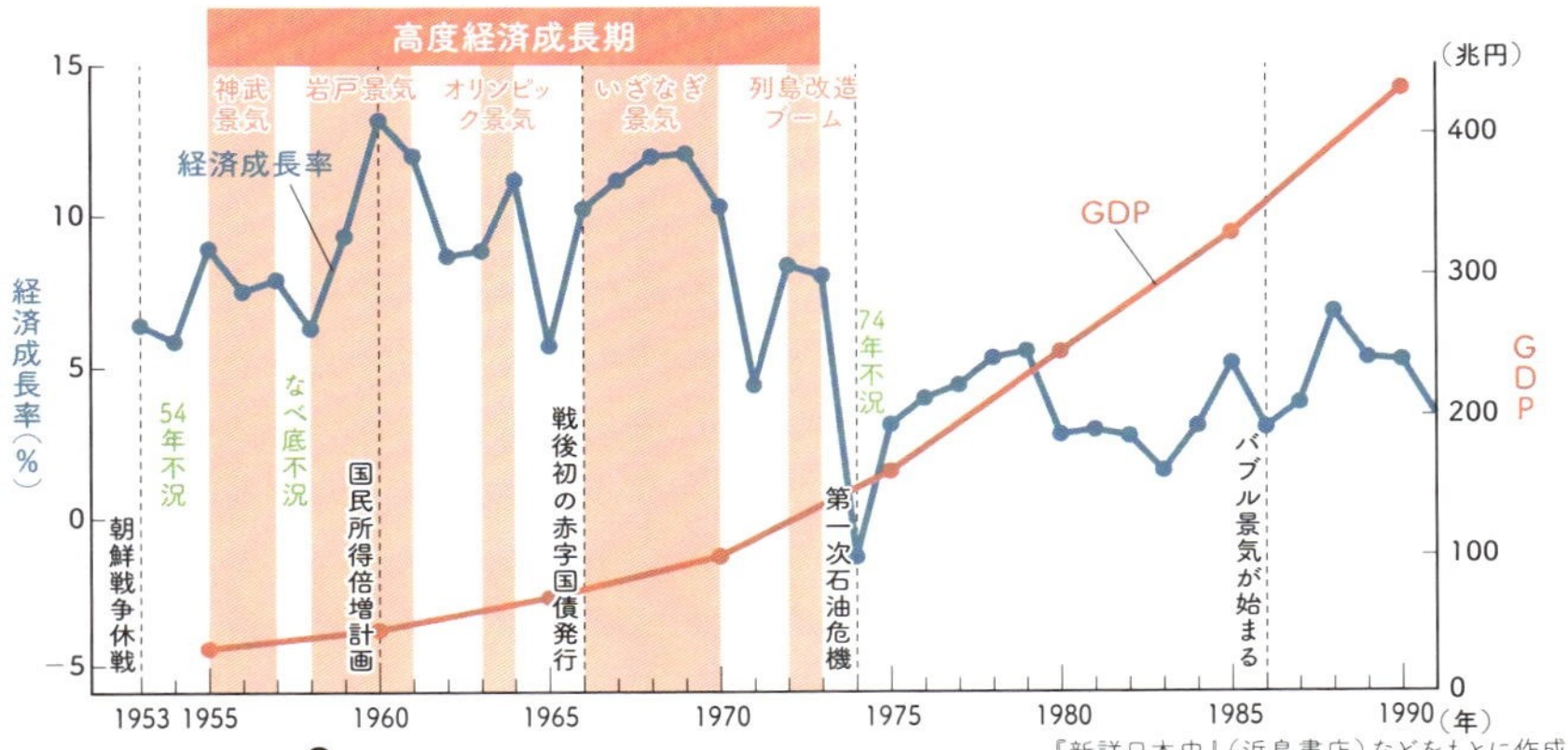

『新詳日本史』（浜島書店）などをもとに作成

人々の生活が第二次大戦後の混乱から立ち直っていく中で、内需も拡大していきました。

そして55年頃から、高度経済成長が始まりました。73年までの18年間で、日本の経済規模は約5倍に拡大。池田《いけだ》勇人《はやと》首相は60年に「10年間で所得を2倍にする」という所得倍増計画を打ち上げますが、実際には所得は10年間で約4倍になりました。

この時期の日本は人口ボーナス期にあり、生産年齢人口（15〜64歳）が増え続けていました。彼らは高度経済成長を支える働き手であるとともに、旺盛な消費者でもありました。

日本が驚異的な戦後復興を遂げたのは、人々の努力があったからこそです。ただしこの時期は、先に工業社会や消費社会を実現した先進国というモデルがあり、それに追いつくためにやるべきことはある程度はっきりしていました。そこが現代と大きく違う点です。

ふりかえり年表

- 1945 第二次世界大戦敗戦
- 1950 朝鮮戦争。「朝鮮特需」による好景気
- 1955 高度経済成長が始まる
- 1960 池田勇人首相、「所得倍増計画」を発表

急成長

- 1973 高度経済成長が終わる
- 1974 経済成長率が戦後初のマイナス成長
- 1985 プラザ合意
- 1986 日本銀行、年に4度の公定歩合引き下げ。バブル景気到来
- 1989 消費税導入。税率は3％

経済活性化

- 1991 バブルが弾ける。「失われた20年」の到来
- 1997 消費税が5％に引き上げ。金融危機。大手金融機関などが連鎖的に経営破綻

デフレ不況

- 2008 リーマン・ショック
- 2011 東日本大震災
- 2012 第2次安倍内閣発足。アベノミクスを発表
- 2014 消費税が8％に引き上げ

「実感なき好景気」

参考文献 坂井豊貴ほか編著『年表とトピックでいまを読み解く ニッポン戦後経済史』（NHK出版）／野口悠紀雄『戦後経済史』（東洋経済新報社）／野口悠紀雄『戦後日本経済史』（新潮選書）

人口問題

……ぜ、日本は少子化が……んなに進んでしまった……？

……word 合計特殊出生率、ニッポン一億総活躍プラン、生涯……化、専業主婦

日本の人口構造と推移

日本の人口は2055年には1億人を下回ると推定される。

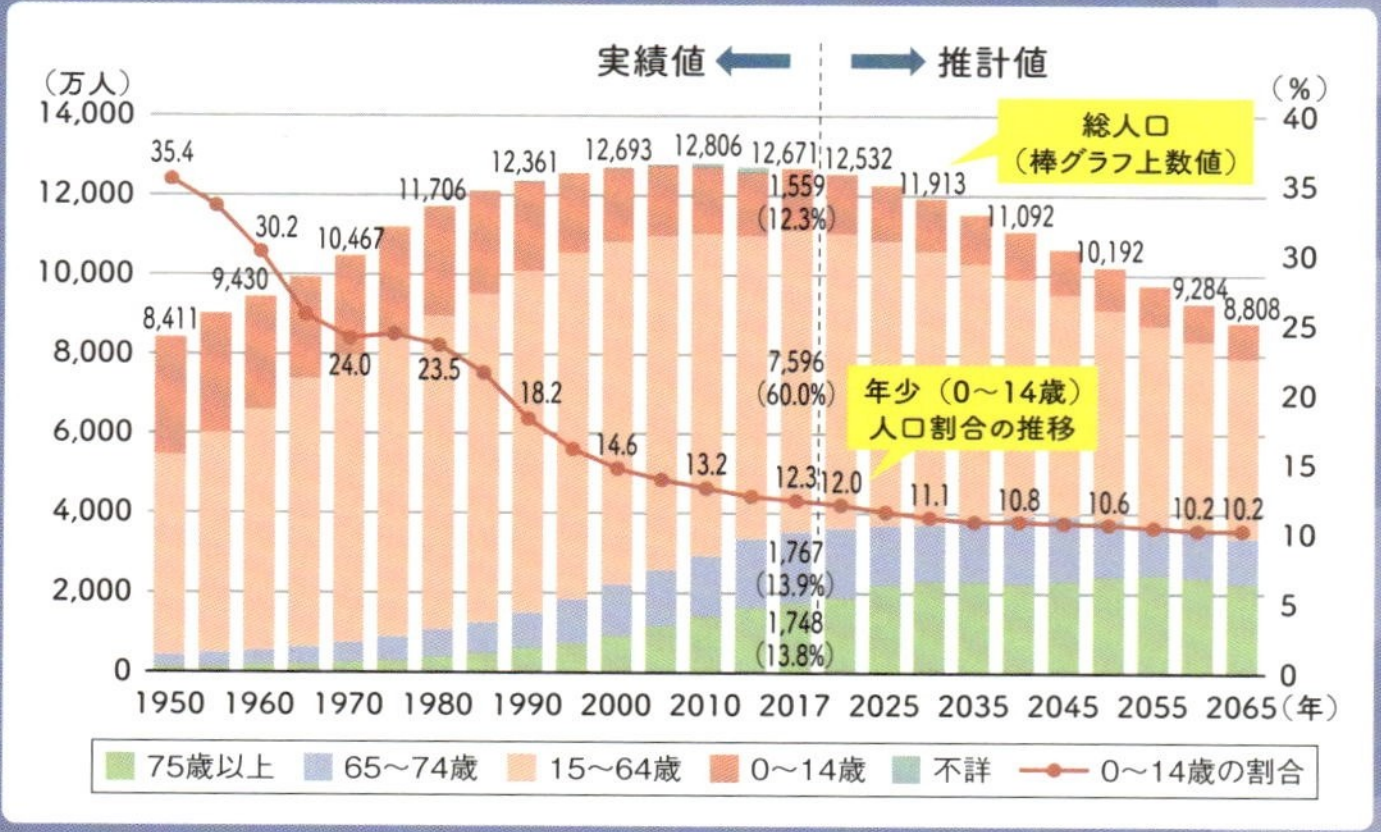

内閣府HP「日本の人口構造」をもとに作成

日本は今、少子化、高齢化、人口減の三つの人口問題を抱えています。

日本が人口を維持していくためには、合計特殊出生率（以下・出生率）が2・07以上であることが目安とされています。出生率は1973年には2・14でしたが、75年には2を切って1・91を記録し、2005年にはついに1・26にまで落ち込みました。ただしその後はやや持ち直し、近年は1・4台前半が続いています。とはいえ出産が可能な年齢の女性の人口が減っているため、生まれてくる子どもの数は増えていません。17年の出生数は、国の調査開始以来最少の約94万6000人となりました。

そのため日本は、すでに08年をピークに人口減少社会に突入しています。一方で高齢化率は今後も上昇するため、これからは少ない生産年齢人口（15歳～64歳）で、多くの高齢者を支えなくてはいけなくなっています。

そんな中、国は大きく二つのことに力を入れています。少子化対策と、女性が労働に参加しやすい環境を整えることです。人口減少社会では人手不足が恒常化するため、多くの女性を労働力化する必要があるからです。女性の労働力参加率が高まれば、その分多くの人数で、高齢者を支えられます。

ではなぜ日本は、こんなにも少子化が進行してしまったのでしょうか。

出生率と出生数の推移

合計特殊出生率は微増傾向にあるが、出生数は年々減少。2016年には初めて100万人を下回り、2017年には94.6万人となった。

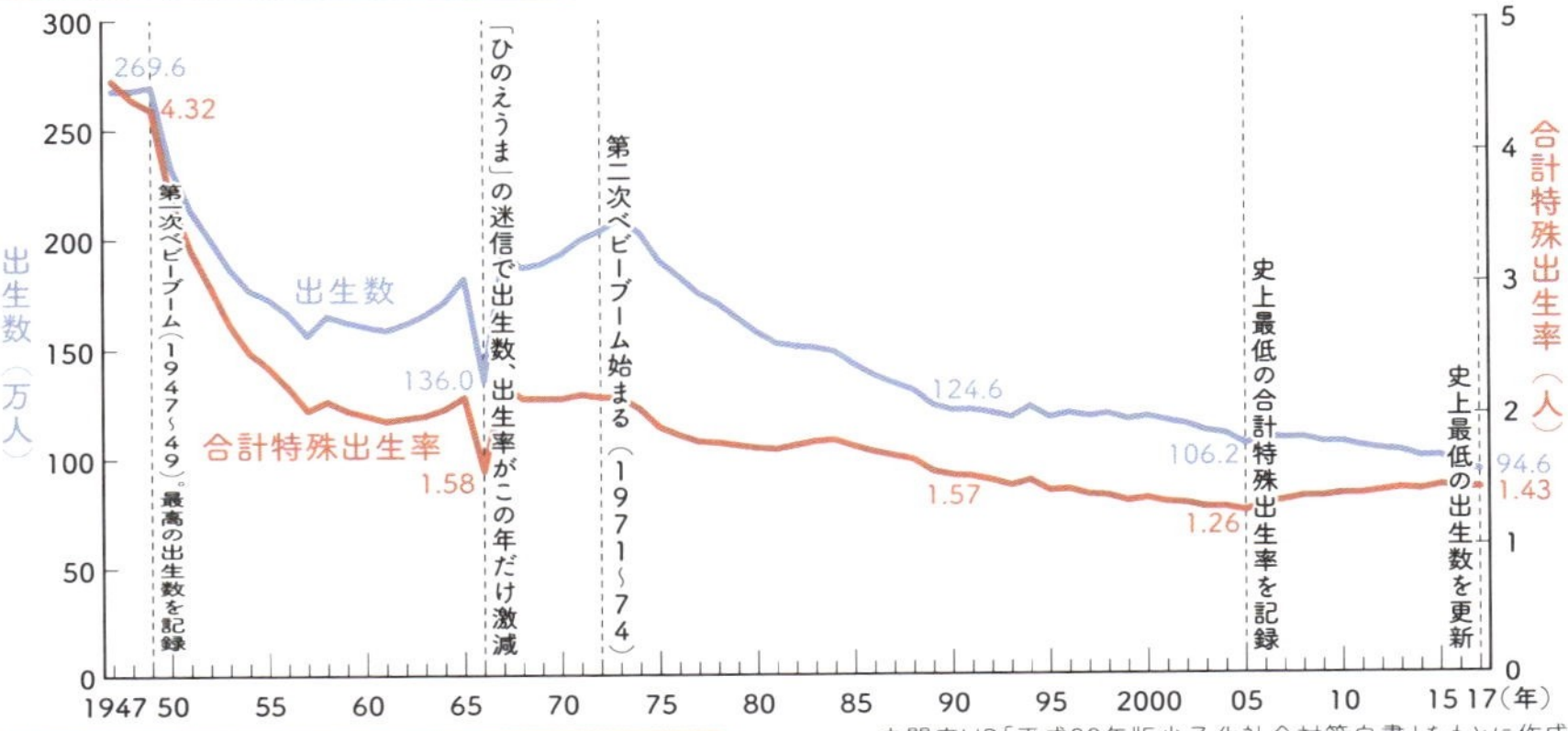

内閣府HP「平成30年版少子化社会対策白書」をもとに作成

女性の労働力参加率と出生率

育児との両立支援の充実や、柔軟な働き方が可能な国では、女性の労働力参加率と出生率の上昇の両方を実現している。共働きできれば世帯収入が増え、子どもを育てる余裕ができる好循環が生まれている。

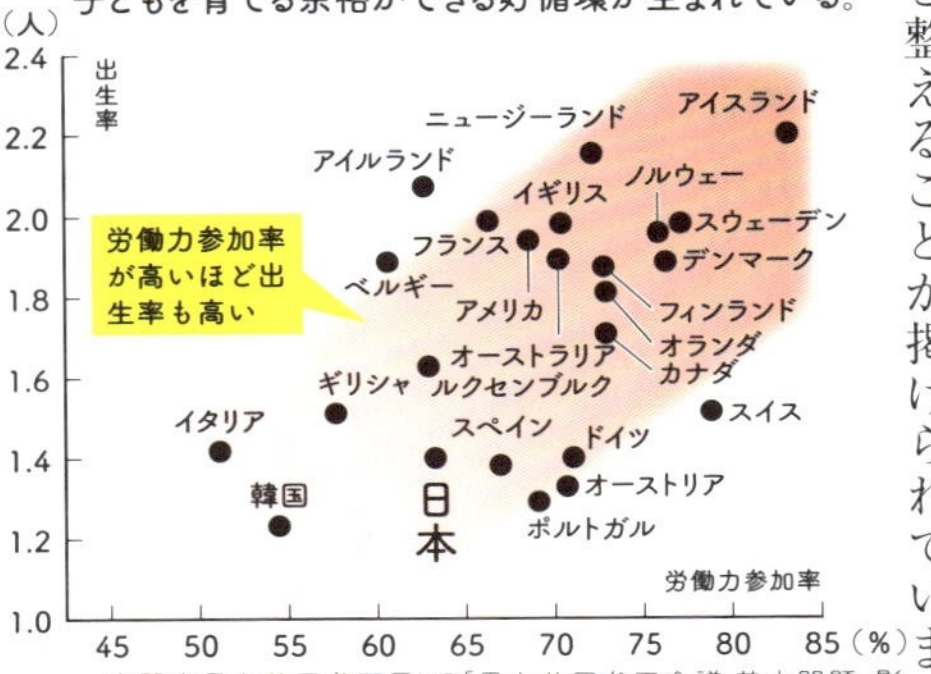

内閣府男女共同参画局HP「男女共同参画会議 基本問題・影響調査専門調査会 報告書～最終報告～」をもとに作成

働く女性が増えている国は出生率も回復している

2005年～2018年

安倍晋三内閣は2016年、「ニッポン一億総活躍プラン」を公表しました。この中には「希望出生率1・8」実現のために子育て支援を拡充させることや、女性が社会の中で活躍できる環境を整えることが掲げられています。「出生率の回復」と「女性の労働力参加率の上昇」の両方の実現を目指しているわけです。

世の中には「出生率の低下は、女性が家庭より仕事を優先するようになったからだ」と考える人も多いようです。しかしそれは事実と異なります。欧米では00年代以降、女性の労働力参加率が伸びている国ほど、出生率も改善しているデータが出ているからです。

日本ほどではありませんが、他の先進国も少子化の問題に直面しています。若者の雇用が不安定化し、子どもを育てる経済的な余裕がないカップルが多いことが要因の一つに考えられます。家庭の収入はカップルがフルタイムで働けば増やすことができますが、そうすると子育てとの両立が大変になります。そこで出生率の回復に成功している国では、政府が仕事と子育ての両立支援制度を充実させたり、企業が

keyword **希望出生率≫** 結婚して子どもを産みたいと考えている若い世代が、その希望が叶えられた場合に想定される出生率のこと。一定の仮定に基づき算出すると1.8程度になる。

柔軟な働き方を認めたりするようになっています。こうして女性の労働力参加率を高めながら、出生率も改善することが実現したわけです。

前述したように、日本も05年を底に出生率は緩やかな回復基調にあります。女性の労働力参加率も伸びています。政府の子育て支援も影響があるのかもしれません。今後の推移を見守る必要があります。

男女別未婚率の推移

1960年には男女ともに30代の未婚率は10％以下だったが、その後上昇。2015年には生涯未婚率（50歳の未婚率）が男性23.4％、女性14.1％まで上昇している。

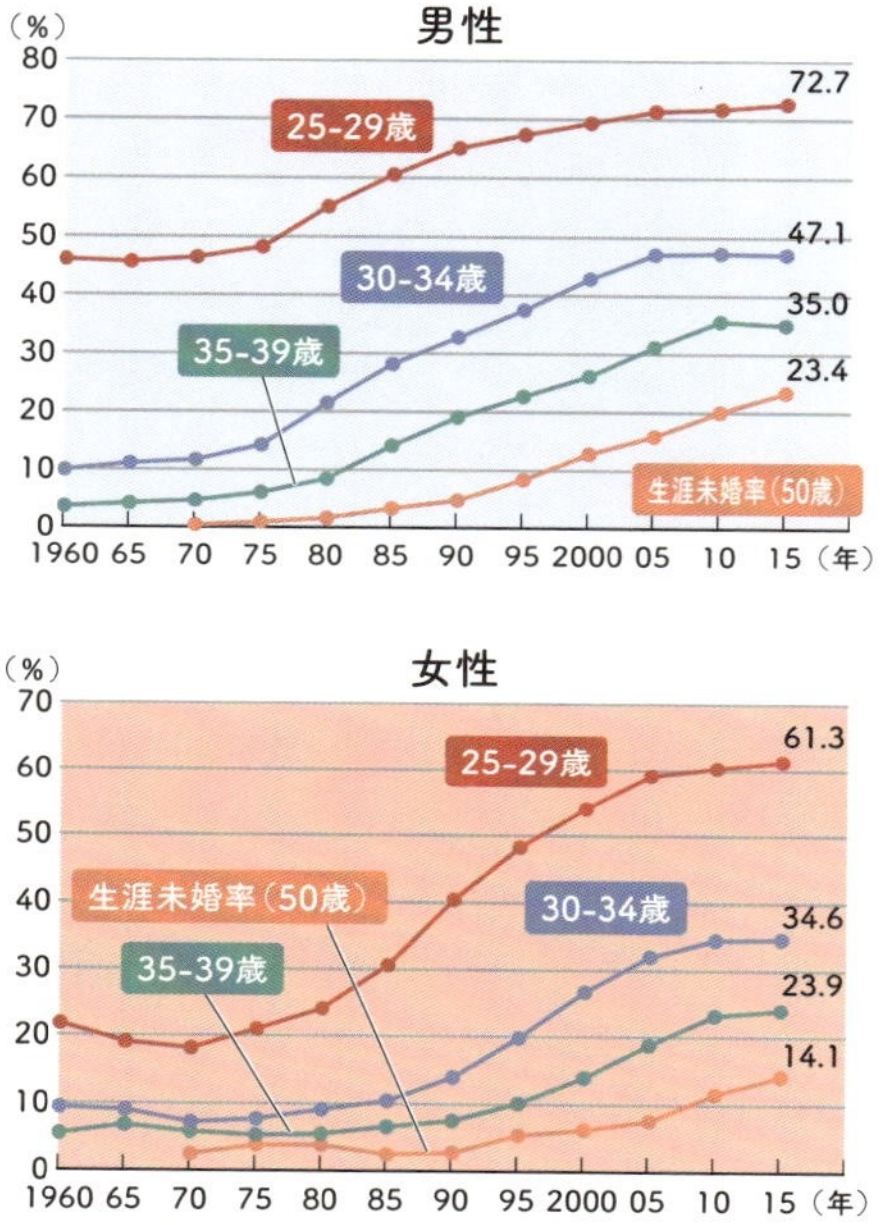

内閣府HP「平成29年版少子化社会対策白書」をもとに作成

1975年～2005年 最初に晩婚化が始まり のちに未婚化が進んでいった

出生率が低下している要因としては、「結婚しているのに子どもがいない夫婦が増えた」「そもそも結婚していない人が増えた」の二つが考えられます。日本の場合、要因として大きいのは後者のほうです。

日本で出生率の低下が始まったのは1970年代半ばからですが、結婚している夫婦の平均出産数は、70年代半ばから2000年代前半まで大きな変化はなく、約2・2人を維持していたからです。ただし00年代半ば以降は、夫婦の平均出産数も減少傾向です。

未婚者が増えた理由としては、価値観の多様化ももちろんあるでしょうが、見逃せないのが経済要因です。

出生率が2を切った75年は、高度経済成長が終わった時期です。低成長時代に入り、男性会社員の収入の伸びが鈍化し始めました。当時は今以上に男性が家庭の大黒柱とされていましたから、給料が低ければ、とても家庭を営んでいくことはできなくなります。そこで起きたのが、給料が上がるまで結婚を先送りするという晩婚化でした。この頃から20代や30代前半の未婚率が

婚姻率と経済状況の相関

婚姻件数は第一次ベビーブーム世代が25歳前後を迎え、かつ高度経済成長期でもあった1970年から74年に最高を記録。年間100万組を超えていたが、次第に低下し、2017年は過去最低に。婚姻率も4.9と初めて5.0を下回った。

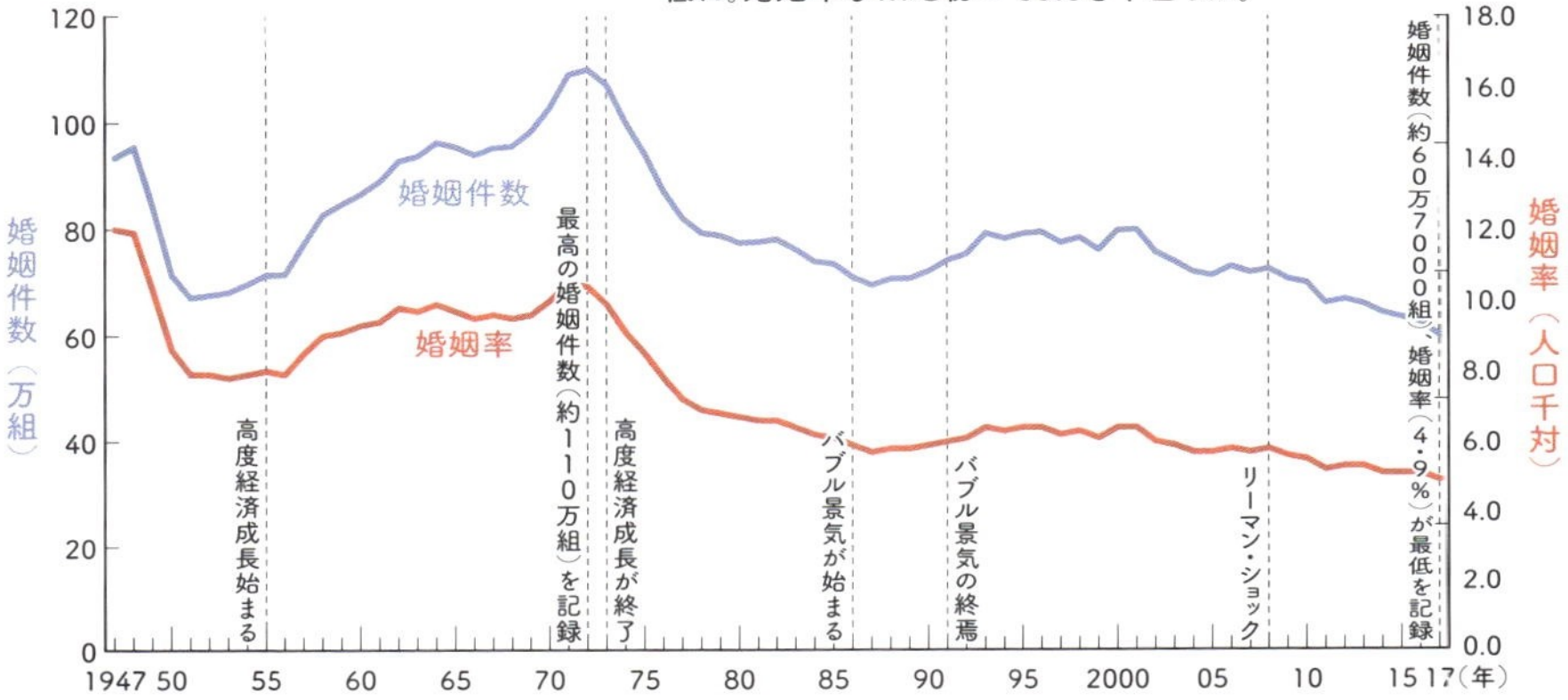

内閣府「平成29年版少子化社会対策白書」などをもとに作成

増加する専業主婦

1970年代まで、サラリーマンが増加するのに伴い専業主婦の数も増えていった。

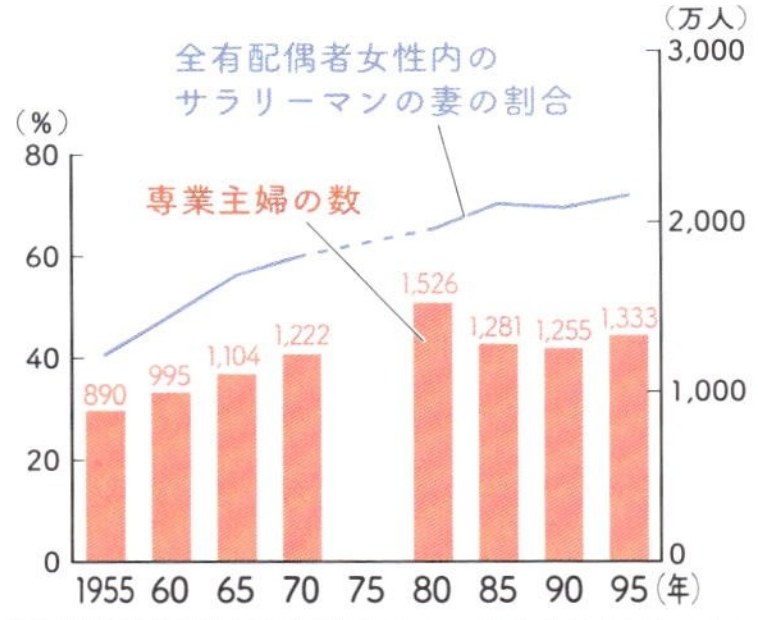

厚生労働省HP「厚生白書（平成10年版）」をもとに作成／1975年はデータなし

上昇を始め、特にその傾向は男性のほうが顕著でした。ただし生涯未婚率自体は、まだ低く保たれていました。

しかし90年代半ば以降は、生涯未婚率も明らかに上昇し始めます。背景には非正規雇用労働者など、不安定な経済状態に置かれ、将来の収入の見通しが立たない若者が増えたことが大きいと考えられます。彼らは結婚時期を延ばすどころか、結婚自体をあきらめるようになったのです。

1955年〜1975年
工業化社会が進行する中で専業主婦になる妻が増えた

日本の高度経済成長期は、1955年頃から始まり73年に終わります。この時期に家庭の中で進行したのが、妻の専業主婦化でした。

戦後の経済成長とともに、専業主婦の割合が増えたのは欧米も同じです。背景には産業の中心が農業から工業に移行したことにあります。

工業化社会では、農業とは違い、働き手は工場やオフィスに通勤する必要があります。しかし夫婦ともに通勤するとなると、家庭のことが手薄になります。そのため「夫は外で働き、妻は家庭を守る」という性別役割分業が進んだのです。また労働者の所得の向上により、妻が働かなくても済む経済環

keyword **工業化社会》** 製造業・建設業など第二次産業の占める割合が高い社会のこと。現在は情報・サービス業など第三次産業の割合が高まり、「脱工業化社会」と呼ばれる。

産業別就業者数の推移

1951年は第一次産業がもっとも多かったが、高度経済成長期以降急激に減少。代わりに第三次産業が増加し、2017年には7割以上となっている。

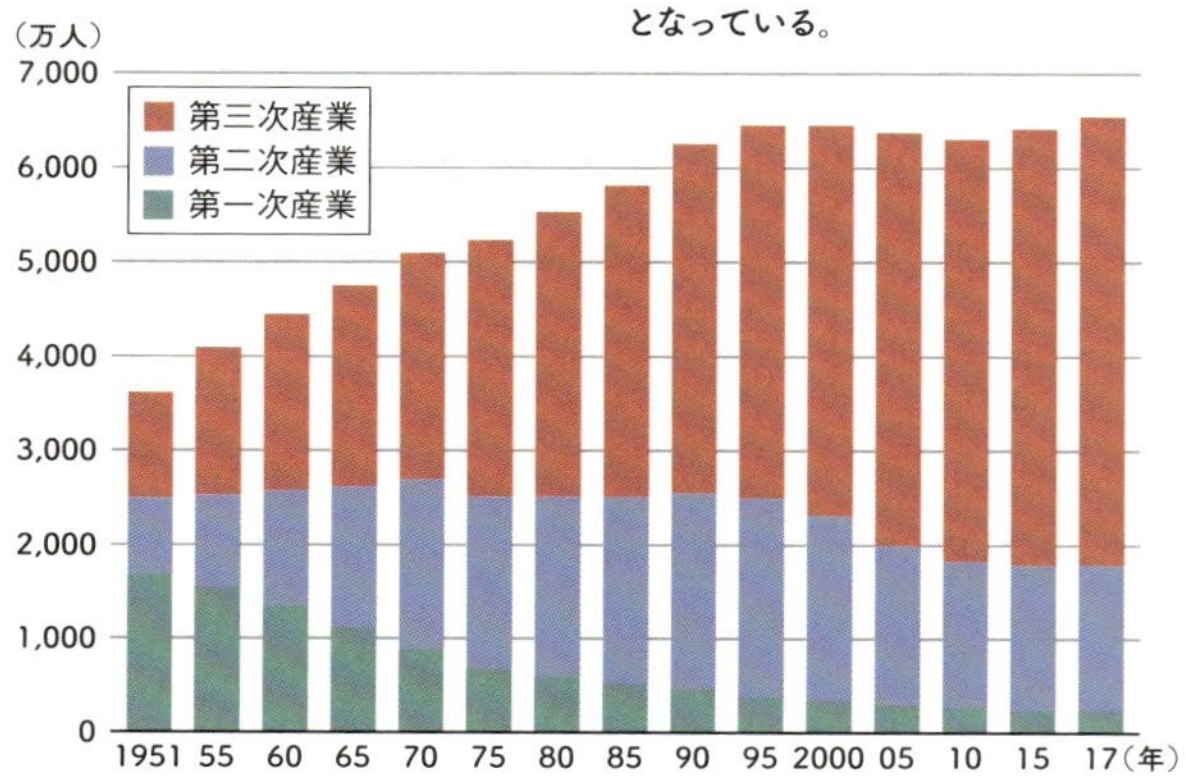

総務省「労働力調査」より

戦後の一般的な家庭の様子。高度経済成長期が訪れると茶の間がリビングに代わり、ちゃぶ台を囲み一家で食事をする光景は少なくなっていった。

境も整いました。

工業化の中で少子化も進みました。40年代後半には4を越えていた出生率は、50年代に入ると急速に落ち、高度経済成長期にはだいたい2・1〜2・2台を保っていました。

専業主婦が増加し、子育てにかけられる時間は増えたわけだから、出生率が上がってもよさそうですが、そうはなりませんでした。工業化社会では高度な知識や技能が求められるため、学歴が高いほうが有利です。そこで親は「少なく産んで、十分な教育費をかけて大事に育てる」ことを選択しました。

高度経済成長期の終焉とともに、「専業主婦の時代」も終わりを迎えます。夫の収入の伸びが鈍化し、共働きをせざるをえなくなったからです。またこの頃から第三次産業が拡大したことで、対人サービス業など、女性に向くとされる仕事も増えていきました。

1868年〜1945年
戦前の家族のかたちは今とは大きく違っていた

戦前の日本は、少子化とは無縁の社会でした。明治時代中期から大正時代初期にかけては、出生率も高いが死亡率も高い「多産多死の時代」が続きます。しかし1920年代以降は、医療技術の発展や栄養、衛生環境の改善などによって、「多産少死の時代」を迎えます。20年代前半、約42歳だった平均寿命は、35〜36年には46・92歳にまで伸びました。

20年の普通出生率（人口1000人あたりの1年間の出生数）は36・2、30年は32・4です。一方2017年は7・5ですから、当時いかに多くの子どもが生まれていたかがわかります。

戦前の家族の形態は現在とは大きく

keyword **新中間層》** 肉体労働ではなく頭脳労働に従事し、企業などで働く賃金労働者。サラリーマン、ホワイトカラーともいわれ、農家や個人商店経営者などを指す旧中間層の対義語である。

Column

近代以前の日本の人口はどうなっていたのか？

徳川幕府は江戸時代中期以降、武士と公家を除いた庶民の人口調査を5年おきに実施していました。その結果を見ると、1721年に約2607万人だった全国の人口は、1846年には約2691万人となっており、ほとんど増えていません。原因としては農地の拡大が停滞していたことや、飢饉が相次いだことが挙げられます。

また出生率については、現代よりはもちろん高いですが、明治時代〜昭和前期と比べると低かったという研究結果も出ています。当時は「多産多死」ではなく、「中産中死」の時代だったようです。

江戸時代の三大飢饉の一つである、天保の大飢饉を描いた『荒歳流民救恤図』。5年間で人口が125万人も減少した。

異なっていました。第一次世界大戦後になると、東京や大阪では大学を卒業してサラリーマンになる層が現れます。新中間層と呼ばれるこうした家庭では、早くも妻の専業主婦化が始まっていました。

ただし当時、もっとも多くの人が従事していたのは農業です。農家では、夫も妻も関係なく農作業に携わります。これは家族経営の自営業者も同じです。職住近接ですし、仕事と家事の境界線もあいまいでしたから、妻が仕事と子育ての両立に悩むようなことはありませんでした。

商家では、血縁関係のない使用人が家族の一員として暮らしているケースも多く見られました。また上流階級では、男性が妾《めかけ》を持つのは珍しいことではなく、婚外子を庶子として認め、後継ぎにすることもあったといいます。

家族のかたちが均質化したのは、戦後になってからのことなのです。

ふりかえり年表

20世紀前半	都市部でサラリーマンが登場。新中間層が台頭
1945	第二次世界大戦敗戦
1947	第一次ベビーブーム（〜49）。49年に史上最高の出生数を記録
1955	高度経済成長期が始まる。サラリーマンと専業主婦が増加
1970	日本の人口が1億人を突破
1972	第二次ベビーブーム（〜74）。史上最高の婚姻件数を記録
1973	高度経済成長期が終了
1970年代後半	晩婚化が進む
1990年代半ば	不安定な経済状況を背景に未婚化が進む
2005	出生率が過去最低の1.26を記録
2016	安倍内閣、「ニッポン一億総活躍プラン」を公表
2017	出生数が過去最低の94.1万人を記録。婚姻件数、婚姻率が過去最低を記録

出生数が低下傾向に

人口減少社会に突入

参考《さん》 考《こう》 文献
筒井淳也『仕事と家族』（中公新書）／筒井淳也『結婚と家族のこれから』（光文社新書）／山田昌弘『迷走する家族』（有斐閣）

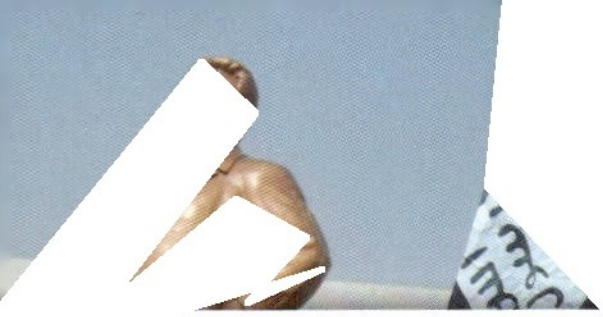

第2章
さかのぼりでわかる 世界と国際情勢

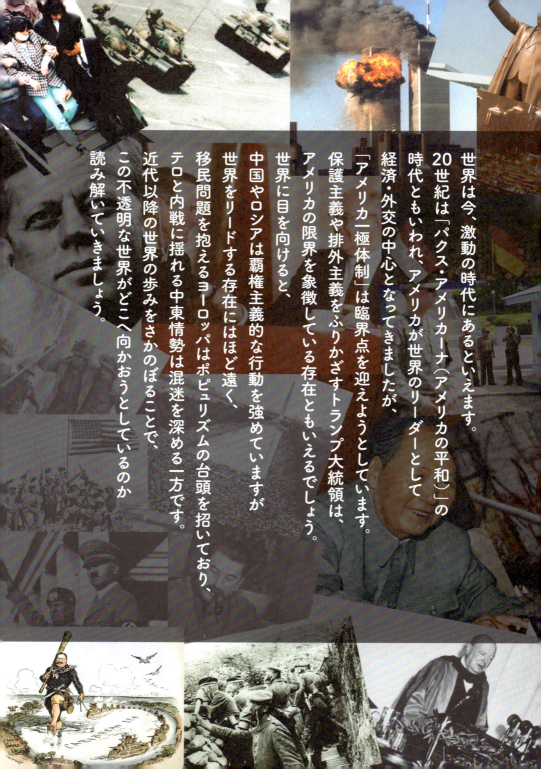

世界は今、激動の時代にあるといえます。
20世紀は「パクス・アメリカーナ（アメリカの平和）」の
時代ともいわれ、アメリカが世界のリーダーとして
経済・外交の中心となってきましたが、
「アメリカ一極体制」は臨界点を迎えようとしています。
保護主義や排外主義をふりかざすトランプ大統領は、
アメリカの限界を象徴している存在ともいえるでしょう。
世界に目を向けると、
中国やロシアは覇権主義的な行動を強めていますが
世界をリードする存在にはほど遠く、
移民問題を抱えるヨーロッパはポピュリズムの台頭を招いており、
テロと内戦に揺れる中東情勢は混迷を深める一方です。
近代以降の世界の歩みをさかのぼることで、
この不透明な世界がどこへ向かおうとしているのか
読み解いていきましょう。

2016年1月、ワシントンでの一般教書演説で「脱・世界の警察官」を再び掲げたオバマ大統領。

アメリカはこれまで、「テロとの戦い」「民主主義と自由を守る」といった大義を唱え、紛争や問題が起きている世界各地に米軍を派遣し、介入してきました。そのためアメリカは「世界の警察官」と呼ばれてきました。

ところがオバマ大統領は2013年、演説の中で「もうアメリカは世界の警察官ではない」と発言します。後を継いだトランプ大統領も、大統領選挙のときに同様の発言をしました。

確かにアメリカの介入政策は、多くの国々からの反感を招いてきた面があります。特にブッシュ（子）大統領の時代に、国際社会の了解を得ずに次々と独断で軍事介入に踏み切ったときには、ユニラテラリズム（単独行動主義）として強く非難されました。

しかしアメリカが世界の警察官から完全に降りてしまうことも、世界に混乱を招く元となります。世界から警察官がいなくなれば、好き勝手なことをする国が出てくる可能性が高まるからです。事実、ロシアがクリミアを強引に編入したのも、中国が東シナ海や南シナ海への海洋進出の勢いを加速させたのも、オバマが「アメリカは世界の警察官ではない」と宣言したあとです。

ではなぜアメリカは今、その役割を自ら降りようとしているのでしょうか。そもそもなぜ、これまで世界の警察官を続けてきたのでしょうか。

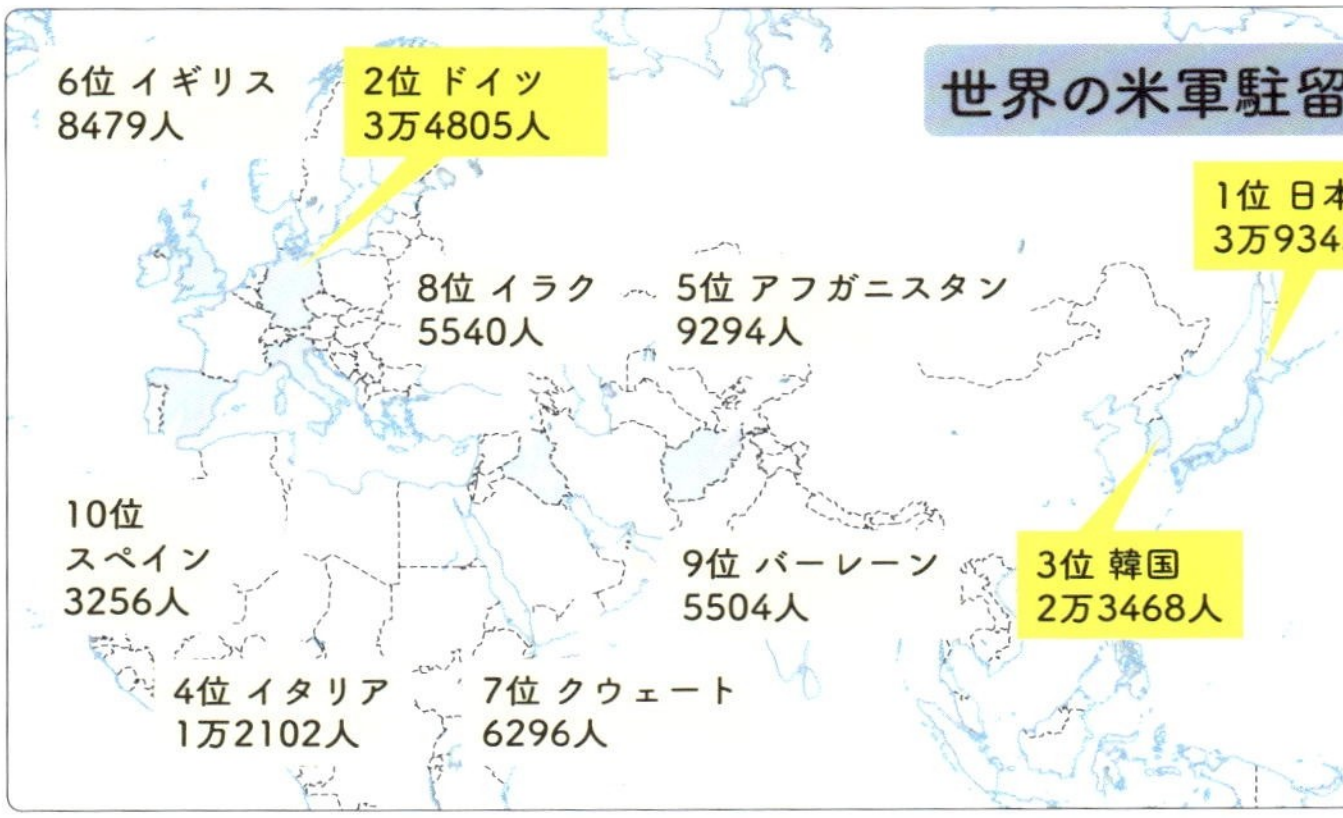

世界の米軍駐留人数は2010年の142.1万人から、2017年は129.7万人まで削減。しかしトランプは国防予算を大幅増額し、軍拡路線を展開している。

2017年〜2018年

世界の秩序を守ることより支持者を優先するトランプ

トランプが大統領選のときに、アメリカが世界の警察官を担うことを否定する発言をしたのは前述の通りです。世界の秩序を守るために費やしていた膨大なお金を、自国のために使うべきだというのが、トランプの主張でした。

ただし大統領就任後の2017年4月には、シリアのアサド政権が化学兵器を使ったとして軍事攻撃を断行。また18年6月には、北朝鮮の非核化を目指して、米朝首脳会談を実現しました。そういう意味では、今も世界の警察官の役目を果たしているようにも見えます。また警察官を担ううえで不可欠な軍備についても、アメリカの19会計年度（18年10月〜19年9月）の国防予算は、過去9年間で最大規模です。

ただし一方で、トランプ外交は「世界秩序の構築」よりも「自分の支持者を喜ばせること」を優先させているケースが少なくありません。典型的な例は、イスラエルのアメリカ大使館をテルアビブからイェルサレムに移した件でした（148ページ参照）。これまでアメリカは曲がりなりにもパレスチナ問題の仲介役を担おうとしてきましたが、トランプの行動は、アメリカが親イスラエルであることをはっきりと示すことになりました。

歴代アメリカ大統領は、「世界秩序を守るために、アメリカはさまざまな問題に介入するのだ」という大義名分を大切にしてきました。一方トランプは、アメリカ第一主義、もっといえば「トランプ支持者第一主義」で行動していることを隠そうともしません。これが歴代大統領との大きな違いです。

who's who
ドナルド・トランプ：［1946-］第45代アメリカ合衆国大統領。「アメリカ・ファースト」を掲げ、大統領選挙中から過激な発言を繰り返して注目を浴びている。

2009年〜2016年

国際協調路線を目指すが「弱腰」と批判される

一方、オバマが目指していたのは、「アメリカが各国と協力しながら世界秩序を守っていく」という国際協調路線でした。アメリカは長らくイラクやアフガニスタンの平和や民主化を実現するために、同地に米軍を派遣していました。ところが、民主化に失敗。いつまで経っても情勢は安定しませんでした。同地ではたくさんの米軍の兵士が命を落としましたが、現地の人からは尊敬されるどころか、反米感情が高まる一方でした。アメリカ国内でも批判の声が強くなったため、オバマは国際戦略の見直しを行ったわけです。

オバマが採った外交政策は、中東への関与を薄める一方で、アジアの優先順位を上げるリバランス政策でした。中国の台頭が著しい中で、アメリカは引き続きアジアでの影響力を保持することを目指したのです。その一つにTPP（環太平洋パートナーシップ協定）がありました。「我々が貿易のルールを作らなければ中国がルールを確立してしまう」とオバマは述べています。

ところがその間に、中東ではシリア内戦が勃発します。この内戦でオバマは、「シリアのアサド政権が化学兵器を使用した場合、レッドラインを越えたとみなす」と発言し、軍事行動に踏み切る意向を示します。しかし化学兵器の使用が判明したあとも、オバマは軍事介入をためらったため、国際社会からは「弱腰」と批判されました。「アメリカは世界の警察官ではない」という言葉は、そんな時期に飛び出したものです。そして、この発言は中国やロシアを勢いづかせることにもなったのでした。

近年の大統領の対外政策

アメリカの外交政策は大統領によって大きく方向性を変えながらも、常に絶大な影響力を有している。

アメリカ第一主義

トランプ
〔2017-〕
・史上初の米朝首脳会談
・イランへの経済制裁を再開
・米大使館をイェルサレムに移設

協調路線

オバマ
〔2009-2017〕
・イラクから撤退、中東への関与を薄める
・アジア重視のリバランス政策
・「世界の警察官を降りる」と発言

対テロ・強硬路線

ブッシュ（子）
〔2001-2009〕
・同時多発テロを受けて対テロ路線
・アフガニスタン侵攻を実行
・イラク戦争を開始

〔〕は在位年を示す

who's who
バラク・オバマ：〔1961-〕第44代アメリカ合衆国大統領。アメリカ初の黒人大統領であり、在任中にノーベル平和賞を受賞しているが、国際協調路線は「弱腰」との批判も受けた。

2001年9月11日、同時多発テロにより炎上するニューヨークの世界貿易センタービル。

2003年、バグダード市内で警備する米軍兵士と戦闘車両。

2001年～2008年

同時多発テロをきっかけに介入政策を加速させる

オバマが「アメリカは世界の警察官ではない」と発言したのは、世界の問題に介入し続けることに、アメリカ自身が疲弊してしまったからです。

アメリカは冷戦終結後、唯一の超大国として各地の軍事紛争に介入。クウェートに侵攻したイラクに対しては湾岸戦争を起こしました。2001年9月にニューヨークで同時多発テロが発生したことで、介入政策はさらに加速します。過激派組織によるテロが新たな脅威となる中でブッシュ（子）大統領は「テロとの戦い」を宣言し、アフガニスタンへの攻撃を開始。03年にはイラクのフセイン政権が大量破壊兵器を保有しているとして、国連の承認を得ずにイラク戦争を開始しました。

ブッシュ（子）政権は、ネオコンと呼ばれる人たちが主要ポストを占めていました。ネオコンとは、「自由主義や民主主義といったアメリカの理念を世界に浸透させるためには、軍事力行使も辞さない」と考える人たちです。

イラク戦争を前にして、当時のラムズフェルド国防長官は「戦争は5日間か5週間、せいぜい5カ月あれば片づくだろう」と発言しました。しかし実際には戦闘はその後8年続きました。しかも米軍撤退後もイラク情勢は混乱を重ね、イスラーム過激派組織「イスラーム国」（IS）を生み出します。またアフガニスタンに至っては、いまだに米軍は撤退できず、過激派組織「ターリバーン」との戦いを続けています。

こうした状況にアメリカ国民はうんざりし、オバマ大統領、トランプ大統領の誕生へとつながっていきました。

keyword **アメリカ同時多発テロ》** 2001年9月11日に発生した4つのテロ事件の総称。アメリカはアフガニスタンのターリバーン政権がテロ首謀者を匿っているとしてアフガニスタンを攻撃した。

東西冷戦下の対立構造

東西冷戦下、アメリカは共産主義を食い止めるため代理戦争を各地で引き起こした。

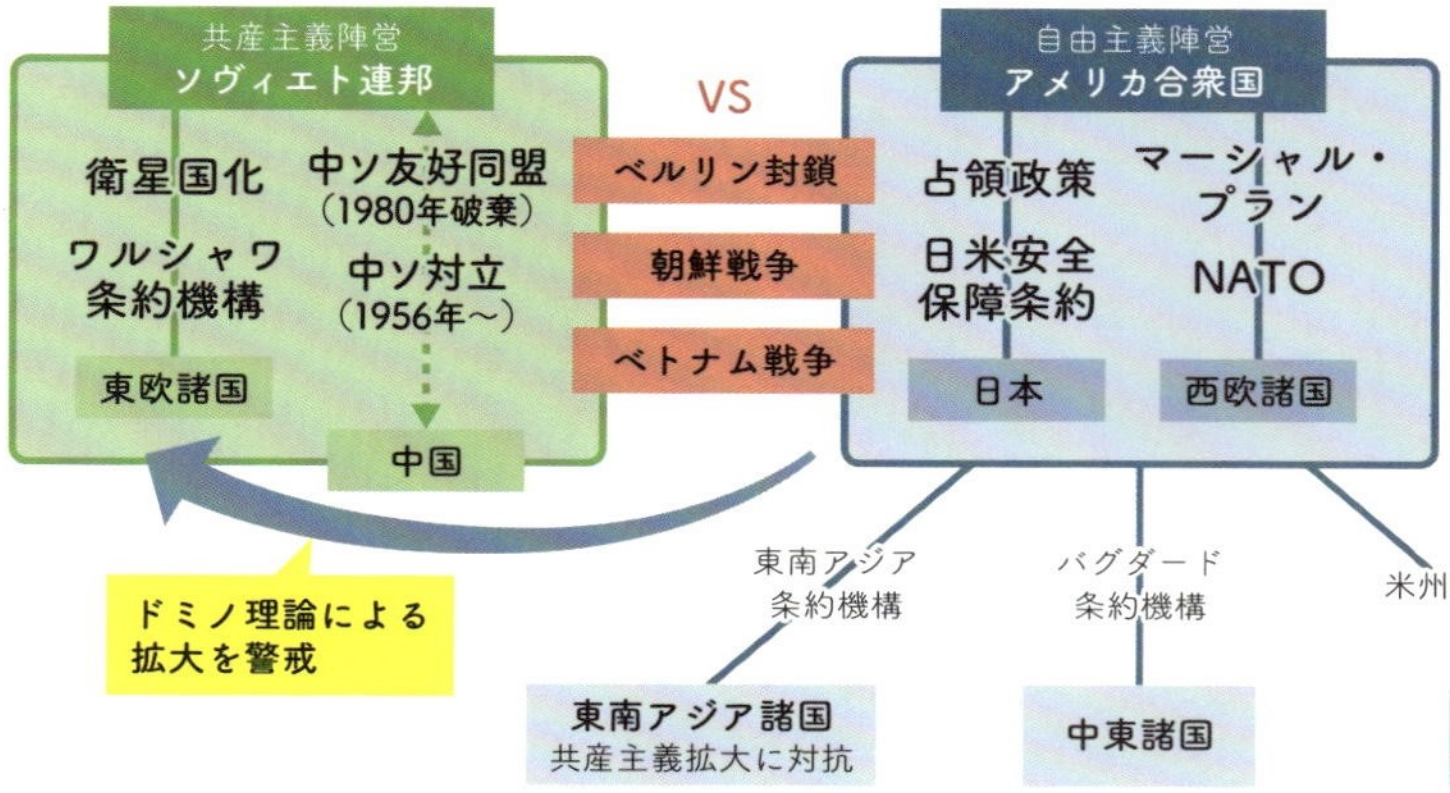

1947年～20世紀末

共産主義の拡大を防ぐために独裁政権さえ支援する

ブッシュ（子）大統領が「テロとの戦い」を掲げてアフガニスタンやイラクに介入したのに対して、冷戦時代のアメリカは、「民主主義と自由を守ること」を名目にさまざまな国際問題に介入しました。ケネディ大統領は1961年の就任演説の中で、「すべての国に知らしめよう。我々は自由の存続と成功を確保するためなら、いかなる代価も支払い、いかなる重荷も背負い、いかなる困難も迎え入れ、いかなる友人も援助し、いかなる敵にも立ち向かっていくことを」と述べています。ここでいう「友人」とは自由主義国であり、「敵」は共産主義陣営です。

アメリカは共産主義勢力を、自由と民主主義を脅かす敵と捉えていました。また「ある国が共産主義化すれば、ドミノ倒しのように隣の国も共産化するので、これを食い止めなくてはいけない」というドミノ理論を外交政策の中心に据えていました。アメリカが朝鮮戦争やベトナム戦争に介入したのも、共産主義の拡大を防ぐためでした。

アメリカは共産主義勢力を抑えるためなら、独裁政権をも支援しました。朝鮮戦争で味方した韓国は、李承晩《イスンマン》大統領が独裁政治を行っていました。ベトナム戦争時に支援した南ベトナム政権も、汚職や不正が横行していました。アメリカの民主主義の理念と独裁政治は、本来相容れませんが、共産主義の駆逐を優先したのです。「民主主義と自由を守ること」を掲げながら、国民を抑圧する独裁政権を支援する。冷戦期のアメリカはそんな矛盾したことを行っていました。

who's who **ジョン・F・ケネディ：**〔1917-1963〕第35代アメリカ合衆国大統領。若くして大統領になり、国民の期待も大きかったが、1963年に遊説で訪れたテキサス州ダラスをパレード中に暗殺された。

戦後アメリカの歩み

戦後のアメリカは大きな力を持ち、その政策が世界の平和にもたびたび影響を及ぼしてきた。

大統領	当時の出来事・政策
トランプ（共）〔2017-〕	TPP撤退。イランへの制裁、史上初の米朝首脳会談
オバマ（民）〔2009-2017〕	イラクから撤退。キューバとの国交回復。
ブッシュ〔子〕（共）〔2001-2009〕	アメリカ同時多発テロ発生。アフガニスタン攻撃、イラク戦争
クリントン（民）〔1993-2001〕	NAFTAの発効。ベトナムとの国交樹立、パナマ運河を返還
ブッシュ〔父〕（共）〔1989-1993〕	冷戦終結宣言（マルタ会談）。パナマ侵攻、湾岸戦争勃発
レーガン（共）〔1981-1989〕	レーガノミクス実施。対ソ強硬路線をとり、米ソ関係が悪化
カーター（民）〔1977-1981〕	エジプト・イスラエルの平和条約を仲介。米中の国交正常化。イラン＝イラク戦争
フォード（共）〔1974-1977〕	ベトナム問題への不介入を宣言
ニクソン（共）〔1969-1974〕	ベトナム戦争の戦費によりドル不安、ドル・ショックへ。ベトナム撤退。訪中により米中関係を改善
ジョンソン（民）〔1963-1969〕	公民権法が成立。ベトナム戦争に介入し、北ベトナムを爆撃
ケネディ（民）〔1961-1963〕	キューバ危機でソ連との緊張が頂点に。在任中に暗殺
アイゼンハウアー（共）〔1953-1961〕	日米安全保障条約を締結。米ソの関係改善
トルーマン（民）〔1945-1953〕	ソ連の政治的影響を封じ込めるため、トルーマン・ドクトリンを発表。ギリシアとトルコへの反共援助
ローズベルト（民）〔1933-1945〕	景気回復のためニューディール政策を牽引。第二次世界大戦に当初は不介入の立場だったが、真珠湾攻撃により参戦を決定

〔 〕は在位年を示す

レーガン

ケネディ

ローズベルト

1914年～1941年
第二次世界大戦参戦を契機に孤立主義から介入主義に転じる

現在のアメリカは世界の警察官の役割を自ら降りて、内側に閉じこもろうとしていますが、冷戦期からオバマ登場直前までのアメリカは、むしろ積極的な介入政策を採っていました。

アメリカの外交の歴史をもう少し長い時間幅で見てみると、介入主義と孤立主義がせめぎ合ってきたことがわかります。アメリカが積極的な介入主義に転じたのは1941年の第二次世界大戦参戦以降のことで、20世紀前半までのアメリカは、「アメリカはヨーロッパに干渉しないから、ヨーロッパもアメリカに干渉するべきではない」という孤立主義のほうが優位でした。

14年に第一次世界大戦が勃発したと

keyword **介入主義≫** 国際社会と干渉し合わない孤立主義の対立概念。他国の問題に対して、アメリカが積極的に介入していくことを指す。

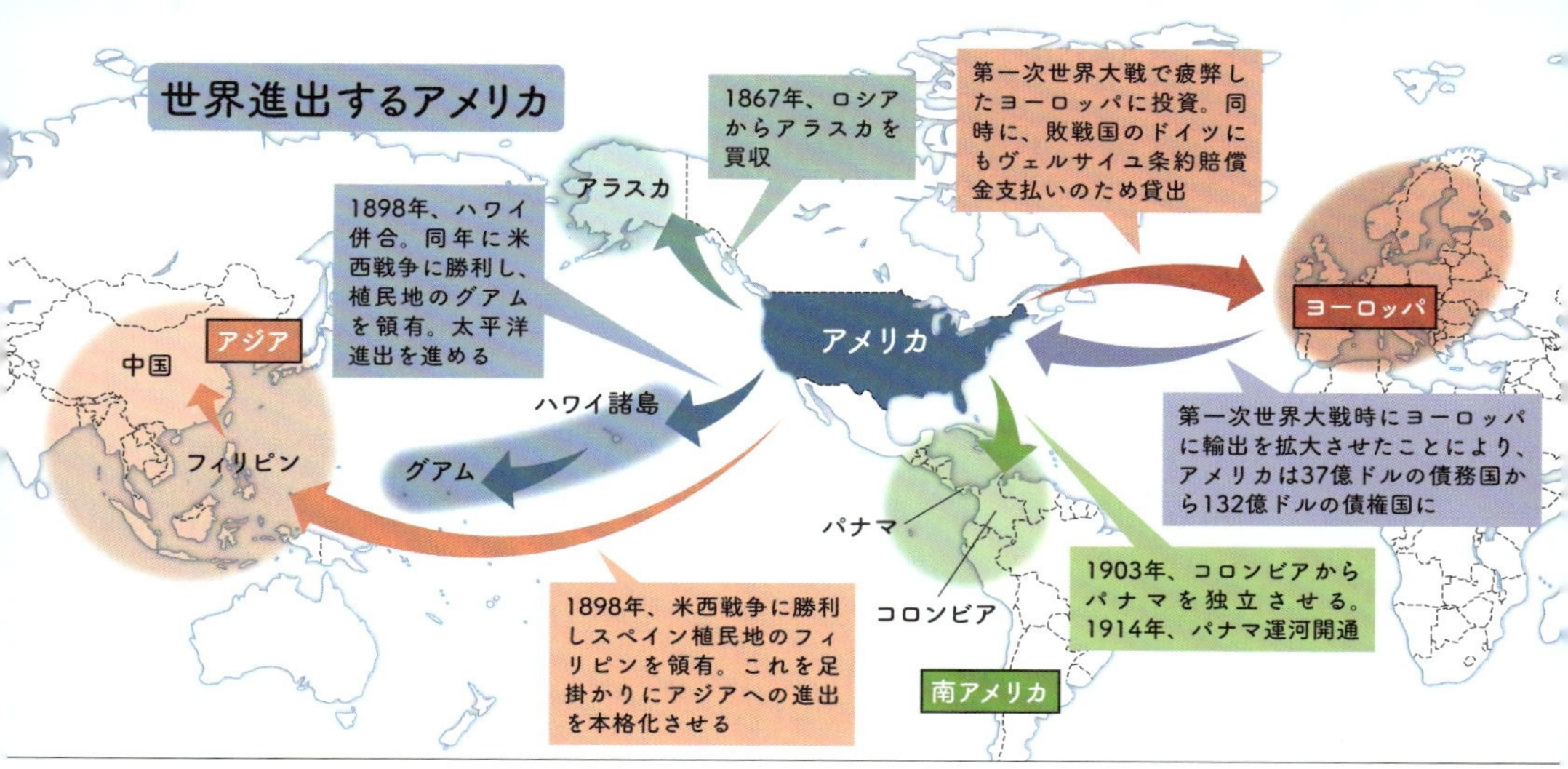

きも、当初アメリカは中立を保ちます。しかし15年5月にドイツの潜水艦がイギリスの客船を無警告撃沈し、アメリカ人乗客128名が犠牲になったことから、国内で反独感情が高まります。ドイツも一時期は無警告撃沈を控えていましたが、17年2月に再開したことによって、アメリカもついに連合国側として参戦を決意しました。

ただし大戦後にウィルソン大統領の提案によって創設された国際連盟については、議会の承認が得られずに不参加となりました。議会ではまだ孤立主義のほうが強かったのです。

第二次世界大戦も、アメリカの参戦は、41年12月に日本軍に真珠湾を奇襲攻撃されてからです。そして戦後は世界一の超大国になり、世界の警察官を自認することになりました。そういう意味でアメリカの介入主義のきっかけは、日本が作ったといえます。

18世紀〜1848年

「明白な天命」に従って国土の拡大を続けていった

アメリカの孤立主義は、1823年にモンロー大統領が、のちに「モンロー宣言」と呼ばれることになる施政方針を発表したときから始まります。

アメリカが孤立主義を採用したのは、アメリカ大陸への西洋諸国の干渉を排除することで、大陸での領土拡大を円滑に進めていくためでした。

イギリスとの独立戦争に勝利して1783年に独立したアメリカは、当初は東部13州だけの小さな国で、北アメリカ大陸の多くはイギリス・スペイン・フランス領でした。アメリカはこれらの国からの領土割譲、買収により、急速に領土を拡大していきます。メキシコ領だったテキサスは強引に併合し、

keyword **モンロー宣言**》第5代アメリカ合衆国大統領のモンローが、米とヨーロッパ間の相互不干渉を提唱したこと。孤立主義としてその後のアメリカ外交の基本方針となった。

これが原因で1846年に起きたアメリカ＝メキシコ戦争に勝利すると、カリフォルニアまで手に入れました。

このアメリカの拡大政策を思想的に支えていたのが「マニフェスト・デスティニー」（明白な天命）という考え方でした。元々アメリカはイギリスから移住したピューリタンが、聖書の教えに基づいて作ろうとした理想の国でした。その理想国家を拡大していくのは、「神に与えられた使命である」というのがマニフェスト・デスティニーの考えです。

こうして北アメリカ大陸の広大な地域でマニフェスト・デスティニーを実現したアメリカは、もう孤立主義に縛られる必要はありませんでした。今度は建国以来育んできた「民主主義と自由」という理念を、世界に知らしめていくことがアメリカの天命となります。こうしてアメリカは、孤立主義から介入主義へと転じたのでした。

ふりかえり年表

1783	パリ条約
19世紀前半	「明白な天命」に従い国土を拡大
1846	アメリカ＝メキシコ戦争
1861	南北戦争
1898	米西戦争。フィリピン、グアムを領有。ハワイ併合
1918	第一次世界大戦終結。戦後、アメリカが債権国に
1941	真珠湾攻撃。アメリカ、第二次世界大戦に参戦
1945	第二次世界大戦終結。「世界の警察官」へ
1947	トルーマン・ドクトリン
1965	ベトナム戦争
1979	米中国交正常化
1989	マルタ会談。冷戦終結
2001	対米同時多発テロ発生
2003	イラク戦争
2009	オバマ、大統領就任
2013	オバマ「世界の警察官を降りる」発言
2017	トランプ、大統領就任

アメリカ合衆国誕生

西部開拓が進む

介入主義へ

世界が震撼

Column

国際収支の悪化によってブレトン＝ウッズ体制が終わる

戦後の世界経済では、圧倒的な経済力を持つアメリカのドルが基軸通貨となりました。金と交換できるのはドルだけであり、各国の通貨とドルとの交換比率は固定されていました（ブレトン＝ウッズ体制）。

ところが1960年代以降、アメリカの国際収支の悪化によって大量のドルが海外に流出するようになりました。金準備の不足により、ドルと金の交換も困難になります。71年、アメリカは金とドルの交換の一時停止や、為替レートの変更を発表します（ドル・ショック）。しかしこれは抜本的な解決には結びつかず、その後もドルへの信頼は低下し続け、ついに73年に先進各国は固定相場制を廃止して、変動相場制に移行しました。ドルは現在も基軸通貨ではありますが、その位置づけはブレトン＝ウッズ体制の頃とは大きく違っています。

参考文献 ジョン・W・ダワー『アメリカ暴力の世紀』（岩波書店）／中林美恵子『トランプ大統領はどんな人？』（幻冬舎）／渡辺靖『アメリカのジレンマ』（NHK出版新書）

2016年11月、米大統領選で当選が決まり、勝利宣言するトランプ。

アメリカの歴代大統領の中でも、トランプほどその言動が日々物議を醸す人物はいないでしょう。大統領候補だったときから「不法移民を入れないために、メキシコ国境に壁を築く」「中国製品に45％の関税を課す」「TPPから離脱する」といった過激な発言を繰り返し、大統領就任後にはそのうちのいくつかを実行しました。

特徴的なのは、アメリカ国内でトランプの言動への反応が、はっきりと分かれていることです。トランプの支持率自体は、就任以来30～40％台の低迷を続けています。ただしこの支持率は、ロシアによる大統領選介入の疑惑などでメディアからトランプが叩かれることなどがあっても、さほど上下しません。支持する人は何があっても支持するし、支持しない人は支持しないからです。まるでアメリカという国が、トランプをめぐって真っ二つに分かれてしまったかのようです。

事実アメリカは、分断社会となりつつあります。かつて厚い層を成していた中間層は、富裕層と貧困層に二極分化しました。プア・ホワイト（白人低所得者層）と呼ばれる人たちは、ヒスパニック系の移民が増えることに脅威を感じています。トランプ大統領は、そんな社会背景の中で誕生しました。なぜアメリカは、トランプのような存在を生み出したのでしょうか。

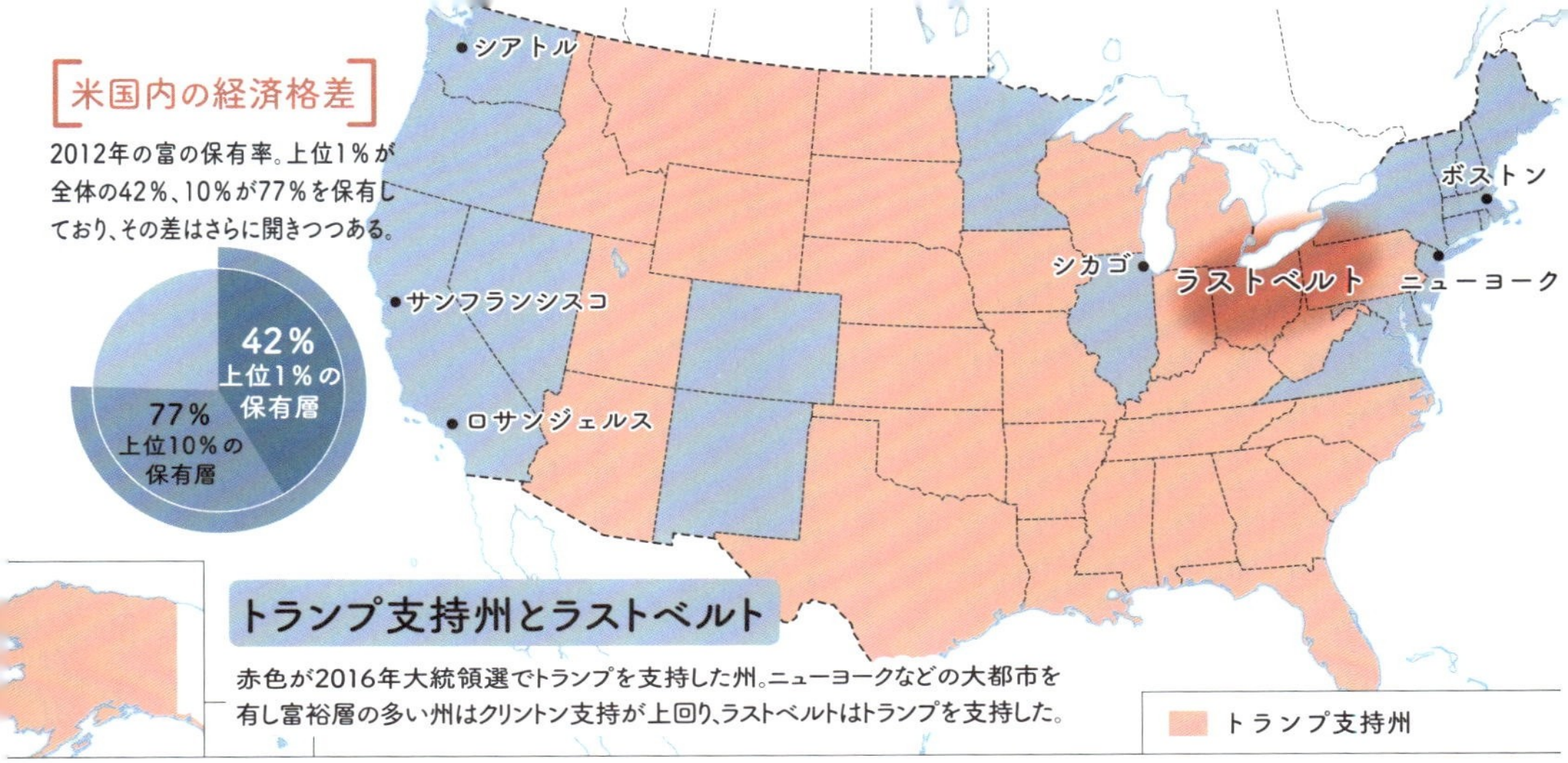

米国内の経済格差

2012年の富の保有率。上位1%が全体の42%、10%が77%を保有しており、その差はさらに開きつつある。

トランプ支持州とラストベルト

赤色が2016年大統領選でトランプを支持した州。ニューヨークなどの大都市を有し富裕層の多い州はクリントン支持が上回り、ラストベルトはトランプを支持した。

2016年～2018年

ラストベルトの労働者から熱烈な支持を受けるトランプ

2016年のアメリカ大統領選でトランプを熱烈に支持したのが、中西部から大西洋岸中部にかけてのラストベルト（錆びついた工業地帯）と呼ばれる地域で働く白人労働者層でした。この地域は、かつてはアメリカの重厚長大産業を支えていましたが、やがて企業は人件費の安いメキシコなどに工場を移すようになります。またアメリカが工業社会から金融やITを産業の中心とした社会へと転換したことで、さらにこの地域は衰退していきました。

アメリカ自体の経済は、産業構造の転換に成功したことで、好調をキープできています。しかし彼らはその恩恵を受けられていません。トランプはそうした現状に着目し、「製造業が苦しんでいるのは、中国などから安い製品が入ってくるからだ。自分がこの状況を変える」と彼らに訴えかけたことで、支持を得ることに成功したのです。

またプア・ホワイトの多くは、国内でヒスパニック系の移民が急増していることに対して、「自分の仕事を奪われるのではないか」という不安を抱いています。「メキシコ国境に壁を築く」というトランプの公約は、そんな彼らの不安感を代弁したものです。

アメリカでは今、ラストベルトで暮らす人に限らず、富裕層と貧困層の二極化が進行しています。例えば個人資産についてみると、上位10％の層が、国全体の4分の3の資産を保有しているというデータもあります。

「このままでは自分たちの暮らしは悪くなる一方だ」という彼らの怒りが、トランプ大統領を生み出しました。

keyword **ラストベルト》** かつては鉄鋼や石炭、製造業で栄えていたが、現在は衰退しているイリノイ、インディアナ、ミシガン、オハイオ、ペンシルバニアなどの地域のこと。

NAFTAの意義と再交渉の結果

クリントンが署名し、アメリカの自由貿易体制の拡充を進めたNAFTA。トランプは就任直後にこれの見直しを掲げ、再交渉ののち2018年9月に新条約に合意した。

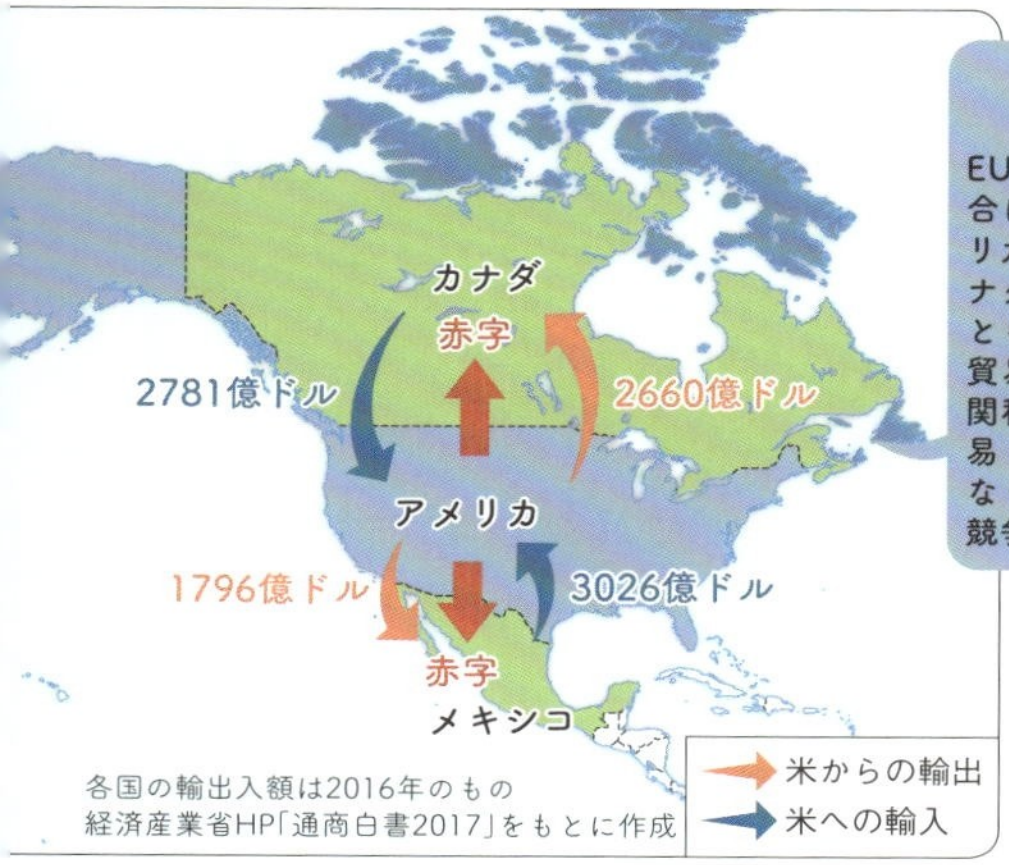

各国の輸出入額は2016年のもの
経済産業省HP「通商白書2017」をもとに作成

NAFTA

EUのヨーロッパ統合に対抗してアメリカが1994年にカナダ、メキシコとともに結んだ自由貿易協定。域内の関税を撤廃し、貿易・投資の障壁をなくすことで自由競争を促進した。

USMCA（新NAFTA）

「自由貿易（Free Trade）」の文言が名称から消滅。自動車関税ゼロの条件となる域内部品調達率の引き上げ、米国への輸入台数規制、賃金水準の低い地域（メキシコ）での生産割合削減など、米国内の雇用増加に有利な内容になっている。

NAFTAによって国内の雇用が奪われた！

1981年～2001年 新自由主義的政策を推し進めたレーガンとクリントン

大統領就任後、トランプは公約通りに中国からの輸入品に高関税をかけるなどの措置を講じています。しかしここまで見てきたように、製造業が衰退しているのは他国から安い工業製品が入ってくるからではなく、アメリカ自身が産業構造を転換したからです。

１９８１年に大統領に就任したレーガンは、国営企業の民営化、規制緩和による経済の自由化といった、新自由主義的な経済政策を採用します。また累進制の高い税制から、よりフラットな税制へと改めるとともに、福祉支出を削減しました。アメリカで所得格差が拡大し始めたのはこの頃からです。93年には民主党のクリントンが大統領に就任し、新たな経済改革に着手します。福祉支出をさらに削減するとともに、ＮＡＦＴＡ（北米自由貿易協定）に署名するなど、自由貿易体制の拡充を図っていきました。

アメリカの基幹産業を、製造業から金融やＩＴに移行させたのもクリントンです。「情報スーパーハイウェイ構想」を打ち出し、インターネットを世界中に普及させました。グローバル化が進む中で、高金利の国債を発行し世界中から金を集め、これを運用して莫大な利益を得ます。アメリカ経済は情報と金融を握り、好景気に沸きました。

置いてけぼりを食らったのがラストベルトです。従来、工場労働者は労働者の保護を重視する民主党の支持層でした。しかしクリントン時代に民主党がウォール街重視に変質し、民主党離れが進みました。彼らの声を代弁してくれる存在がいなくなったのです。

who's who

ロナルド・レーガン：［1911-2004］アメリカ合衆国第40代大統領。「レーガノミクス」と呼ばれる経済政策を行う。しかし在任中にアメリカは、債権国から債務国に転落した。

アメリカ二大政党の特徴

民主党と共和党とでは、経済政策や社会保障政策などに違いが見られる。ただしトランプは共和党出身でありながら、従来の共和党とは異なる政策についても実行しようとしている。

民主党		共和党
大きな政府	基本スタンス	小さな政府
政府介入・規制強化 富裕層に高税率	経済政策	自由競争、市場重視 低税率
充実、積極的	社会保障	消極的
移民、労働者、 低所得者層、都市部住民	支持層	白人中年男性、富裕層、 地方住民、リバタリアン
トルーマン、ケネディ、 クリントン、オバマ	歴代大統領	ニクソン、レーガン、 ブッシュ父子、トランプ

トランプの政策

小さな政府 → 大きな政府

自由競争、市場重視 → 市場に介入

1961年～1980年

福祉や公共サービスを重視する「大きな政府」が行き詰まる

レーガン大統領が新自由主義へと舵を切ったのは、当時のアメリカ経済が行き詰まっていたからです。

アメリカは伝統的に、政府はできるだけ市場に介入せず、民間による自由な競争を重視する「小さな政府」への志向性が強い国です。またすべての人に公平にチャンスは与えるが、自力での成功を重視するため、弱者救済のための福祉サービスは最小限でした。

ただしそんなアメリカの歴史の中でも、第二次世界大戦後は、比較的福祉や公共サービスの充実に力を入れていました。また累進制の高い課税制度を採用することで、富裕層から貧困層への富の再分配も行われており、所得格差も今と比べれば小さい社会でした。

一方で1964年には公民権法の成立によって、選挙や公共の場での黒人への差別が禁止され、65年には移民国籍法により、一定の手続きを行えばこの国の出身者でもアメリカ国籍を持つことが認められるなど、多様な人たちを受け入れようとする体制も整えられてきました。

しかしこうした政策はやがて行き詰まります。当時介入していたベトナム戦争が泥沼化して戦費がかさみ、財政赤字が深刻化。また日本や西ドイツが製造業の分野で成功を遂げる一方で、アメリカの製造業は低迷します。

福祉や公共サービスの充実を重視する「大きな政府」を維持するためには、莫大なコストが必要になりますが、アメリカにはもはやそんな経済的な余裕はなくなりました。そして新自由主義へと移行したわけです。

who's who **ビル・クリントン：**［1946-］アメリカ合衆国第42代大統領。「情報スーパーハイウェイ構想」を推進し、IT産業を育成。米国の主要産業を製造業からITへと転換させた。

1963年8月、ワシントン大行進で「私には夢がある」(I have a dream)と演説したキング牧師。

1963年8月、人種差別撤廃を求めるワシントン大行進に20万人以上が参加した。

1945年〜1960年

「黄金の50年代」は白人にとっての黄金時代

アメリカが経済的な繁栄をもっとも謳歌していたのは1950年代です。

第二次世界大戦の戦場にならなかったアメリカは、戦争が終わったとき工業はまったくの無傷でした。他の国々は、工業製品を手に入れるためにはアメリカから輸入するしかなく、世界経済において一人勝ちの状態でした。

人々は手に入ったお金で、家電製品や自動車、住宅などを購入しました。そのため内需も拡大し、社会はさらに豊かになります。政府は豊富な財源で社会保障を積極的に拡充したため、貧富の差が縮小し中間層が増えました。

ただしこの恩恵を受けることができたのは白人だけであり、黒人のほとんどは社会の底辺に押し込められていました。当時の黒人の平均所得は、白人のわずか6割程度。この格差は今もほとんど縮まっていません。プア・ホワイトが問題になるずっと前から、黒人は貧困にあえいでいたのです。

所得格差だけではありません。当時の南部諸州では、ジム・クロウ法といって、公共施設への黒人の立ち入りを制限するなど、人種隔離的な法律がまかり通っていました。そのためこの時代には、人種差別の撤廃を求めた公民権運動が黒人の間で盛んに繰り広げられるようになります。その成果として公民権法が成立するのは、前述したように60年代に入ってからです。

50年代のアメリカは、その繁栄ぶりから「黄金の50年代」と呼ばれています。しかしそれは白人にとっての黄金時代であり、黒人からみれば、今と変わらないひどい格差社会でした。

keyword **公民権運動≫** 1950〜60年代、黒人を中心としたマイノリティが基本的人権を求めた運動。キング牧師らによる指導を経て、1964年に人種差別撤廃を謳う公民権法が成立した。

アメリカ移民の推移

1950年代まではヨーロッパからの移民がほとんどだったが、1965年の移民法改定を境にメキシコなどのラテンアメリカやアジアからの移民が急増。それに伴い、米国における白人の割合も減少している。

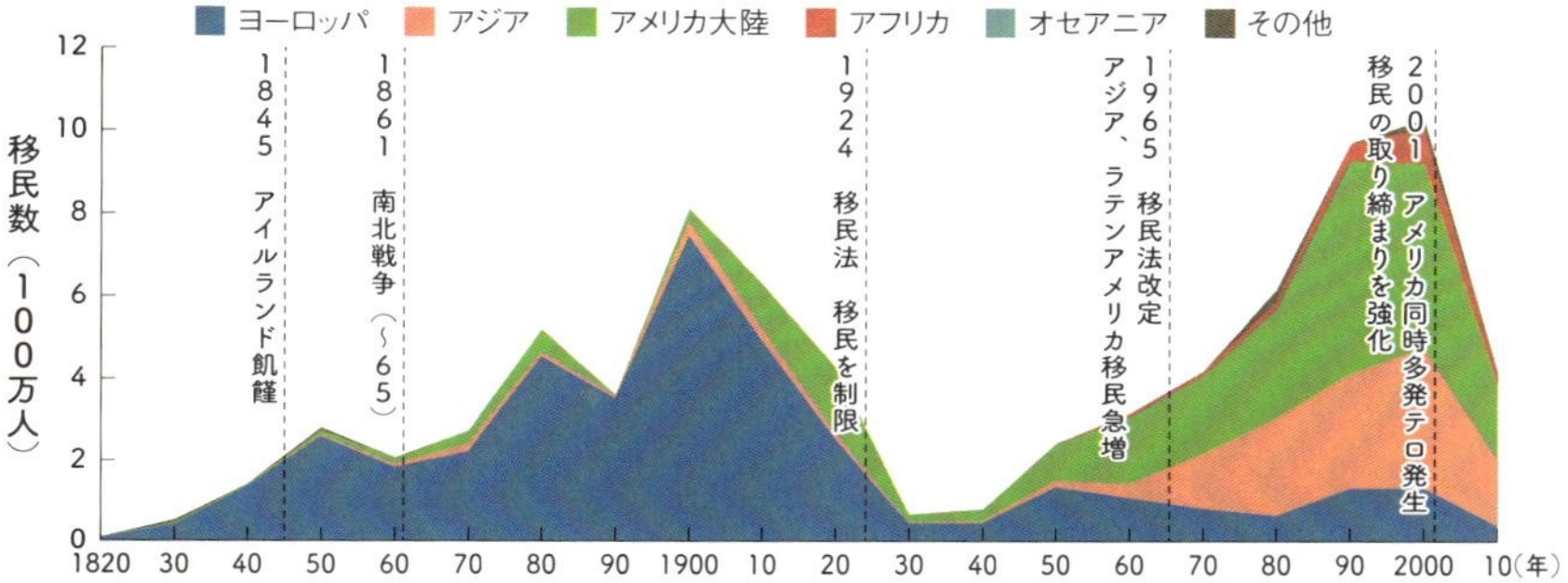

アメリカ合衆国国土安全保障省のデータをもとに作成

1776年〜1945年

アメリカはずっと昔から移民問題に直面していた

アメリカは移民社会であり、移民を受け入れることで成長を遂げてきました。しかし無制限な受け入れは社会的な摩擦を高め、それを制限しようとする動きも一方で起こります。

19世紀半ばまでは西欧や北欧からの移民が中心でしたが、19世紀末になると東欧や南欧、アジアからの「新移民」が増えます。これを脅威に感じた旧移民の間で排斥意識が高まり、1882年に中国人の移民が禁止に。1924年には事実上日本人の移民も禁止されました。

今アメリカは移民の増加が問題になっていますが、じつはずっと昔から、移民の受け入れと社会的摩擦の問題に直面し続けてきたのです。

ふりかえり年表

1776 アメリカ独立宣言

19世紀前半
ヨーロッパ系移民（旧移民）が増加

1845 アイルランド飢饉により移民増加

19世紀末
南欧・東欧、アジアの移民（新移民）が増加

新旧移民の対立

1882 中国人移民排斥法が成立

1924 移民法成立。国・地域別に移民を厳しく制限。日本人は禁止

1950年代
白人による「黄金の50年代」。黒人たちの公民権運動が盛り上がる

1964 公民権法成立

「大きな政府」化

1965 移民法改定。アジア、ラテンアメリカの移民が急増

1981 レーガン大統領就任
レーガノミクス施行

新自由主義へ

1993 クリントン大統領就任。経済改革を進める

2017 ラストベルトでの支持もあり、トランプが大統領に就任

参考文献　高岡望『アメリカの大問題』（PHP新書）／富田虎男ほか編著『アメリカの歴史を知るための63章』（明石書店）、ベンジャミン・クォールズ『アメリカ黒人の歴史』（明石書店）

2016年12月、朴槿恵大統領の退陣を求めるデモ行進の様子。

2017年、韓国の朴槿恵《パククネ》大統領が収賄容疑で大統領職を罷免、その後逮捕された事件は、日本でも大きな話題になりました。朴大統領は友人の崔順実《チェスンシル》と共謀し、文化財団やスポーツ財団を設立。財閥企業に対して、財団に多額の資金を拠出するように強要したというのが容疑の内容です。また朴大統領が崔順実に、公務上の機密情報を漏らしていたという疑惑も浮かび上がりました。

印象深かったのは、韓国国民がこの事件に対して見せた激しい怒りです。罷免前には、朴大統領の退陣を求める抗議集会が連日開催され、支持率は数%台にまで落ちました。

国民の怒りの背景にあったのは、韓国社会を覆う閉塞感です。韓国は先進国の中でも有数の格差社会であり、上位10%の富裕層の所得が、国民所得の半数近くを占めています。経済は財閥によって支えられており、韓国上位30企業グループの純利益のうち、90%以上を4大財閥が占めています。そのため多くの若者が激しい受験競争を戦って一流大学に進学し、財閥への就職を目指しますが、思いを叶えられるのはごくわずか。一方で財閥の創業家は世襲を繰り返しており、一族であるというだけで強大な権力を手にしています。

こうした状況だからこそ国民は、友人や財閥と結びついて不正を働いた朴大統領に厳しい目を注いだのです。

1988年～2017年
不正蓄財や収賄による大統領や親族の逮捕が相次ぐ

じつは朴槿恵に限らず、韓国の歴代大統領は軒並み金絡みのスキャンダルを起こしています。

韓国の政治が民主化された1988年以降に就任した大統領を見ると、盧《ノ》泰愚《テウ》（88年就任）は、在任中に財界から裏献金を受けるなどの不正蓄財をしていたとして、大統領退任後に逮捕。金泳三《キムヨンサム》（93年就任）や金大中《キムデジュン》（98年就任）は、それぞれ息子が収賄で逮捕されています。2003年に就任した盧《ノ》武鉉《ムヒョン》は、退任後に兄が収賄で、秘書官が大統領活動費の着服で逮捕されたのちに、自身にも収賄の容疑がかかり、検察庁からの事情聴取を受けた直後に自殺をしてしまいました。そして朴槿恵の一つ前の代にあたる大統領だった李明博《イミョンバク》（08年就任）も、在任中に兄が収賄で逮捕されました。

こうした不祥事が繰り返される要因の一つとして、韓国の場合、隣国の北朝鮮と緊張関係にあるため、有事に備えて大統領に権力が集中していることが挙げられます。そこで不正に利益を得ようとする人たちが、大統領本人やその親族に群がり、収賄事件が起きやすいのです。特に財閥は、公共事業の獲得や新規事業への参入を有利に進めるために、正規の政治献金だけではなく、裏献金が常態化してきたといわれます。

一方で国民の生活は豊かになったかといえば、確かに96年にはOECD（経済協力開発機構）への加盟を果たし、先進国の仲間入りをしました。かつての韓国はアジアでも最貧国の一つでしたから、これは画期的なことといえました。しかし直後の97年にアジア

韓国歴代大統領とその後

民主化以後。［］は在位年を示す

18代 朴槿恵 パク・クネ［2013-2017］
- 事績 初の女性大統領。慰安婦問題で日韓合意を成立
- 末路 弾劾訴追され罷免。収賄容疑で逮捕

17代 李明博 イ・ミョンバク［2008-2013］
- 事績 日韓通貨スワップ締結。竹島上陸
- 末路 兄が逮捕。自身も横領・収賄で起訴

16代 盧武鉉 ノ・ムヒョン［2003-2008］
- 事績 北朝鮮への宥和政策を継承
- 末路 不正献金疑惑を受け、自殺

15代 金大中 キム・デジュン［1998-2003］
- 事績 太陽政策。南北首脳会談実施
- 末路 収賄容疑で3人の息子が逮捕

14代 金泳三 キム・ヨンサム［1993-1998］
- 事績 国軍改革を実行。IMF危機が発生
- 末路 収賄容疑で次男が逮捕

13代 盧泰愚 ノ・テウ［1988-1993］
- 事績 16年ぶりの直接選挙で当選
- 末路 不正蓄財により懲役刑（のちに特赦）

who's who
盧泰愚：［1932-］1987年の大統領候補時代に民主化宣言を行い、直後に実施された大統領選挙に当選。1991年には北朝鮮とともに、国連への同時加盟を実現した。

韓国と北朝鮮の1人当たりGDPの推移

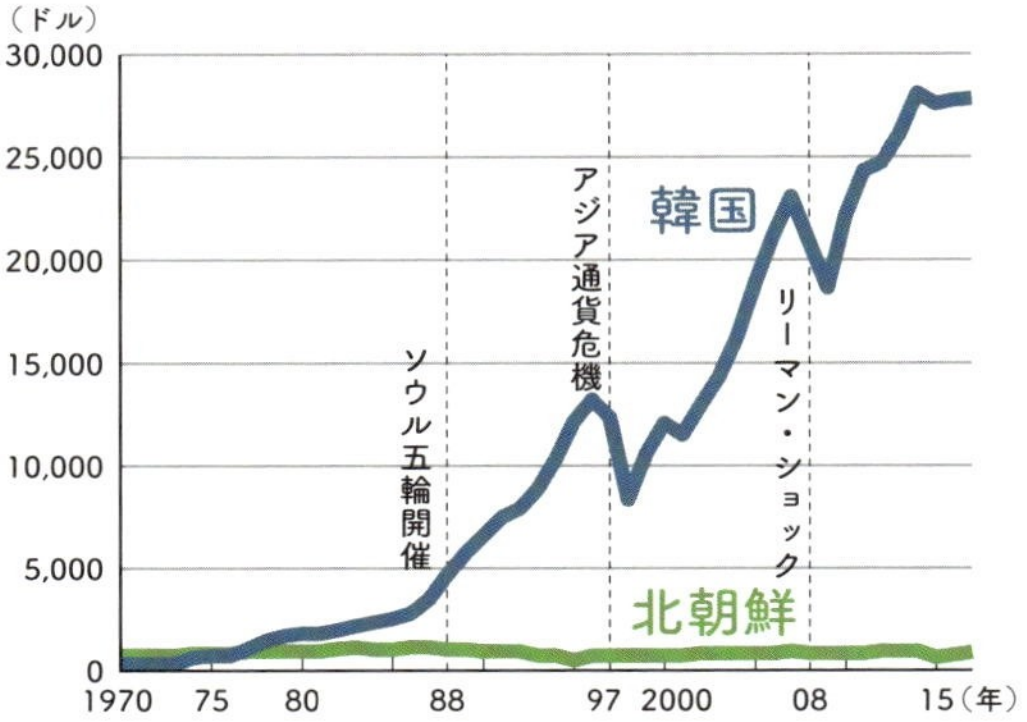

1988年、ソウル五輪の開会式で演じられた韓国の民俗芸能。

通貨危機が韓国を直撃。1万3000ドルを超えていた1人あたりGDP（国内総生産）はあっという間に8000ドル台に落ち込み、失業率も上昇しました。

そこで政府はIMF（国際通貨基金）の救済を仰ぎます。IMFは金銭的な支援を行う条件として、外国人の投資制限の完全撤廃などの市場の自由化を求めました。政府はIMFが提示したプログラムに沿って経済改革を実行し、窮地を抜け出すことに成功します。

しかしその改革は、強い痛みを伴うものでした。新自由主義的な経済を導入したことによって、所得格差が拡大。国民が勝ち組と負け組にはっきりと分かれるようになったのです。以後、大統領は財閥と癒着しながら不正を繰り返し、国民は格差に苦しむという構図が、現在に至るまでずっと続いているわけです。

1979年〜1987年
クーデターによる独裁政権を築いた全斗煥

韓国の大統領は強い権限を持っていると述べましたが、1980年代半ばに韓国社会が民主化されるまでは、その権力はさらに絶大でした。

1980年から88年まで大統領職にあった全斗煥《チョンドゥファン》は元々は軍人でした。79年、朴正熙《パクチョンヒ》大統領が側近から射殺されるという事件が起きました。この混乱に乗じて、全斗煥は軍部内でクーデターを起こし、まず軍の権力を掌握します。さらに民主化を求める市民に対して軍を投入して弾圧し、有力政治家を逮捕。マスコミを管理下に置いて情報統制を行い、自らが大統領の座に就きました。

韓国でこのような独裁政権が成り

keyword **アジア通貨危機≫** タイを震源とし、東南アジア諸国や韓国に飛び火した通貨危機。米国投資家による各国通貨の空売りが原因。韓国では「朝鮮戦争以来、最大の国難」とされた。

立ったのは、日米の承認があったからです。当時は東西冷戦期。韓国には社会主義勢力の防波堤になってもらう必要がありました。そこで日米は、非民主的な政権であることには目をつむり、経済的な援助を行ったのです。

とはいえ80年代半ばになると、全斗煥も民主化を求めて抗議デモを繰り広げる市民を抑えるのが困難になります。当時の韓国は88年にソウルオリンピックを控えており、国際世論を考えれば、従来のような激しい弾圧を市民に加えるのは難しいという事情もありました。そして88年に大統領に就任する盧泰愚は、大統領候補だった時期に「民主化宣言」を発表。以後、大統領は国民による直接選挙によって選ばれることになり、韓国は民主国家に移行します。ちなみに全斗煥は、クーデターを主導したこと等が罪に問われ、退任後に裁判で無期懲役の判決を下されました（のちに特赦により釈放）。

1963年～1979年 日米から支援を引き出し「漢江の奇跡」を実現

全斗煥の前に、大統領として絶大な権力を握っていたのが朴正煕です。朴正煕もまた元軍人であり、クーデターによって権力を奪取しました。そして1963年に大統領になると、79年に暗殺されるまで独裁政権を維持し続けました。

朴大統領の就任当時、韓国は北朝鮮よりも貧しい国であり、国民の多くが貧困にあえいでいました。そのため経済の自立が、朴政権の最優先課題となりました。そこで朴正煕は、終戦以来国交が断絶していた日本との間で、65年に日韓基本条約を締結。国交を正常化させるとともに、無償約3億ドル、有償約2億ドル、民間借款約3億ドルの経済協力を日本から引き出します。

韓国歴代大統領とその後

民主化以前。［ ］は在位年を示す

11・12代 全斗煥 チョン・ドゥファン［1980-1988］
- 事績 反政府運動の取締りなど独裁
- 末路 反乱首謀容疑により無期懲役（のちに特赦）

10代 崔圭夏 チェ・ギュハ［1979-1980］
- 事績 在任8カ月は歴代大統領最短
- 末路 軍事クーデターで辞任

5～9代 朴正煕 パク・チョンヒ［1963-1979］
- 事績 経済成長「漢江の奇跡」を実現
- 末路 側近の手で暗殺

4代 尹潽善 ユン・ボソン［1960-1962］
- 事績 李承晩失脚後の混乱を収められず
- 末路 朴正煕と対立して逮捕、実刑判決

1～3代 李承晩 イ・スンマン［1948-1960］
- 事績 韓国建国、朝鮮戦争、独裁
- 末路 四月革命により失脚、亡命

who's who **李承晩：**［1875-1965］日韓併合後、米で独立運動を展開し、1919年には中華民国・上海で「大韓民国臨時政府」首班に推戴。戦後は親米反共の中心人物となり、初代大統領となる。

また韓国は、当時ベトナム戦争を戦っていたアメリカにも積極的に協力し、韓国軍をベトナムに派兵します。その見返りとしてアメリカは、大量の軍需品を韓国に発注。韓国は「ベトナム特需」の恩恵を受けることになりました。

そして日韓基本条約やベトナム特需によって得たお金を、経済開発のための投資に回します。特に重工業を中心とした輸出産業の育成に力を注ぎました。これにより韓国は、ソウルに流れる川に喩えて、「漢江《ハンガン》の奇跡」と呼ばれるほどの経済発展を遂げることに成功したのです

じつは韓国の財閥は、この時期に急成長を遂げました。政府が経済成長のための重点産業を決め、その産業に関わる財閥企業を優遇する政策を推し進めたためです。つまり今も強力な力を持つ韓国の財閥は、当時の独裁政権が生み出したといえるのです。

1945年〜1953年

朝鮮戦争による荒廃から韓国の戦後は始まった

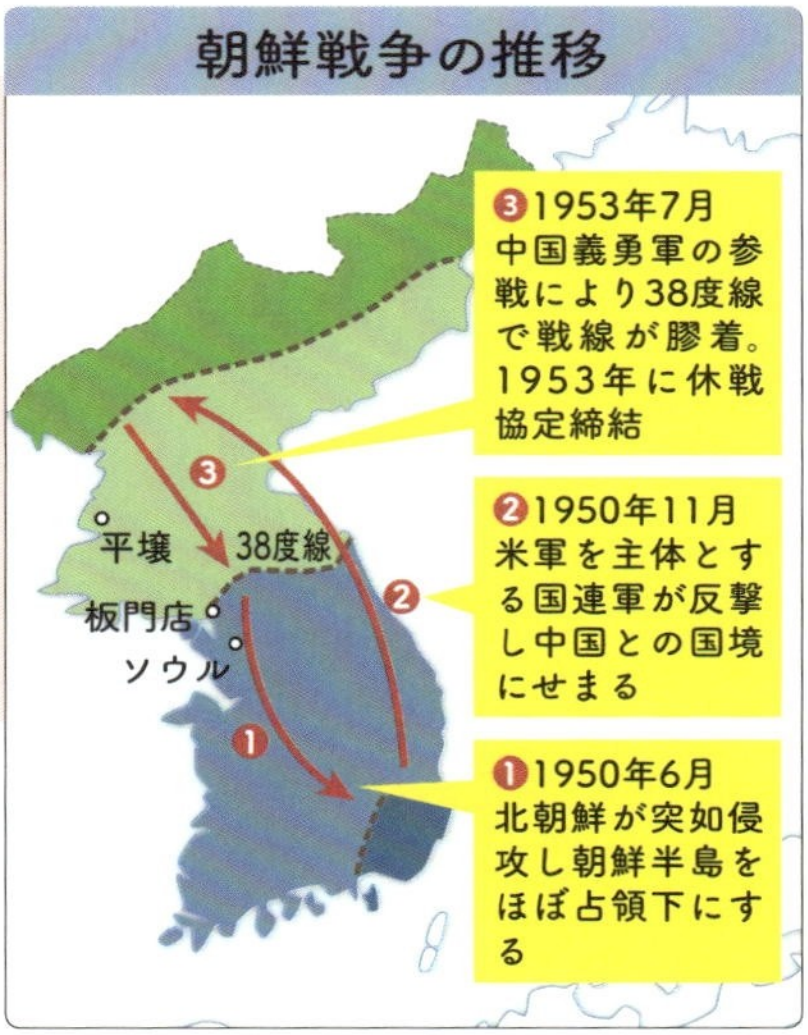
朝鮮戦争の推移
❸1953年7月
中国義勇軍の参戦により38度線で戦線が膠着。1953年に休戦協定締結
❷1950年11月
米軍を主体とする国連軍が反撃し中国との国境にせまる
❶1950年6月
北朝鮮が突如侵攻し朝鮮半島をほぼ占領下にする
平壌
38度線
板門店
ソウル
3
2
1

現在の板門店。南北軍事境界線をはさんで国連軍と朝鮮人民軍が対峙する。

ここまで見てみると、韓国が先進国や民主国家の仲間入りをしたのはさほど昔のことではなく、国民は長年、圧政や貧困に苦しんでいたことがわかります。では、なぜそうした歴史を歩むことになったのでしょうか。

戦前から戦中にかけて、韓国は日本の植民地下にありました。日本が戦争に敗れ、自分たちの国が持てると喜んだのも束の間、大国の思惑によって、朝鮮半島の北側はソ連が、南側はアメリカが信託統治をすることになり、南側は韓国、北側は朝鮮民主主義人民共和国（北朝鮮）として独立しました。

1950年、北朝鮮が韓国に攻撃を

keyword **韓国の独立≫** 第二次世界大戦後に日本から解放された朝鮮半島を、北緯38度線から北をソ連、南を米国が占領。1948年に南朝鮮だけで選挙が行われ、大韓民国建国が宣言された。

Column

日本の大衆文化への接触が禁止されていた

韓国は日韓基本条約によって1965年に日本との国交を回復させますが、一方で「日本の大衆文化は韓国の民族文化を毀損する」として、日本の映画やドラマ、音楽の流入を禁止にしました。この禁止は、金大中が「段階的に解禁していく」と発表した98年まで続きました。ただし現実には、70年代以降に日本の歌謡曲の海賊版が出回るなど、日本の大衆文化を隠れて楽しんでいた人も多かったようです。今では私たちが韓流ドラマやK-POPに日常的に触れているのと同じように、韓国の人たちも日本の映画やアニメ、音楽などに接しています。

1998年の日本文化開放後、ソウルでは日本文化を紹介する雑誌や書籍が相次いで刊行される。

仕掛けて朝鮮戦争が勃発。韓国を国連軍（実態は米軍）が支援し、北朝鮮をソ連や中国が支援したこの戦争は長期化し、53年の休戦まで続きました。

韓国では約130万人が戦争の犠牲になり、国土も荒廃します。元々朝鮮半島では、北側に比べて南側は工業が発展していませんでした。そこに戦争の打撃が加わったことにより、経済は著しく低迷しました。

当時の大統領は48年に就任した李承《イスン》晩《マン》。民主政治とはほど遠い独裁政権でした。李承晩は中国や北朝鮮の脅威をアメリカにアピールすることで支援を得ようとします。東西冷戦の中で、アメリカもこの政権を認めたため、独裁政権が維持されました。

つまり韓国の戦後史は、経済面でも政治面でも、大きなハンデを抱えながらの出発となったわけです。そこから韓国には、先進国や民主国家になるための長い道のりが待っていました。

ふりかえり年表

1945	日本が降伏。北緯38度線で米ソが分割占領 （分裂のはじまり）
1948	8月、単独選挙で大韓民国が建国。李承晩が大統領に選ばれる。翌9月、朝鮮民主主義人民共和国が建国
1950	朝鮮戦争勃発
1953	休戦協定成立
1961	朴正熙による5.16軍事クーデター
1963	朴正熙が大統領就任
1965	日韓基本条約締結 （経済成長の契機）
1979	朴正熙大統領が暗殺
1987	盧泰愚大統領候補が民主化宣言 （転換点）
1988	ソウル五輪開催
1995	盧泰愚前大統領が政治献金事件で逮捕
2005	韓国の名目GDPが世界第10位となる
2009	盧武鉉前大統領が不正資金供与を疑われ自殺
2012	李明博大統領の就任中に実兄が収賄で逮捕
2017	朴槿恵が収賄容疑で大統領弾劾により罷免、逮捕。文在寅が就任

参考文献 峯岸博『韓国の憂鬱』（日経プレミアシリーズ）／文京洙『新・韓国現代史』（岩波新書）／李鐘元ほか『戦後日韓関係史』（有斐閣アルマ）

2018年6月、シンガポールで会談した金正恩朝鮮労働党委員長とトランプ米大統領。

金正恩《キムジョンウン》体制のもとで、核実験やICBM（大陸間弾道ミサイル）の発射実験を繰り返してきた北朝鮮。2018年6月、その北朝鮮をめぐって新たな動きが起きました。アメリカとの間で、首脳会談が実現したからです。

会談を前にしてアメリカが求めたのは、北朝鮮の「完全かつ検証可能で後戻りすることがない非核化」でした。一方北朝鮮はアメリカに対して、「非核化と引き換えに、北朝鮮の現体制を認めること」を求めました。

しかし識者の間では、会談の成功を疑問視する見方が少なくありません。非核化に向けた具体的なプロセスについての合意や期限の設定がないままに、会談が終わったからです。「北朝鮮はこれまでも、核開発に関する国際的な約束をしては、それを反故《ほご》にすることを繰り返してきた。今度もまた裏切られるのでは」と危ぶむ声もあります。

その後、同年9月に韓国の文在寅《ムンジェイン》大統領が金正恩と会談を行い、その中で金委員長は「アメリカが相応の措置をとれば寧辺《ニョンビョン》の核施設の廃棄などの追加措置をとる用意がある」と表明しました。それに対するアメリカの出方が注目されます。

北朝鮮はなぜ、核を交渉カードに用いた危うい外交を続けているのでしょうか。そして北朝鮮の独裁体制は、なぜ崩壊しないのでしょうか。

2011年〜2018年
ミサイル発射実験を繰り返し軍事衝突の危機が高まる

2011年12月、北朝鮮は最高指導者・金正日《キムジョンイル》の死去を発表しました。後を継いだのは、金正日の三男である正恩でした。これで世襲による独裁政治は3代目になりました。

金正日は「すべての事業の中で軍事を優先させる」という先軍政治を進めてきました。金正恩は「核開発と経済発展を共に進める」という並進路線を打ち出しましたが、実際には核開発にのみのめり込んでいきました。

まず12年3月に「人工衛星の打ち上げ」と称してミサイル発射実験を行うと、翌年には北朝鮮にとって3回目となる核実験を実施。一方で金正日時代に重用されていた人物の粛清や失脚を進めることで、自らの権力基盤を盤石なものにしていきました。

核開発の動きは、16年〜17年にかけてさらにエスカレートします。2年間で3回の核実験と40回の弾道ミサイルの発射実験を繰り返したのです。

アメリカは北朝鮮の行動を強く非難し、17年4月には米軍が空母を朝鮮半島周辺に展開します。またトランプ大統領が北朝鮮との軍事衝突の可能性を示唆する発言をすると、金正恩も激しい言葉でトランプを批判するなど、緊張はピークに達しました。

ところが18年に入ると北朝鮮は、これまでの強硬姿勢を一変させます。並進路線の二本柱のうち、核開発については目標を達成できたため、今後は経済開発に集中するとして、核実験や弾道ミサイルの発射実験の中止を発表。4月には韓国との南北首脳会談を11年ぶりに実現し、そして6月の米朝首脳会談を迎えたわけです。

金一族の家系図

金《キム》日成《イルソン》
［1912-1994］
1948 首相に就任
1955 主体演説

金正淑《ジョンスク》
元独立運動家。国母として崇拝

金正日《ジョンイル》
［1941-2011］
1994 最高指導者を継承
2006 初の核実験開始を実施

高《コ》英《ヨン》姫《ヒ》
愛人のひとり。元舞踏家

成《ソン》蕙《ヘ》琳《リム》
正妻。元女優

金正恩《ジョンウン》
［1984?-］
2011 最高指導者を継承
2018 米・韓国と首脳会談

金与正《ヨジョン》
平昌五輪などで特使となる

金正男《ジョンナム》
2017年、マレーシアで暗殺

keyword **弾道ミサイル≫** ロケットにより大気圏内外を通って敵地を攻撃するミサイル。高速度のため発見や迎撃が難しい。北朝鮮の最新ミサイルは米本土に達するとされる。

1993年〜2006年

大国から譲歩を引き出すために瀬戸際外交を展開する

それまでも北朝鮮は、核開発や核実験を行うことで国際社会の危機感を煽り、交渉相手から大幅な譲歩を引き出すという外交を続けてきました。これを瀬戸際外交と呼びます。そういう意味では、非核化の約束と引き換えに「現体制の保証」をアメリカに約束させた2018年の米朝首脳会談も、瀬戸際外交の勝利といえます。

北朝鮮が瀬戸際外交を始めるようになったのは、20年以上前にさかのぼります。1993年、IAEA（国際原子力機関）は、北朝鮮が原子力施設から核兵器の原料となるプルトニウムを抽出しているという情報をつかみ、特別査察を要求します。しかし北朝鮮はこれを拒否し、94年6月にNPT（核拡散防止条約）からの脱退を宣言。北朝鮮がNPTから脱退すると、まさに核が世界に拡散する脅威が高まります。そのためアメリカがこれを危険視し、米軍が北朝鮮の原子力施設を攻撃する可能性が取りざたされました。

しかしここで国際社会が譲歩します。94年7月に急逝した金日成の後を継いだ金正日に対して、この年の10月、アメリカは米朝枠組み合意の中で、「日本や韓国がお金を出し、プルトニウムの抽出が難しい軽水炉を北朝鮮に提供すること」「軽水炉完成までの間、毎年50万トンの原油を提供すること」を約束したのです。まさに瀬戸際外交の勝利です。

ところが2002年、北朝鮮がその後も核開発を続けていたことが判明します。この問題は朝・韓・米・中・日・露の6カ国協議で話し合われることになり、一度は北朝鮮が核の放棄を認める声明に署名をしました。しかしその後北朝鮮は再び態度を転じ、06年には初めての核実験を実施。以後ますます核への傾斜を進めていきました。

弾道ミサイルと核実験数

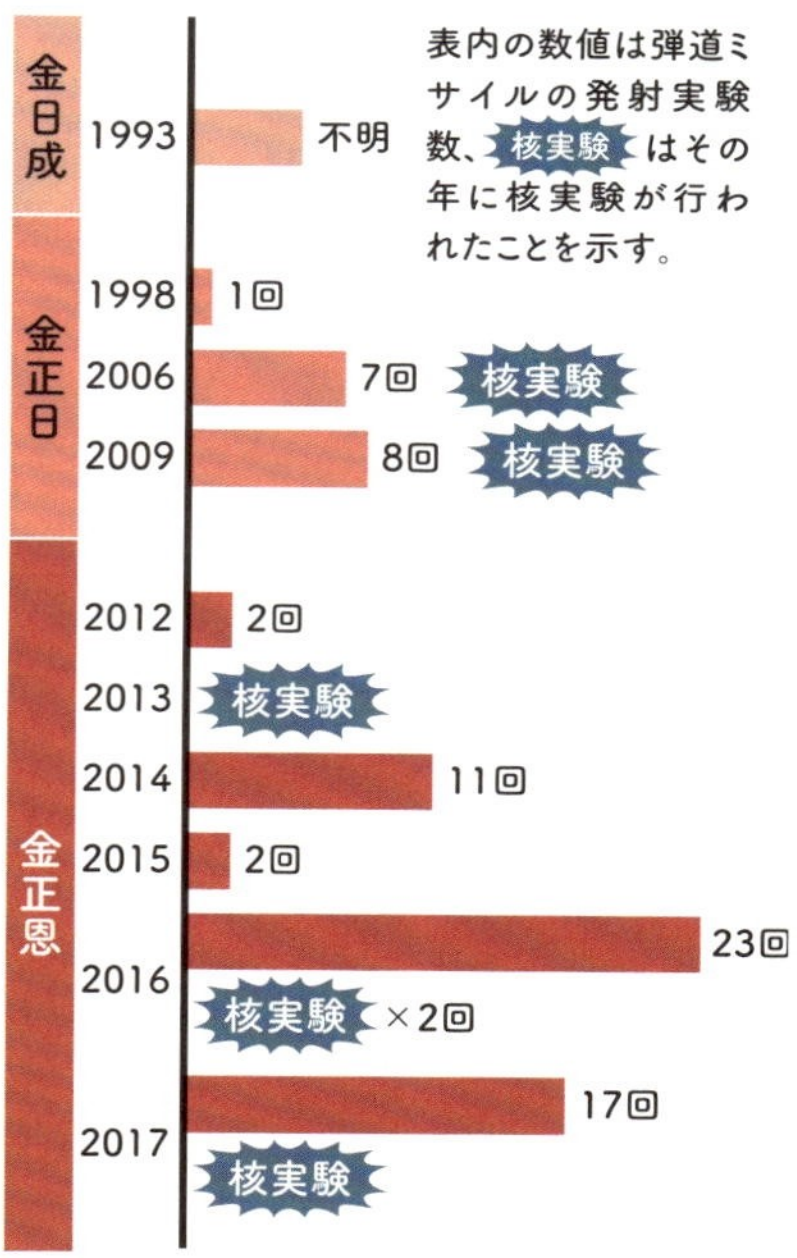

防衛省HP「北朝鮮による核・弾道ミサイル開発について」をもとに作成

長距離弾道ミサイルの発射実験の様子（2012年）。北朝鮮政府からは「人工衛星の実験」と発表された。

keyword **米朝枠組み合意》** 北朝鮮の核開発プログラムの凍結と米朝の段階的な関係正常化を約束。当時の米大統領はクリントン。合意事項の遅延と核開発疑惑の再燃のため、2003年に決裂。

Column

大韓航空機爆破を起こした理由とは?

北朝鮮は1987年、工作員に韓国の大韓航空の旅客機内に爆弾を仕掛けさせ、飛行機を爆発させるという大韓航空機爆破事件を起こします。この事件では乗員・乗客115人の命が奪われました。これは翌年にソウルオリンピックの開催を控えていた韓国を混乱に陥れ、妨害することが目的だったと思われます。

しかしオリンピックは参加を辞退する国も現れず、成功裏に終わり、韓国は国際的な地位を高めました。一方北朝鮮の行為は強い非難を浴び、国際社会からの孤立を深めるきっかけを作ることになってしまいました。

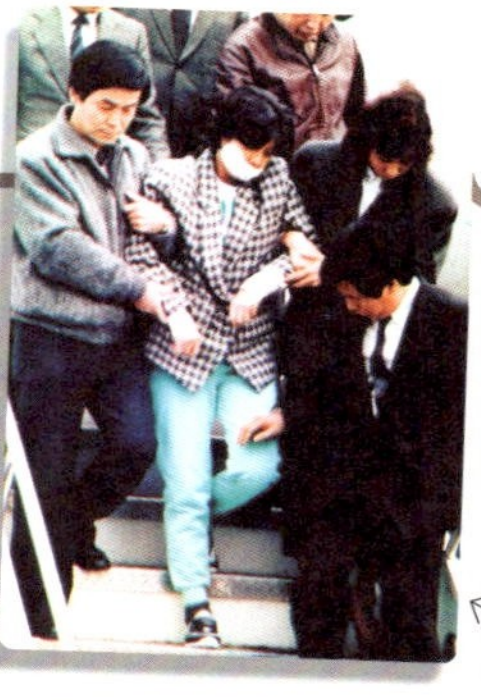

大韓航空機爆破事件の実行犯として連行される金賢姫(キムヒョンヒ)。死刑判決が出るが特赦され、のちに韓国人男性と結婚。

1989年〜1993年
冷戦構造の終焉によって中ソの後ろ盾を失う

瀬戸際外交とは言い得て妙で、うまくいけば交渉国からの譲歩を引き出せますが、一つ間違えれば国家の体制を崩壊させせかねない外交政策です。なぜ北朝鮮はこんな危ない橋を渡るようになったのでしょうか。

1989年、ベルリンの壁が取り壊され、冷戦構造が終結しました。その翌年、ソ連が韓国と国交を正常化させます。これは北朝鮮にとってショックなことでした。北朝鮮と韓国は、かつて朝鮮戦争を戦った敵国同士であり、今も休戦状態にあります。その間、ソ連は北朝鮮の味方であり、北朝鮮はソ連の核の傘の下に守られてきました。そのソ連が韓国と手を結んだのです。

さらにソ連は91年には消滅し、社会主義国家ではなくなります。後を継いだロシアは、ソ朝条約の破棄を北朝鮮に伝えます。この条約には、相互安全保障に関する内容が含まれていました。これで北朝鮮は、完全にソ連(ロシア)という後ろ盾を失ったわけです。

そして92年には、中国も韓国と国交を正常化します。これにより北朝鮮は、もう一つの後ろ盾を失いました。

このとき北朝鮮には、東西冷戦は過去のものとなったわけだから、自分たちも日本やアメリカと手を結ぶ選択肢もあったはずです。しかしそうすると民主化を迫られ、独裁体制を崩壊させられてしまうリスクがあります。

そこで選んだのが瀬戸際外交でした。核兵器の開発を推し進め、これを交渉のカードとすることで、北朝鮮一国でも国際社会と立ち向かえる体制を築こうとしたのです。

keyword **6カ国協議≫** 北朝鮮の核問題解決を目指す、朝・韓・米・中・日・露の会議の名称。各国外交当局の局長級が出席。2003年に第1回が行われ、2008年の会合ののち途絶えている。

1948年の独立から70周年を迎えた2018年の建国記念日（9月9日）の様子。毎年この日には、金日成広場で大規模な軍事パレードやマスゲームが行われる。

万寿台（マンスデ）の丘にある金日成・金正日の銅像に敬礼する子どもたち。個人崇拝を基盤とした体制が維持されている。

1955年～1980年代

ライバルを次々と失脚させ金日成が権力を掌握する

冷戦時、北朝鮮はソ連と中国を後ろ盾にすることで、自国の安全保障を確保していました。ただし中ソの支配下にあったわけではありません。むしろ当時の最高指導者・金日成《キムイルソン》は、権力を我が物にするために、ソ連と中国からの干渉をどう削《そ》ぐかに注力しました。

朝鮮戦争終了時、金日成にはソ連や中国の経済政策をそのまま北朝鮮に移入しようとするソ連派や延安《えんあん》派といったライバルがいました。そこで金日成が1955年に行ったのが、「主体《チュチェ》演説」です。この演説で金日成は、「ソ連式でも中国式でもなく、我が国の実情に合った革命をすべきである」と主張。イデオロギー論争に勝利し、ライバルを次々と失脚させました。

主体思想は、ソ連や中国の支配から逃れるうえでも有効でした。中ソが金日成の政策を批判しようとしても、「主体」を主張することで、自主路線を守り抜くことができたからです。一方で中ソが対立したときには、「革命のやり方は、それぞれの国で決めるべきである」という両国の「主体」を尊重する立場をとることで、中ソ両国に対して一定の距離を置きながらも、良好な関係を保つことに成功しました。

そして67年には朝鮮労働党の大会において「党を創建し、指導する首領（金日成）の思想だけが、党の唯一の思想である」ことが確認され、金日成は完全に権力を掌握します。以後、金日成の判断は絶対となり、後継者を息子の金正日に定めたことにも、誰も異を唱えられませんでした。こうして世襲による独裁体制が確立しました。

keyword **主体思想≫** 北朝鮮は中ソのどちらにもつかないという立場を「主体」という言葉に託した。やがて北朝鮮における唯一の思想とされ、国内における金日成の地位を絶対化するための手段となった。

1945年〜1950年
北朝鮮の建国とともに金日成が首相に就任する

朝鮮民主主義人民共和国として北朝鮮が誕生したのは、1948年のことです。首相には金日成が就任しました。まだ36歳という若さでした。

金日成は平壌《ピョンヤン》の郊外で生まれ、やがて満州に移り住み、中国共産党に入党。当時日本の植民地下にあった朝鮮の解放を目指して、抗日闘争に身を投じます。しかし戦い続けることが困難となり、ソ連へと逃れました。そこでソ連軍の朝鮮人部隊に組み込まれ、ソ連軍大尉として終戦を迎えました。

戦後、朝鮮半島は北緯38度線を境にして、北側をソ連、南側をアメリカが信託統治することになりました。ソ連は朝鮮を統治するにあたって、自分たちの息のかかった人間を送り込む必要がありました。そこで選ばれたのが若き金日成だったわけです。

じつは抗日闘争を戦っていた人の中には「金日成」を名乗る人物が複数いました。彼らが挙げた功績のすべてが若き金日成の功績とされたため、金日成は英雄として母国に凱旋します。

そしてソ連の後ろ盾と、「祖国を救った英雄」という神話を利用しながら権力闘争を勝ち抜き、48年の建国時には首相の座を手に入れたのでした。

北朝鮮は50年、朝鮮半島を統一するために韓国に軍事攻撃をしかけ、朝鮮戦争が勃発します。このとき金日成は軍事委員長に就任し、国家と党に加えて、軍のトップにも立ちました。結局、朝鮮戦争による半島統一には失敗しましたが、金日成の権力は揺るぎませんでした。そしてここまで見てきたように、その後も金日成は権力基盤の拡大と安定を図っていきました。

ふりかえり年表

1945	第二次世界大戦で日本が降伏。北緯38度線で米ソが分割占領
1948	大韓民国建国の翌月に朝鮮民主主義人民共和国が建国。金日成が首相に就任
1950	朝鮮戦争勃発。1953年に休戦
1955	「主体演説」を行う
1967	この頃までに権力を掌握
1977	主体思想を国家理念とする
1987	大韓航空機爆破事件を起こす
1993	核拡散防止条約を脱退
1994	金日成死去。金正日が後継者に。米朝枠組み合意が結ばれる
2000	初の南北首脳会談
2002	小泉純一郎首相が訪朝
2006	初の核実験を行う
2011	金正日死去。金正恩が後継者に
2013	金正恩体制で初の核実験
2016	「初の水爆実験に成功」と発表
2018	トランプ大統領との米朝首脳会談、文在寅大統領との南北首脳会談

独裁体制確立（1955〜1977）
宥和ムード（2000）
強硬路線（2006〜2013）

参考文献
平岩俊司『北朝鮮』（中公新書）／平岩俊司『北朝鮮はいま、何を考えているのか』（NHK出版新書）／和田春樹『北朝鮮現代史』（岩波新書）

急激な経済成長を遂げる中国西部の都市・重慶。

今やGDPは世界第2位、軍事費も第2位というように、アメリカに次ぐ超大国となった中国。その中国の今後の目標は明確です。

2017年10月に開催された中国共産党大会で習近平《しゅうきんぺい(シーチンピン)》総書記は、中華人民共和国建国100年にあたる2049年に向けて、まず35年までに国有企業の戦略的再編や環境改善、ハイテク・金融分野の発展によって経済・技術の面で世界の国家の上位に立ち、以降は世界一流の軍隊を作り上げて、トップレベルの総合国力を持った国にするというビジョンを打ち上げました。そして演説の中では、「中華民族の偉大な復興という中国の夢」という言葉を何度も使いました。

こうした言葉を聞くと不安になるのは、中国は今後ますます覇権主義に傾いていくのではないかということです。習総書記は「中国は永遠に覇権を唱えない」と言ってはいますが、一方で「正当な国益を決して放棄しない」とも発言しています。中国は東シナ海の尖閣《せんかく》諸島や南シナ海の南沙《なんさ》諸島などを、一方的に自国の領土だと宣言しています。中国側から見れば「正当な国益」ですから、今後も強引にでも実効支配を推し進めようとするでしょう。

それにしてもなぜ中国は、周辺国との軋轢《あつれき》も恐れず、大国化への道を突き進もうとしているのでしょうか。

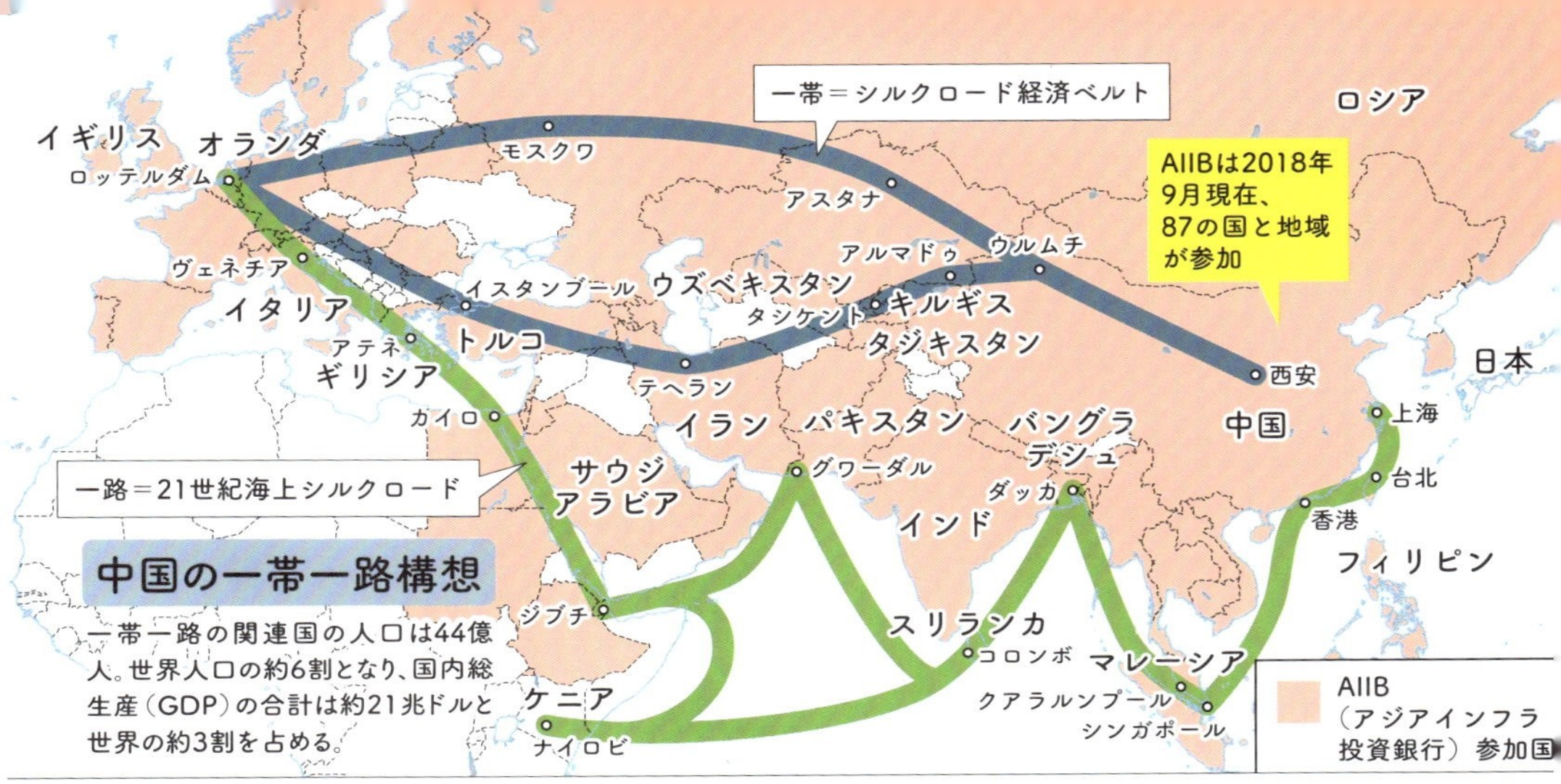

中国の一帯一路構想

一帯一路の関連国の人口は44億人。世界人口の約6割となり、国内総生産（GDP）の合計は約21兆ドルと世界の約3割を占める。

中国が狙う2本の列島線

第一・第二列島線は1982年に中国が打ち出した軍事概念。中国は計画実現に向けて海軍力を高めている。

2013年～2018年

「一帯一路」によって一大経済圏の構築を目指す

中国は今、着々と国際的な影響力の拡大を図っています。その一つが2013年に習総書記が提唱した巨大経済圏構想「一帯一路《いったいいちろ》」です。「一帯一路」のうち「一帯」とは、中国からアジア、ヨーロッパへと至る陸のルート、「一路」とは海のルートのことをいいます。中国はこの陸路、海路のインフラ（港湾、高速道路、鉄道など）を整備したうえで、税関やビザなどの手続きを簡素化し、このエリアを一大自由貿易圏にしようという構想を描いています。

中国では同時期に、AIIB（アジアインフラ投資銀行）も設立しました。「一帯一路」構想でのインフラの整備

who's who

習近平：［1953-］中華人民共和国第7代国家主席。国内では官僚の汚職、脱貧困などに厳しく対応し、国際面では一帯一路などで影響力の拡大を図る。

日本と中国の名目GDPの推移

中国の経済成長は90年代を経て、北京オリンピックが開催された2008年頃よりさらに加速。2010年には名目GDPで日本を抜き、アメリカに次ぐ世界第2位となった。

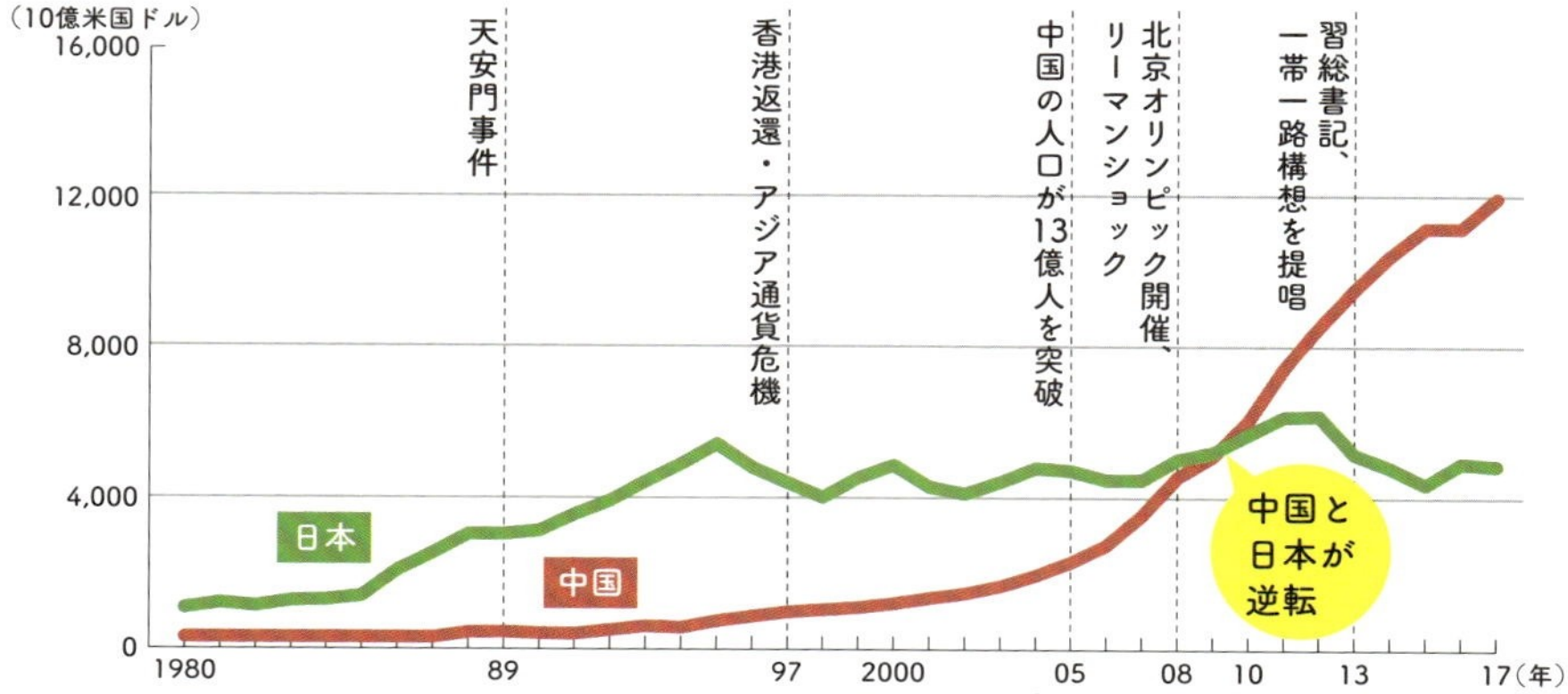

IMF「World Economic Outlook Database」より

に必要な資金を融資するのが、このAIIBになるわけです。

「一帯一路」で援助を受けた国は、中国との経済的な関係が強くなります。つまり中国を中心とした経済圏ができあがります。中国は約14億人もいる国民を食べさせなくてはいけませんが、内需は伸び悩んでいます。「一帯一路」が成功すれば、中国にとってきわめて魅力的な輸出先が誕生します。

一方中国は軍事面では、積極的な海洋進出を図っています。とりわけ各国の多くの船舶が航行する南シナ海のほとんどのエリアを自国の領土だと主張。人工島を建設するなどして、実効支配を進めています。16年には国際仲裁裁判所が中国の主張を否定する判決を出しましたが、中国は無視しています。こうして中国は経済と軍事の両面から、習総書記が言う「正当な国益」を確保しようとしているのです。

1990年～2000年
内側に力を蓄えながらその後の躍進を狙う

中国が自国の利益の確保を前面に押し出した外交政策が目立つようになったのは、2000年前後のことです。ではその前の1990年代の中国はというと、「韜光養晦《とうこうようかい》」の外交戦略を採っていました。

「韜光養晦」とは、「内側で力を蓄えながら、時機を待つ」といった意味で、当時権力を握っていた鄧小平《とうしょうへい（ドンシャオピン）》が提唱したとされています。90年代初頭の中国は、天安門《てんあんもん》事件の余波で国際的に孤立していました。また経済力も発展途上国の域を出ていませんでした。だから「今は足場を固める時期」と判断したわけです。

一方で、92年には尖閣諸島や南沙諸

島などを自国の領土と定めた領海法を周辺国の了解なく制定するなど、海洋進出に向けた布石は着々と打っていました。経済成長も目覚ましく、実質GDP（国内総生産）は、90年からの約10年間で3倍近くに拡大し、10年には世界第2位になりました。

中国の特徴は、多くの国は途上国から先進国へとキャッチアップするどこかの段階で、国民の要求を抑えきれなくなって独裁政治から民主化へ移行するものですが、中国は共産党による一党独裁を維持したまま、先進国入りを目指したことです。

独裁に対する国民の不満を抑えるためには、常に経済成長や国力拡大という「夢」を見させ続ける必要があります。失敗すれば一党独裁の正当性が問われます。中国はその危うい舵取りを、少なくとも韜光養晦政策を採っていた90年代から現時点までは、何とか成功させています。

1978年〜1989年
共産党は改革開放は進めたが民主化は認めなかった

中国では国民が国会議員を選ぶ国政選挙は、建国以来まだ1回も実施されたことがありません。国の方針は、中国共産党大会で決定します。この大会に参加する党員は、共産党の全国の組織から選挙によって選ばれることになってはいますが、実質的には上からの指名で決まります。

じつはそんな中国も1989年に天安門事件が起きるまでは、「いずれ民主化によって、議会制民主主義に移行するであろう」と国際問題の専門家の多くが予測していました。

中国では78年から鄧小平の指導の下、国の経済の中に市場経済を導入する改革開放政策が始まりました。以

中国の主な権力者の変遷

中国は共産党による一党独裁体制であり、最高指導者に権力が集中しやすい。習近平はその体制を強め、さらなる権勢をふるおうとしている。

習近平（しゅうきんぺい）

就任年［2012-］

実績
- 「中国の夢」提唱
- 一帯一路構想

江沢民（こうたくみん）

在位年［1989-2002］

実績
- GDPの急成長を実現
- 対米関係の改善に貢献

鄧小平（とうしょうへい）

在位年［1978-1989］

実績
- 改革開放路線を実施
- 民主化運動を弾圧

毛沢東（もうたくとう）

在位年［1949-1976］

実績
- 中華人民共和国を建国
- 大躍進政策、文化大革命を主導

［］は在位年を示す

who's who
江沢民：［1926-］中華人民共和国第5代国家主席。鄧小平の改革開放路線を引き継ぎ、経済成長を主導。「世界の工場」と呼ばれる製造・貿易大国へと成長させた。

Column

東西冷戦下の米中和解は何を変えたのか？

文化大革命の嵐が吹き荒れていた1972年、中国が世界を驚かす決断をします。東西冷戦の中で真っ向から対立してきたアメリカに接近を図り、和解したのです。当時中国は、かつては同盟国であったソ連との溝が深まり、1969年にはついに中ソ国境紛争が勃発。以来、敵（ソ連）の敵（アメリカ）は味方という論法で、アメリカとの関係を改善することにしたのです。中国はその前年の71年には、台湾の中華民国に代わって国連での議席を得ることにも成功していました。この時期、中国を取り巻く世界のパワーバランスが大きく変わりました。

1972年2月、訪中したアメリカのニクソン大統領と握手を交わす毛沢東主席。

後、人民公社のものだった土地が農民に分配されるなど、さまざまな面で自由化が進みました。だから人々はその先には民主化が待っているだろうと予想したのです。

ところがその空気を一変させたのが天安門事件でした。民主化を求めて北京の天安門広場に集まった市民や学生たちに、人民解放軍が無差別射撃を行い、500人以上の死者を出したのです。背景にあったのは、この時期、東西冷戦の終結とともに、東欧の社会主義国の共産党政権が、市民の手で次々と倒されていたことが挙げられます。東欧の国々と同じ轍《てつ》を踏んではいけないという危機感が、共産党の指導者たちを市民や学生たちの弾圧に走らせたと考えられます。ともあれ天安門事件は、「中国共産党は改革開放は進めるが、民主化は認めない」ことを国内外に示す事件となりました。

1958年〜1977年 中国を大混乱に陥れた大躍進政策と文化大革命

中国は今も自国を社会主義国家と規定していますが、実質的には1970年代後半に改革開放を始めたときから、資本主義国家に移行したといって差し支えありません。

ではなぜ社会主義をあきらめたのか。答えは簡単です。社会主義のままでは、国を豊かにするのは難しいと判断したからです。その頃、中国経済は疲弊し尽くしていました。

49年の建国から76年に死去するまで、中国の実権を握っていたのは毛沢《もうたく》東《とう》（マオツォートン）です。毛沢東は58年より、中国を社会主義の強国にするため大躍進政策を実施。農民から土地を取り上げ、人民公社の所有物としました。農民たちは

who's who

毛沢東：［1893-1976］中華人民共和国初代国家主席。国共内戦で国民党を台湾に追いやり、中華人民共和国を建国。亡くなるまで絶大な権力を握り、独裁政治を行った。

いくら働いても、収穫物が自分のものにならないため労働意欲が著しく減退。しかも不適切な農業方法を強制したため、凶作が常態化します。この政策は、数千万人の餓死者を出す大失敗に終わりました。

この失策により、毛沢東は一時権力を失いましたが、66年から始まった文化大革命で盛り返します。これは国内にはびこる労働者階級の敵を一掃しようという運動で、当初は毛沢東に敵対する人物の排斥をもくろんだものでした。運動は、毛沢東を信奉する学生団体の紅衛兵《こうえいへい》によって過激化し、多くの政治家や知識人が拘束や暴行を受け、ときには殺害されました。中国の経済は、またしても著しく停滞しました。

そして毛沢東のあとに権力を握った鄧小平は、「もうこんなことはこりごりだ」とばかりに、改革開放路線に転じたのでした。

1937年〜1949年
国共内戦に勝利して国民党を台湾に追いやる

中国は1937年から45年にかけては、日本との間で抗日戦争（日中戦争）を戦っていました。このとき国内には国民党と共産党の二つの勢力がありましたが、お互いに協力して抗日戦争に臨みました（国共合作《こっきょうがっさく》）。

ところが抗日戦争が終わると両党は対立し、国共内戦が起こります。この戦いに国民党は敗れ、台湾に逃れました。共産党は、北京を首都にした中華人民共和国を建国しました。内戦時に農民の支持を得たことが、共産党勝利の大きな要因でした。

しかしここまで見てきたように、その後農民は土地を取り上げられたため生活は豊かにならず、苦難の道を歩むことになります。

ふりかえり年表

1949	国共内戦ののち、中華人民共和国を建国。毛沢東が主席に
1950	中ソ友好同盟相互援助条約成立
1958	大躍進政策
1960	中ソ対立表面化
1966	文化大革命
1971	中国、国連参加。台湾が国連から追放
1972	米大統領ニクソンが訪中。中国との共同声明発表
1976	毛沢東死去。華国鋒が最高指導者に就任
1978	鄧小平が最高指導者に。改革開放政策を実施
1979	米中国交正常化
1989	天安門事件勃発 江沢民総書記就任
1992	領海法を制定
2003	胡錦濤国家主席就任
2008	北京オリンピック開催
2010	中国の名目GDPが世界2位に
2012	習近平が総書記に選出
2013	一帯一路構想を提唱

大混乱に陥る

アメリカに接近

中国最大のタブーに

日本と逆転

参考文献 毛里和子『日中漂流』（岩波新書）／阿南友亮『中国はなぜ軍拡を続けるのか』（新潮選書）／林望『習近平の中国』（岩波新書）

2016年、自身の就任式典で手を振る台湾の蔡英文新総統。

2011年に起きた東日本大震災では、たくさんの国が日本を支援してくれました。中でも特に台湾は、200億円もの義援金を日本に送ってくれました。これには多くの日本人が感謝の気持ちでいっぱいになりました。その後も台湾は、16年の熊本地震や、18年の西日本豪雨など、日本に大きな災害が起きるたびに、義援金を送り続けてくれています。逆に16年に台湾南部地震が起きたときには、今度は日本人の間で台湾を支援しなければいけないという動きが広がり、多額の義援金が台湾に送られました。

台湾は、戦前から戦中にかけては日本が植民地支配を行っていました。当時の日本は植民地支配に抵抗した人たちを数千から数万人単位で殺し、日本語の使用を強要するなど、台湾の人たちに多大な迷惑をかけました。にもかかわらず、なぜこれほど親日感情を抱いてくれるか不思議です。

また日本と台湾の関係は、国民レベルではとても良好で、交流も活発なのに、国家レベルでは国交がありません。今後も国際情勢がよほど変化しない限り、国交が結ばれることは難しいと考えられます。

ではなぜ台湾の人たちは親日なのか。またなぜ日本と台湾は国交がないのか。それは台湾の現代史をさかのぼっていくと見えてきます。

海洋進出を図る中国は、南西諸島～フィリピンを結ぶ線を第一列島線として軍事的制海権の確保を目論んでいる。台湾はこのライン内に位置しており、中国の脅威にさらされている。

2016年〜2018年
2年間で5カ国と新たに断交することに

じつは台湾と国交を結んでいないのは、日本だけではありません。逆に国交がある国のほうが少なく、2018年11月現在、わずか17カ国です。特に16年5月に台湾で民進党の蔡英文《さいえいぶん(ツァイインウェン)》政権が成立してからは、2年間でサントメ・プリンシペ、パナマ、ドミニカ、ブルキナファソ、エルサルバドルの5カ国が新たに断交しました。

この断交には、中国が深く関わっています。中国は台湾を独立した国とは認めておらず、台湾を含めて「中国は一つ」だという姿勢を維持しています。昔は台湾を軍事的に制圧して強引に統一する方針を立てていましたが、さすがに今は国際社会がそれを許しません。そこでちょうど中国と香港の関係のように、一国二制度（台湾を中国に吸収したうえで、台湾に対しては中国の政治体制とは異なる高度な自治を認めること）の実現を目指しています。

一方、現在台湾で政権を担っている民進党は、台湾の独立を党の目標に掲げています。これは中国にとっては絶対に許せないことです。「二つの中国」ができてしまうからです。

そこで中国は台湾と国交がある国々に経済援助をちらつかせ、「台湾とは断交して、中国と国交を樹立しましょう」と働きかけ、これを実現させたわけです。例えば18年5月に台湾と断交したドミニカは、その際に「世界には一つの中国しかなく、台湾は中国の不可分な領土の一部分」とする中国との共同声明に署名しています。こうして中国は、自分たちに従わない台湾に圧力をかけているのです。

who's who
蔡英文：［1956-］2016年、第14代中華民国総統に就任。民進党主席も務めていたが、2018年11月に実施された統一地方選で民進党が大敗を喫した責任を取り、主席辞任を表明した。

1986年～2015年
民主化されてから多様な意見が広がった

民進党は台湾の独立を党の目標に掲げていると述べましたが、台湾で「独立」が表立って語られるようになったのは、1980年代後半以降に民主化が始まってからのことです。それ以前の台湾は、国民党による一党独裁体制でした。

国民党は元々は、中国大陸での共産党との内戦に敗れて、台湾に逃れてきた党です。勝利した共産党は北京を首都に定めて中華人民共和国を建国します。しかし国民党は「我々国民党による中華民国こそが中国の正統政府である」として、これを認めませんでした。そしていずれは勢いを盛り返し、国民党が共産党を駆逐して中国全体を再び統治することを目標に掲げました。つまり国民党もまた中国共産党とは逆の意味で「一つの中国」を目指していました。「中国は中国として認めて、台湾は台湾で独立しよう」という考えではなかったのです。

ところが民主化が始まると、台湾の中でも多様な意見が認められ、広がっていくようになります。96年に直接投票による総統選挙が実施されると、国民党と民進党が交互に総統（国家元首）を出す二大政党制が確立します。このうち国民党は中台関係の安定を志向しているのに対して、民進党は独立を志向しているわけです。

ちなみに人々の意識はというと、若い年代になるほど、「自分は中国人ではなく、台湾人だ」という意識が高まっているといわれます。中国が台湾に押し付けようとしている「一つの中国」という主張は、ますます無理が生じようとしています。

台湾民主化後の中台関係の変遷

民主化後の台湾は馬政権のときに対中融和に舵を切った。蔡政権は「一つの中国」を認めてはいないが、独立路線にも慎重で、バランスに苦心している。

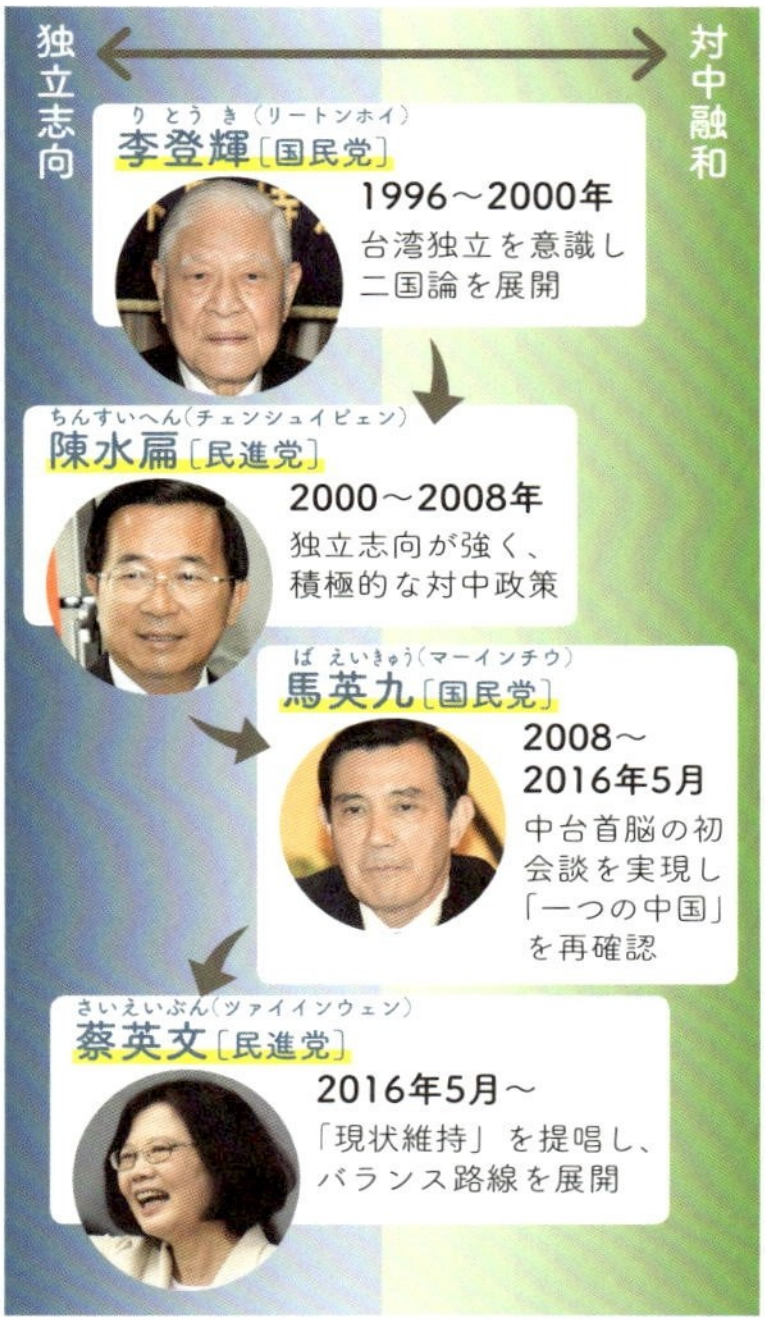

各項目の年数は総統就任期間をあらわす
日本経済新聞（2016年1月）の記事をもとに作成

who's who
李登輝：［1923-］1988年に総統に就任し、1996年、台湾史上初の民選総統に就任。1999年、台湾と中国を「特殊な国と国の関係」とし、二国論を展開した。

台湾と中国の比較

人口やGDPは中国が台湾を圧倒している。ただし、一人あたりGDPは台湾が中国を大きく上回っている。

台湾		中国
2357万人（2018年）	人口	13.76億人（2017年）
3万6千（日本の10分の1）	面積（km²）	960万（日本の26倍）
5732億（2017年）	GDP（ドル）	11兆2183億（2016年）
24337（2017年）	一人あたりGDP（ドル）	8113（2016年）
21.5万人	兵力	218.3万人
17	国交のある国数	172

外務省HP「中国基礎データ」「台湾基礎データ」をもとに作成

台湾住民のアイデンティティ

台湾の人たちに自身のアイデンティティを問うた調査。「台湾人」と答える割合が年々増加している。

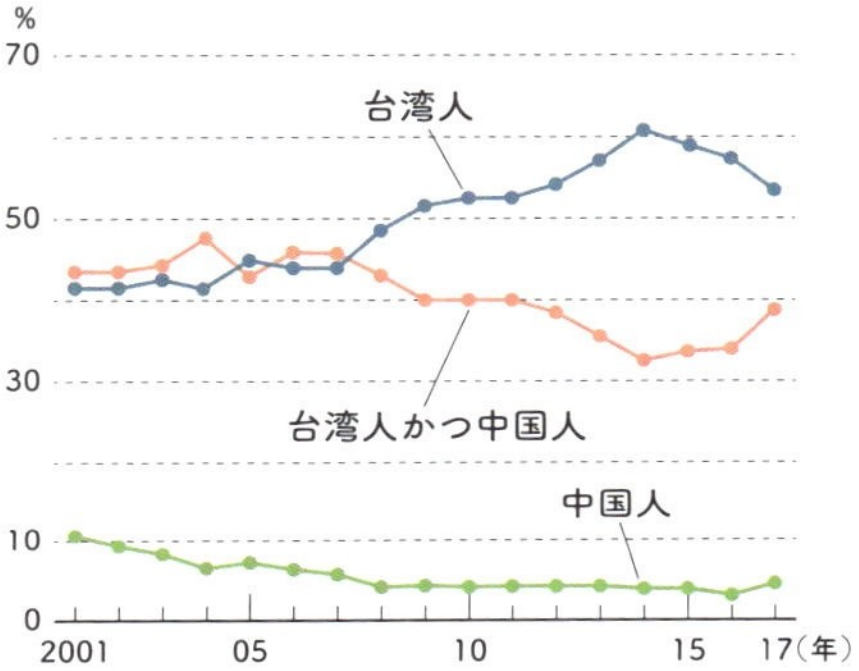

国立政治大学選挙研究センターの調査をもとに作成

1971年～1972年
国連からの脱退により国際的な孤立が進む

さて、話が回り道をしてしまいました。最初に投げかけたのは、なぜ台湾は親日なのか、日本と台湾は国交がないのか、という問いでした。

日本が台湾との国交を断絶した背景にも、中国があります。1972年まで、日本は中国とではなく台湾と外交関係を結んでいました。しかし日中国交正常化交渉で、中国から国交を回復したいのなら台湾とは断交することを求められます。日本が中国と台湾の両方と国交を結ぶことは、「一つの中国」を主張する中国としては受け入れられません。その結果日本は中国を選び、台湾を捨てたのです。

この時期、多くの国々が台湾から中国へと国交を切り換えています。戦後台湾は、国連で常任理事国の一国を占めていました。国連が発足したときに中国大陸を統治していたのは、国民党が率いる中華民国だったからです。しかしその後、中華民国の支配領域は台湾だけになります。その中華民国が中国全体を代表しているとみなすのは、あまりに無理があります。そのため71年に国連は中国の加盟を認め、一方で台湾は国連を脱退することになりました。そしてこれを契機に、多くの国との国交も失ったのです。

ただし日本と台湾は断交してからも、台湾は台北駐日経済文化代表処、日本は日本台湾交流協会という表向きは民間組織、実質的には公的機関を設置して、経済・文化交流を行ってきました。これにより日本は台湾との国交は失っても、信頼関係はつなぎ止めることができました。

keyword **一つの中国**》 台湾を中国の一部とする中国の主張。中国は台湾を国として認めず、台湾と国交を結ぶ国とは外交関係を結ばない。日本やアメリカも中国の主張に従い台湾を国と認めていない。

1945年〜1970年
日本が残したインフラが経済発展を下支えした

では台湾の人たちが、親日である理由は何でしょうか。

日中戦争が終わったとき、台湾の人たちは植民地支配から解放されることを喜びました。しかし、日本に代わり台湾へとやって来た、蒋介石《しょうかいせき（チャンチエシー）》率いる国民党が行った統治はひどいものでした。役人たちは日本人が台湾に残した財産を着服。役所の主要なポストは、中国本土からやってきた人間が独占し、台湾の人たちには与えませんでした。そして1947年には、圧政に反発して立ち上がった住民を国民党は軍隊を導入して無差別に発砲し、約2万8000人が殺害されました（二・二八事件）。「こんなことなら植民地時代のほうがまだ良かった」と多くの台湾人は考えました。

そんな台湾も50年代以降、経済発展を遂げます。この経済発展を下支えしたのが、日本が植民地時代に整備した港湾や鉄道などのインフラでした。また日本は工業の振興に力を注いだため、戦争が終わる時点ですでに台湾は工業化社会の入り口に立っていたといわれます。こうした土台があったから、台湾はスムーズに途上国から中進国へとキャッチアップできました。

大きかったのは教育です。日本は台湾で小学校から帝国大学まで整備し、児童の就学率は90%を超えました。こうした教育機関で育った人材が、台湾の経済成長を支えました。台湾に親日家が多いのは、日本が残したインフラや諸制度が、台湾が経済発展を遂げるうえで大いに役立ったという認識があるからだと考えられます。

Column
なぜアメリカは、台湾との関係強化を図るのか？

冷戦時代には、社会主義勢力の防波堤になってもらうために、アメリカも積極的に台湾を支援してきました。1951年から65年まで、毎年約1億ドルの経済援助を行い、これが台湾の経済成長の原資となりました。

そして昨今、貿易問題などをめぐって米中の関係が悪化する中で、再びアメリカは台湾との関係強化を図るようになっています。台湾と国交がないにもかかわらず、2018年3月には高官の相互訪問を認める台湾旅行法を成立させました。これは「一つの中国」を主張する中国政府を、牽制する狙いがあると考えられます。

蒋介石率いる国民党は、国共内戦時よりアメリカから多大な援助を受けていた。

who's who **蒋介石：**［1887-1975］中国国民党の指導者。国共内戦に敗れると台湾に逃れ、1975年の死去までのほとんどの期間を総統として独裁政治を行った。

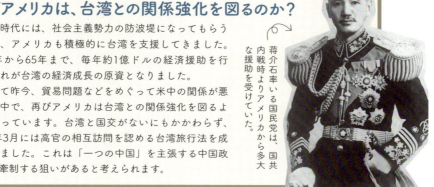

日本統治下の鉄道整備

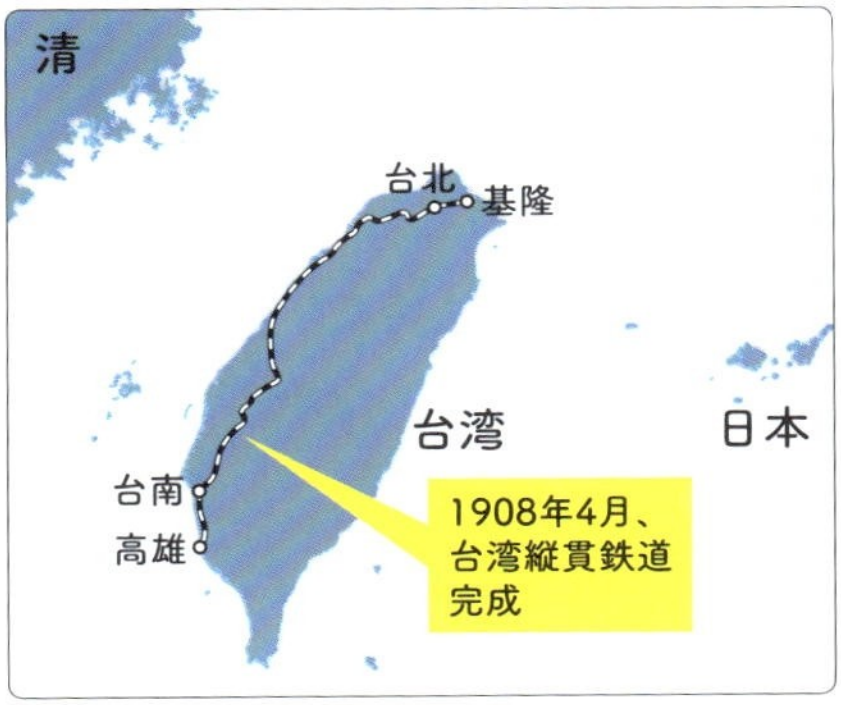

日本政府は402kmにわたる台湾縦貫鉄道を整備。近代化に大きく貢献した。

日本統治下の昭和初期に建てられた台湾総督府庁舎。現在も総統府として利用されている。

19世紀後半～1945年
インフラ整備を進めつつ抵抗者を徹底的に弾圧

こう書くと、日本は植民地時代に台湾に対して良いことばかりしてきたように見えるかもしれませんが、そんなことはありません。

日清戦争に勝利した日本は、下関条約により清から台湾を獲得しました。その際、台湾の人たちは日本の支配に激しく抵抗しました。台湾統治を軌道に乗せたのは、１８９８年から１９０６年まで台湾総督府民生局長として台湾に赴任した後藤新平《ごとうしんぺい》です。

後藤は台湾のインフラを整備する一方、抵抗する人たちを徹底的に弾圧。後藤が台湾に着任してからの５年間だけで、当時の台湾の人口の１％を超える約３万２０００人が処刑されたといわれます。

ふりかえり年表

1895	日清戦争で勝利した日本が、清から台湾を割譲
1898	後藤新平が台湾総督府民政局長に。インフラ整備を進める
1945	日本の敗戦により日本統治終了
1947	二・二八事件
1949	国共内戦に敗れた国民党が台湾に敗走。中台分断
1954	第一次台湾海峡危機
1971	台湾が国連脱退、中国が国連復帰
1972	日本と台湾が断交
1996	民主化後初の直接選挙。国民党の李登輝が勝利
1999	李総統、「二国論」を提起
2000	民進党の陳水扁政権発足
2008	国民党の馬英九政権発足
2015	初の中台首脳会談
2016	蔡英文政権発足
	蔡総統がアメリカの次期大統領トランプと電話会談
	サントメ・プリンシペが台湾と断交、以後台湾は計5カ国と断交

転換点

親中路線

参考文献 伊藤潔『台湾』（中公新書）／野嶋剛『台湾とは何か』（ちくま新書）／池上彰『そうだったのか！中国』（集英社文庫）

ASEAN加盟国

2018年時点のASEAN加盟国は10カ国。東ティモールと、地理的には東南アジアではないがパプアニューギニアも加盟を申請している。

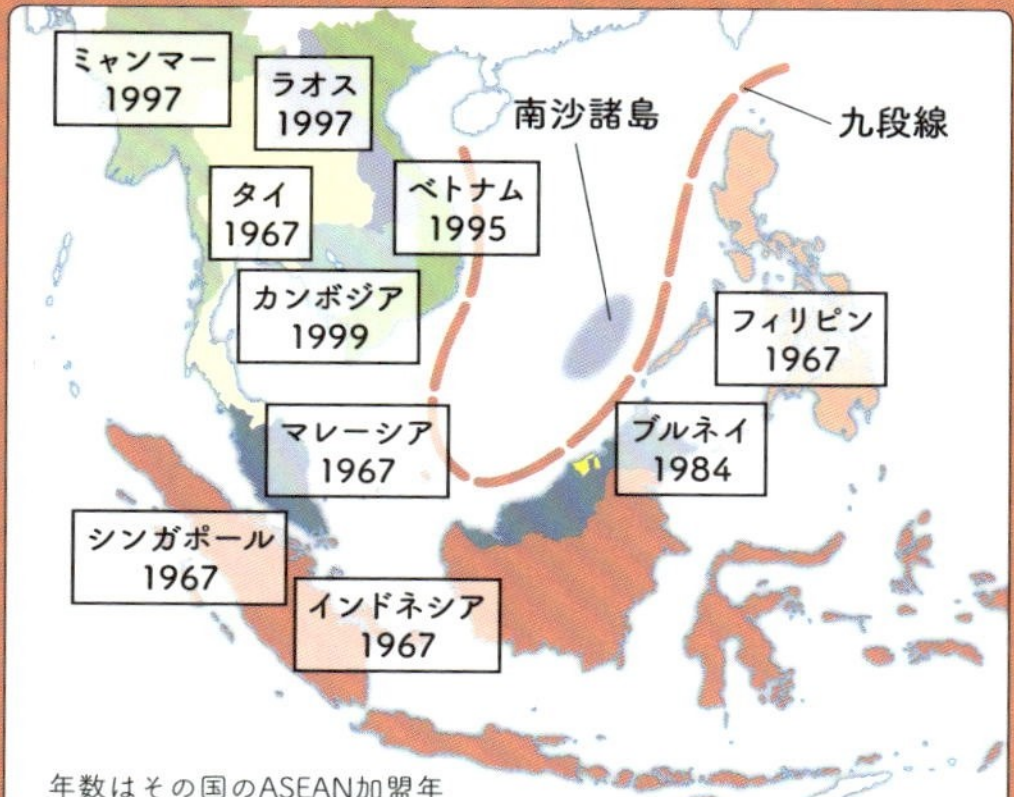

年数はその国のASEAN加盟年

ASEAN（東南アジア諸国連合）が、中国との関係で揺れています。ASEANとは、タイやインドネシア、フィリピンなど10カ国による地域協力機構のこと。オブザーバー参加の東ティモールの加盟が認められれば（加盟申請中）、東南アジアのすべての国がASEANのメンバーとなります。

ASEANと中国の間で問題となっているのが、南シナ海の南沙《なんさ》諸島の領有権です。天然資源が豊富で、交通の要衝でもある南沙諸島はベトナム、フィリピン、マレーシア、ブルネイ、台湾、中国が領有権を主張しています。中でも「九段線《きゅうだんせん》」を設けて領有権を主張してきた中国は、近年ここに人工島を造成して軍事施設を置くなど、実効支配を進めています。2013年にはフィリピンがこの問題を国際仲裁裁判所に提訴。16年に中国の領有権主張を退ける判決が出ましたが、中国はその後もここに居座っています。

一方ASEANは、中国の強引な行動に対して、強い態度で臨むことができずにいます。これまでは首脳会議の議長声明などで「深刻な懸念」を表明していましたが、17年11月の首脳会議のときには、反対する国が現れて、「懸念」の表現さえ削られました。

なぜASEANは中国に対して、弱腰とも見える姿勢をとっているのでしょうか。

2013年〜2018年 中国との経済面での結びつきが強くなる

弱腰となっている大きな理由は、ASEANにとって中国は、領土面では利害が対立しても、経済面では必要不可欠だからです。現在、ASEAN諸国の一番の貿易相手国は、日本ではなく中国です。中国の経済支援に対する期待も高く、2015年に中国が設立したアジアインフラ投資銀行（AIIB）には、東ティモールを除くすべての国が発足時から参加しています。

また南沙諸島問題に関するASEAN諸国間の温度差も、理由の一つに挙げられます。特にカンボジアはこの問題の当事国ではなく、また中国から多額の経済援助を受けています。そのため中国を非難する声明が検討されるような場面では反対に回ります。ASEANは、けっして一枚岩ではないのです。中国側も各国に対して経済支援をちらつかせることで、ASEAN諸国の分断を図り、自分の味方を増やそうとしています。例えば、13年に南沙諸島での中国の行動を国際仲裁裁判所に提訴したフィリピンは、16年にドゥテルテが大統領に就任すると、対中政策を大きく転換させました。中国の習近《しゅうきん》平《ぺい（シーチンピン）》国家主席から、南沙諸島の領有権問題を棚上げする代わりに、巨額の経済援助を受けるという約束を取り付けたのです。

これまでASEANに対しては、中国だけではなくアメリカも強い存在感を発揮してきました。しかしこの地域におけるアメリカの影響力が低下する中で、中国の存在感ばかりが高まってきています。

ASEAN各国の対中姿勢

ASEAN加盟国の中でも、中国への態度には大きな差がある。経済的な利益を優先して強い立場をとれない国も多い。

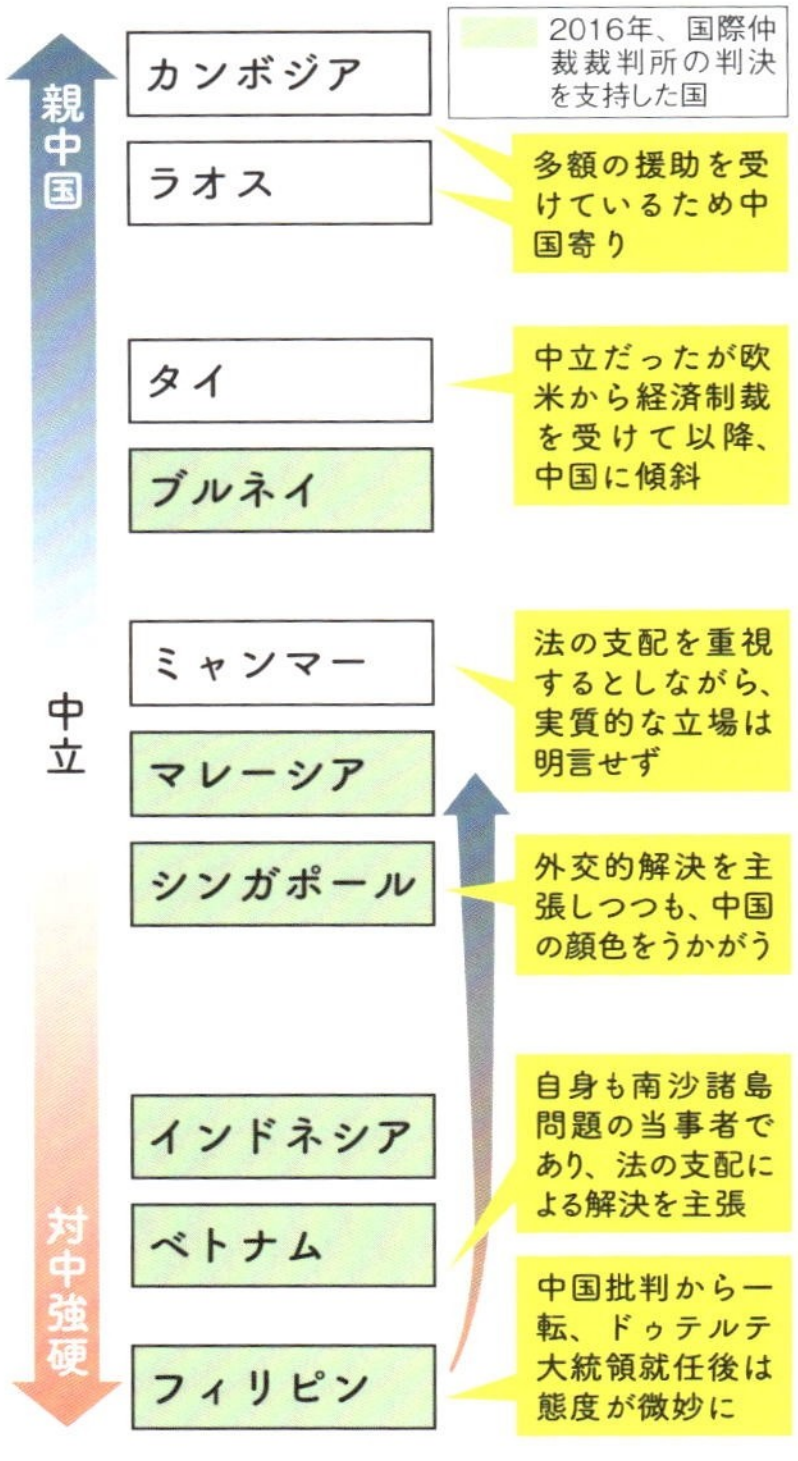

2016年、国際仲裁裁判所の判決を支持した国
親中国
中立
対中強硬
カンボジア
ラオス
多額の援助を受けているため中国寄り
タイ
ブルネイ
中立だったが欧米から経済制裁を受けて以降、中国に傾斜
ミャンマー
マレーシア
法の支配を重視するとしながら、実質的な立場は明言せず
シンガポール
外交的解決を主張しつつも、中国の顔色をうかがう
インドネシア
ベトナム
自身も南沙諸島問題の当事者であり、法の支配による解決を主張
フィリピン
中国批判から一転、ドゥテルテ大統領就任後は態度が微妙に

keyword 九段線≫ 1953年に中国が南シナ海の領有権を主張するために地図上に引いた破線。2012年からは、中国の発行するパスポートにもこの線が印刷されている。

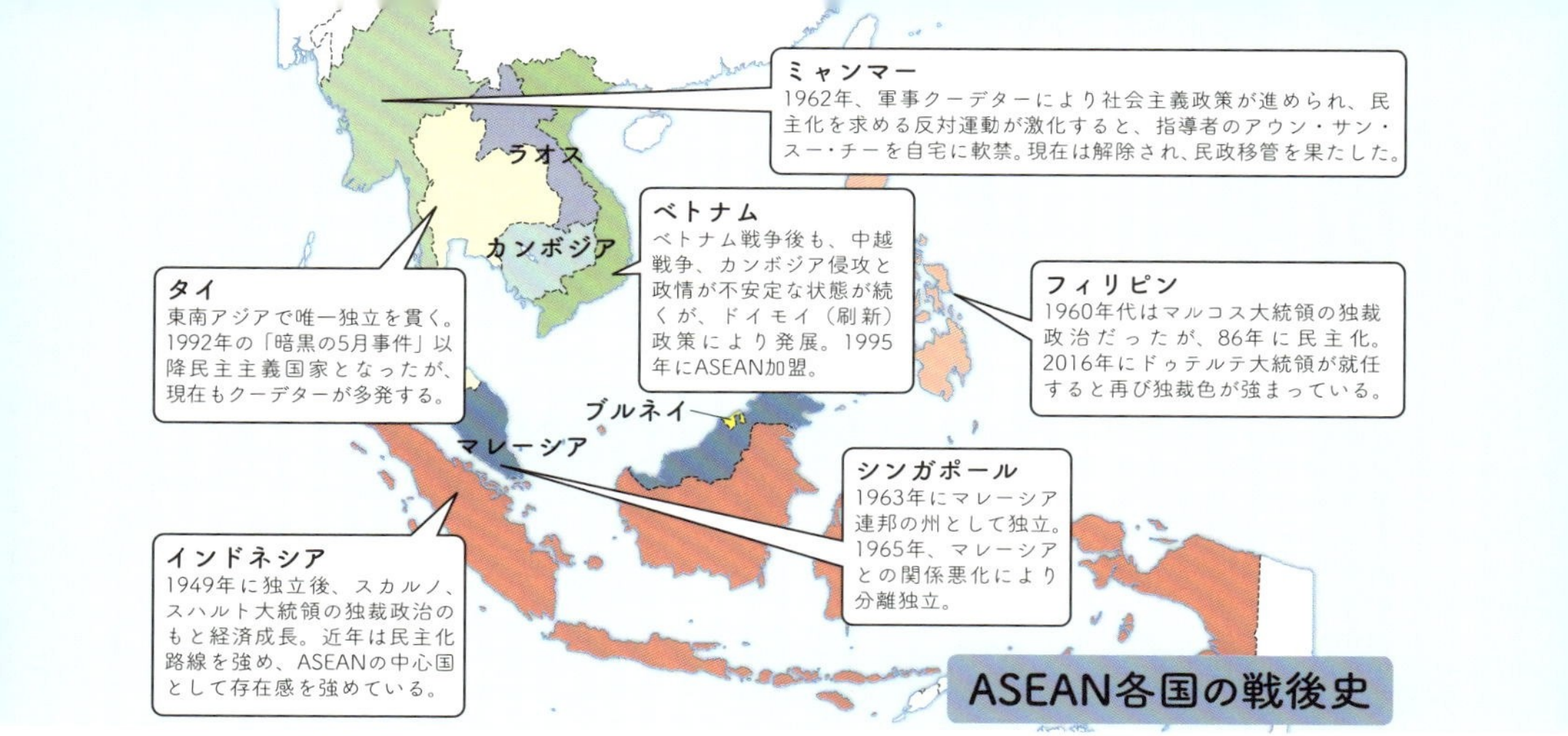

ミャンマー
1962年、軍事クーデターにより社会主義政策が進められ、民主化を求める反対運動が激化すると、指導者のアウン・サン・スー・チーを自宅に軟禁。現在は解除され、民政移管を果たした。
ラオス
ベトナム
ベトナム戦争後も、中越戦争、カンボジア侵攻と政情が不安定な状態が続くが、ドイモイ（刷新）政策により発展。1995年にASEAN加盟。
カンボジア
タイ
東南アジアで唯一独立を貫く。1992年の「暗黒の5月事件」以降民主主義国家となったが、現在もクーデターが多発する。
フィリピン
1960年代はマルコス大統領の独裁政治だったが、86年に民主化。2016年にドゥテルテ大統領が就任すると再び独裁色が強まっている。
ブルネイ
マレーシア
シンガポール
1963年にマレーシア連邦の州として独立。1965年、マレーシアとの関係悪化により分離独立。
インドネシア
1949年に独立後、スカルノ、スハルト大統領の独裁政治のもと経済成長。近年は民主化路線を強め、ASEANの中心国として存在感を強めている。

ASEAN各国の戦後史

ASEAN加盟国10カ国をあわせると人口約6.4億人、GDP約2.8兆ドル。小国の集まりだった結成当初から、大国に意見できる共同体へと成長した。

1967年～1997年
社会体制の違いを乗り越えて拡大してきたASEAN

さらにASEANには、中国に対して一枚岩で臨むことができない理由がもう一つあります。それはASEANという機構が、全会一致を原則としていることです。

ASEANは東西冷戦時代の1967年に、当時西側に属していたタイ、インドネシア、マレーシア、シンガポール、フィリピンの5カ国で発足しました。ただしその数年前には、インドネシアとフィリピン、マレーシアの間で領土問題をめぐって紛争が起きるなど、以前から結束が固い国同士というわけではありませんでした。

そして90年代になると、かつては敵対していた社会主義国のベトナムやカンボジア、ラオスを加盟国に加えます（ただしカンボジアは加盟時点では自由主義に転換済み）。東南アジアの一国一国の国力は、けっして高くはありません。そこでアメリカや中国などの大国の圧力に自国が飲み込まれてしまうことがないように、地域の国々がASEANとして団結することを選んだのです。

ただしそれぞれの国は社会体制が違いすぎるので、多数決で物事を決めようとすると、分裂の危機に直面してしまいます。そこで全会一致を原則とし、お互いに合意ができることだけ合意をすることで、一歩でも物事を前に進めることを優先しているのです。

しかし、南沙諸島のように各国の思惑が異なる問題に関しては、全会一致の原則に縛られて、ASEANとして断固たる対応をとることができなくなるわけです。

who's who

ロドリゴ・ドゥテルテ：［1945-］2016年よりフィリピン第16代大統領。過激な発言でも知られる。中国寄りで「習主席を本当に愛している」などの発言も。

16世紀〜1965年
タイを除くすべての地域がヨーロッパの植民地だった

ずっと独立を維持していたタイを除き、東南アジア諸国が独立を果たしたのは、太平洋戦争後のことです。戦時中は多くの国は日本の統治下に置かれ、それ以前はヨーロッパ諸国の植民地でした。

ヨーロッパ諸国の中で、最初に東南アジアに進出してきたのはポルトガルで、16世紀初めのことです。貿易拠点だったマラッカ（マレーシアの港湾都市）を植民地にしました。その後スペイン、オランダ、イギリス、アメリカが進出し、19世紀末にはタイ以外のすべての地域が植民地になりました。

東南アジア諸国の特徴として、多民族国家が多いことが挙げられます。ヨーロッパ諸国は、そこにどんな民族が暮らしているかは関係なく、自分たちの植民地の領域を確定しました。そして東南アジアの国々も、植民地時代の領域を受け継いで独立しました。そのため、必然的に多民族国家になってしまったわけです。また植民地時代に中国人（華僑《かきょう》）やインド人が数多く流入してきたことも、多民族化の要因になっています。多民族国家として出発したことによって、東南アジアの多くの国々は、国家や国民を一つにまとめていくことに大変苦労することになりました。

ＡＳＥＡＮ諸国は、国によって社会体制が多様であるだけでなく、それぞれの国の内部においても、多様性を内包しています。そんな中で、どう一つに団結して大国と向き合っていくかが、ＡＳＥＡＮの大きな課題であり続けています。

ふりかえり年表

1945	東南アジア諸国が次々に独立
1967	インドネシア、マレーシア、フィリピン、シンガポール、タイの5カ国でASEANが発足
1984	ブルネイ、ASEAN加盟
1990	シンガポール、インドネシアが中国と国交回復
1992	中国、領海法で「南沙諸島は中国の領土」と独自に規定
1995	ベトナム、ASEAN加盟
1997	ミャンマー、ラオス、ASEAN加盟
1999	カンボジア、ASEAN加盟
2013	フィリピン、南沙諸島での中国の行動を国際仲裁裁判所に提訴
2016	フィリピン、ドゥテルテ大統領就任。中国への態度を転換 国際仲裁裁判所が中国の主張を退ける
2017	ASEAN首脳会議で中国の軍事的脅威に対する懸念の表明が却下

対中経済活発化

現在の体制に

関係緊張

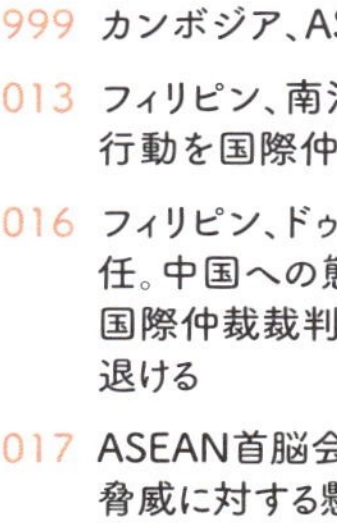

中国が我々を助けてくれるか…？

ドゥテルテ大統領

参考文献 岩崎育夫『入門 東南アジア近現代史』（講談社現代新書）／黒柳米司ほか編著『ASEANを知るための50章』（明石書店）

すれ違うインド・モディ首相と中国・習近平国家主席。2017年9月のBRICS首脳会議での一幕。

中国が巨大経済圏構想「一帯一路《いったいいちろ》」を打ち出し、中国からアジア、ヨーロッパへと至る自由貿易圏を築こうとしているのは111ページでも述べたとおりです。この「一帯一路」に対して、警戒心をあらわにしているのが、南アジアの地域大国であるインドです。

インドは近い将来、中国の強力な経済的ライバルになる可能性を秘めています。2020年代半ばには人口が中国を抜いて世界1位になり、20年代後半にはGDPもアメリカ、中国に次ぐ3位になるという予測もあります。それだけに「一帯一路」によって、自国の周辺国で中国の影響力が高まっていくのは、愉快なことではありません。

インドと中国の対立関係は、経済面だけではありません。1962年には、国境問題をめぐって両国の間で中印国境紛争が勃発。近年では、2017年6月に中国とブータンが互いに自領だと主張しているドクラム地域に、中国軍が道路を建設しようとしたことに対して、インドが軍隊を現地に派遣。中国軍とにらみ合いが続きました。ちなみにブータンとインドは条約を結んでおり、ブータンは安全保障をインドに頼っています。

なぜインドと中国は、不安定な関係が続いているのでしょうか。中印関係を中心に、インドの現代史をさかのぼりながら見ていくことにしましょう。

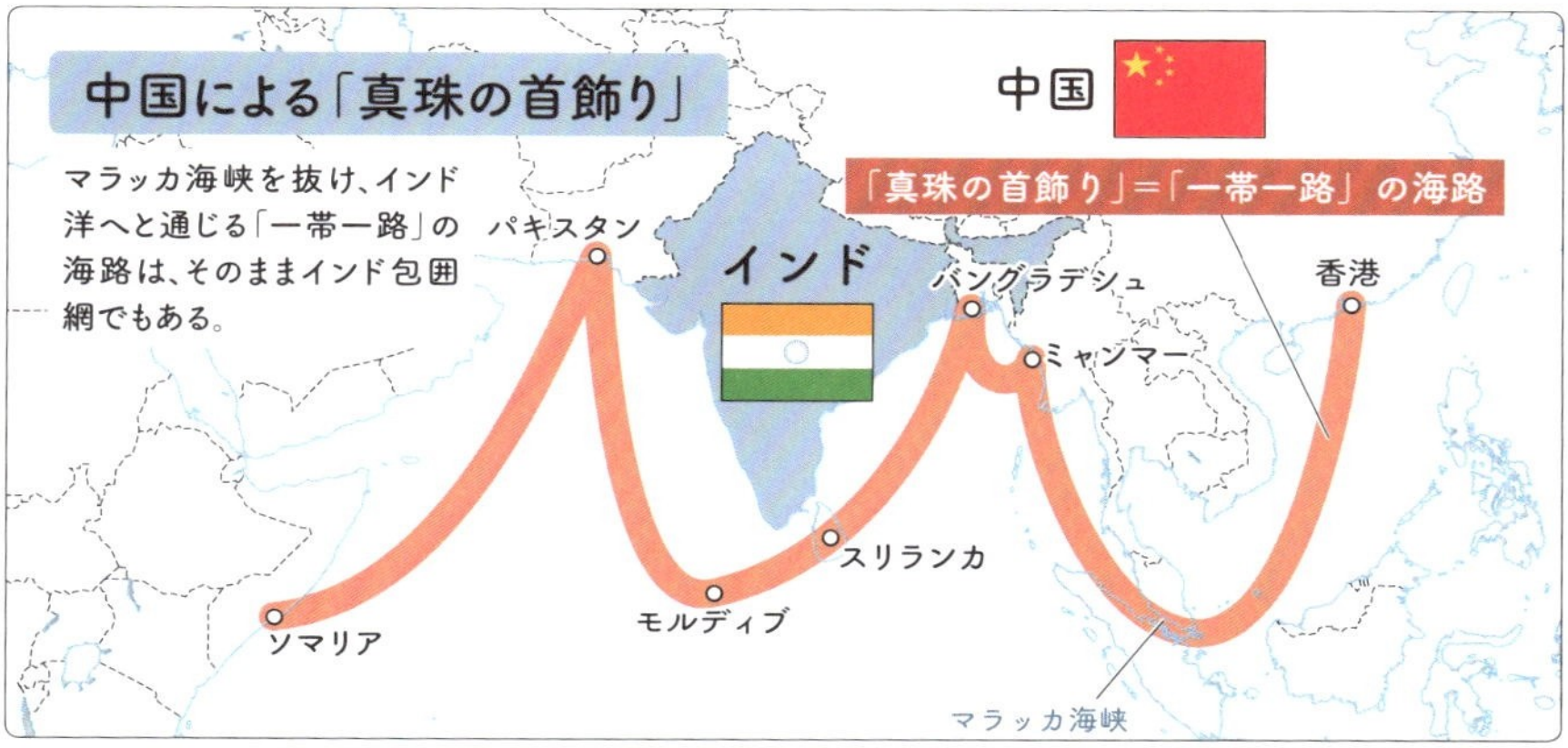

1990年代～2018年
市場主義経済に移行以来経済成長の軌道に乗る

インドが中国の「一帯一路」に警戒心を抱いているのは、中国が資金を援助して、ミャンマーやバングラデシュ、スリランカ、パキスタンといったインド近隣の国々の港湾の整備を着々と進めているからです。これらの港は貿易のための商業港として活用されると同時に、中国海軍の寄港地になることも予想されています。地図で見ると、まさにインドを包囲するように進められている中国のこの海洋戦略は、「真珠の首飾り」戦略とも呼ばれています。このままではインド洋の制海権を中国に奪われてしまう可能性があります。

これに対抗するためにインドは、米軍との関係を強化するとともに、自国の軍備も増強しています。2018年度の国防予算は、08年度と比べて2.5倍に達しています。

もう一つ力を入れているのが、経済力の強化です。インドが経済発展を遂げたのは、1990年代に入ってからです。インドはかつてソ連との結びつきが強く、計画経済的な経済政策を採っていました。貿易相手国もソ連や東欧諸国、また中東が中心でした。

しかしソ連が崩壊した91年、インドは市場主義経済へと舵を切ります。外資の出資比率の緩和や、関税の引き下げ、大企業が投資を行う際の事前承認の撤廃などの規制緩和を進めました。また「ルックイースト」を掲げて、ASEAN諸国との貿易の強化に力を注ぎました。こうした政策が功を奏し、インド経済は成長軌道に乗りました。そして先に市場主義経済に移行した中国に懸命に追いつこうとしています。

keyword **ルックイースト》** ASEANや日本との関係強化を目論むインドの外交政策のこと。元はマレーシアのマハティール首相が掲げた言葉で、経済成長のお手本として日本に学ぶ姿勢を意味した。

1970年代

米中パへの対抗措置として ソ連との関係を強化

かつてインドがソ連と強く結びついていたのには、中国の存在が関係しています。中国とソ連は同じ社会主義国でありながら、1960年代以降激しく対立。そこで中国は、敵（ソ連）の敵（アメリカ）は味方という論理で、敵対国であったはずのアメリカに急接近し、72年に共同声明を発表します。

これをインドは脅威と感じました。インドは中国以外に、パキスタンとも敵対しています。これまでも三度戦火を交え、71年にも第三次印パ戦争を戦ったばかりでした。この戦争は、パキスタンからの独立を求める東パキスタンをめぐって争われたもので、独立を支援するインドが圧勝したことで、東パキスタンはバングラデシュとして独立しました。

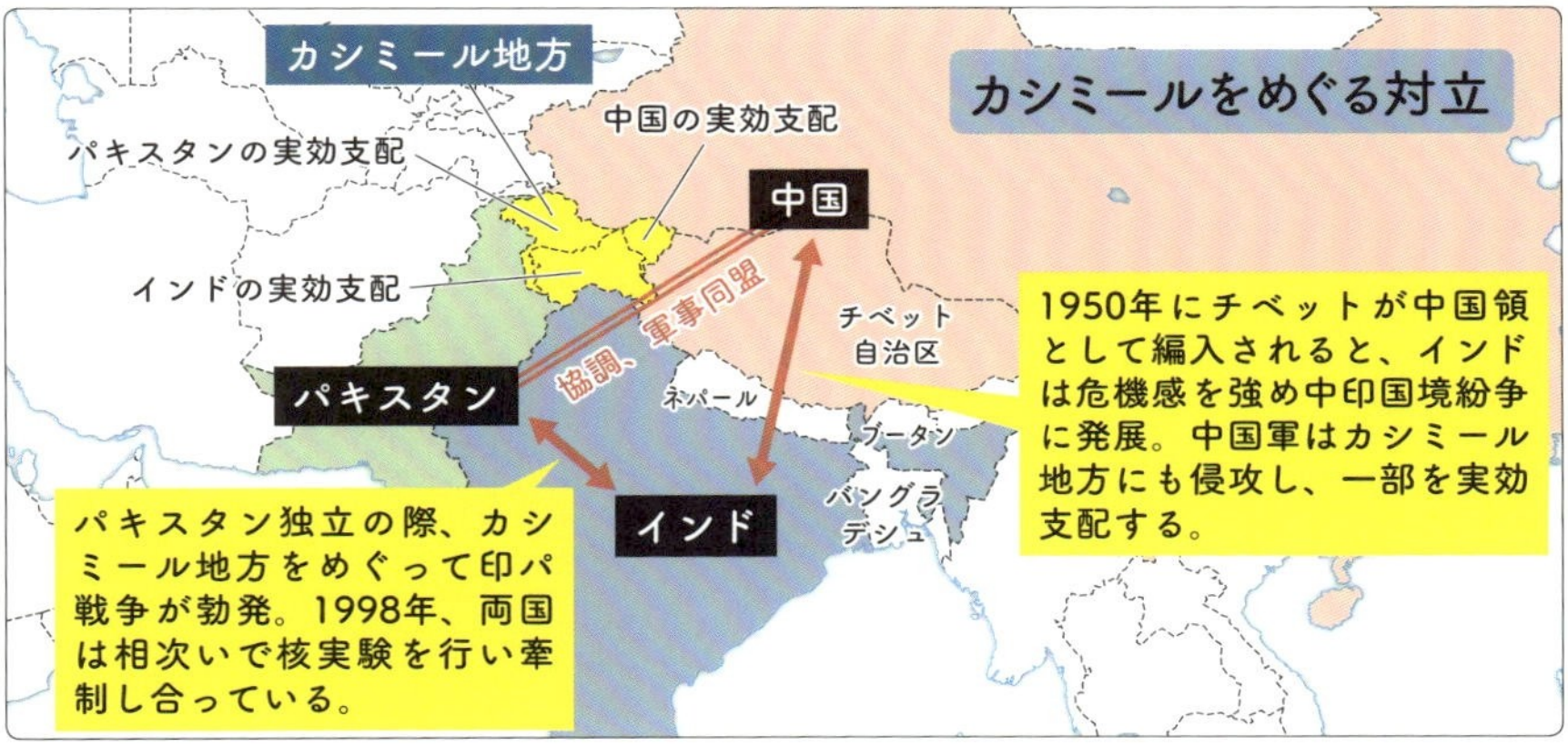

カシミールをめぐる対立
カシミール地方
パキスタンの実効支配
中国の実効支配
インドの実効支配
中国
パキスタン
インド
協調、軍事同盟
チベット自治区
ネパール
ブータン
バングラデシュ
1950年にチベットが中国領として編入されると、インドは危機感を強め中印国境紛争に発展。中国軍はカシミール地方にも侵攻し、一部を実効支配する。
パキスタン独立の際、カシミール地方をめぐって印パ戦争が勃発。1998年、両国は相次いで核実験を行い牽制し合っている。

中国はこのパキスタンを、やはり敵（インド）の敵（パキスタン）は味方という論理で支援していました。一方アメリカもパキスタンとは、比較的良好な関係にありました。ちなみにパキスタンは、72年の米中接近の際には、仲介役を果たしています。

インドが恐れたのは、アメリカと中国が手を結び、パキスタンへの支援を強化するのではないかということです。インドに対する包囲網が強まることを危惧したインドはソ連との関係強化を図り、両国は71年に、軍事同盟色が強い「印ソ平和友好協力条約」を結びました。

元々インドは冷戦構造の中で、西側にも東側にも属さない「非同盟主義」を志向していました。しかし激しくせめぎ合う国際情勢の中で、その理想を貫徹することは困難でした。

keyword **カシミール地方≫** パキスタン北東部に広がる山岳地帯。イスラーム教徒が多いため、イスラーム国であるパキスタンが自領と主張。2000年代以降はテロの温床となっている。

1947年〜1960年代
チベット問題をきっかけに中国との関係が悪化する

インドがイギリスによる植民地支配から解き放たれ、独立を果たしたのは1947年のことです。ただしこの独立は、混乱を伴うものでした。インドの中でヒンドゥー教徒とイスラーム教徒の対立が激しくなり、ヒンドゥー教徒を中心としたインドと、イスラーム教徒を中心としたパキスタンに分離されて独立することになったからです。その際に両教徒間で衝突が起こり、一説には1500万人の難民と、100万人もの死者が出たとされています。

さらに分離独立とほぼ同時に、両国の国境沿いにあるカシミール地方の帰属をめぐって、第一次印パ戦争が勃発します。その後両国は65年にも衝突し、第二次印パ戦争を起こしました。

一方インドと中国の関係が悪化したのは、チベット問題がきっかけでした。当時チベットは中国からの独立を主張し、インドも独立を支持していました。しかし中国はこれを認めず、チベットに軍隊を送り込んで制圧します。チベットを治めていたダライ・ラマ14世は亡命を余儀なくされ、これをインドが受け入れました。ダライ・ラマはインドで亡命政府を作ります。

すると中国は、今度はインドに攻撃の矛先を向けます。59年、中印国境沿いの領有権をめぐって中国が軍事行動を起こし、62年には国境全体に戦線が拡大して中印国境紛争が勃発。各戦線でインド軍は敗退を繰り返し、中国の勝利に終わりました。中国は国境西部のアクサイチンを占領しました。

今も続くインドとパキスタンの対立、そして中国の対立は、この時期から始まっていたわけです。

ふりかえり年表

1947	インド、パキスタンがイギリスから独立。カシミールの帰属をめぐる第一次印パ戦争勃発
1959	チベットのダライ＝ラマ14世がインドに亡命
1962	中印国境紛争勃発
1965	中印紛争に連動して第二次印パ戦争勃発
1971	東パキスタン独立運動に介入して第三次印パ戦争勃発。バングラデシュが独立。印ソ平和友好協力条約締結
1991	経済自由化の推進
1998	インドとパキスタンが核実験実施
2013	中国軍がカシミールのインド領に侵入
2016	インドとパキスタンが軍事衝突
2017	ブータン・ドクラム地域で中国軍とインド軍がにらみ合う

対立のはじまり

核紛争の危機

続く軍事的緊張

南アジアの覇者はインドである

インド・モディ首相

参考文献 岡本幸治『インド世界を読む』(創成社新書)／平林博『最後の超大国インド』(日経BP社)／辛島昇『世界各国史7　南アジア史』(山川出版社)

2017年3月、EEC（ヨーロッパ経済共同体）とECSC（ヨーロッパ石炭鉄鋼共同体）の設立を謳ったローマ条約調印60周年を記念して開かれたEU首脳会談。

「ヨーロッパを一つにする」——。

1993年、EU（欧州連合）は、そんな志を胸に抱き発足しました。EUが、ASEANのような地域協力機構より先んじているのは、市場や通貨の統合とともに、政治の統合まで推し進めてきたことです。通貨はユーロに統一され、EU域内の人・モノ・資本・サービスの移動は自由です。また欧州議会や欧州理事会、欧州委員会が設けられ、EU全体の政策に関する意志決定と、その執行を担っています。つまりEUは、国の壁を越えて、ヨーロッパという一つの大きな連邦国家を作ることを目指したものです。

連邦国家ができあがれば、過去の二つの世界大戦で繰り広げられたようなヨーロッパの国同士の戦争がなくなります。またヨーロッパには小国がたくさんあります。小国がアメリカのような大国と貿易交渉などをする際には、大国の圧力を前に不利になりますが、EUとして一つにまとまれば、互角に渡り合えます。

93年に12カ国で発足したEUは、その後28カ国にまで拡大しました。ところが今、EUの未来に暗雲が立ちこめています。イギリスは国民投票の結果を踏まえて、EUからの離脱を表明しました。また他の国々も、反EUを掲げる政党が議席を伸ばしています。なぜEUは今、行き詰まっているのでしょうか。

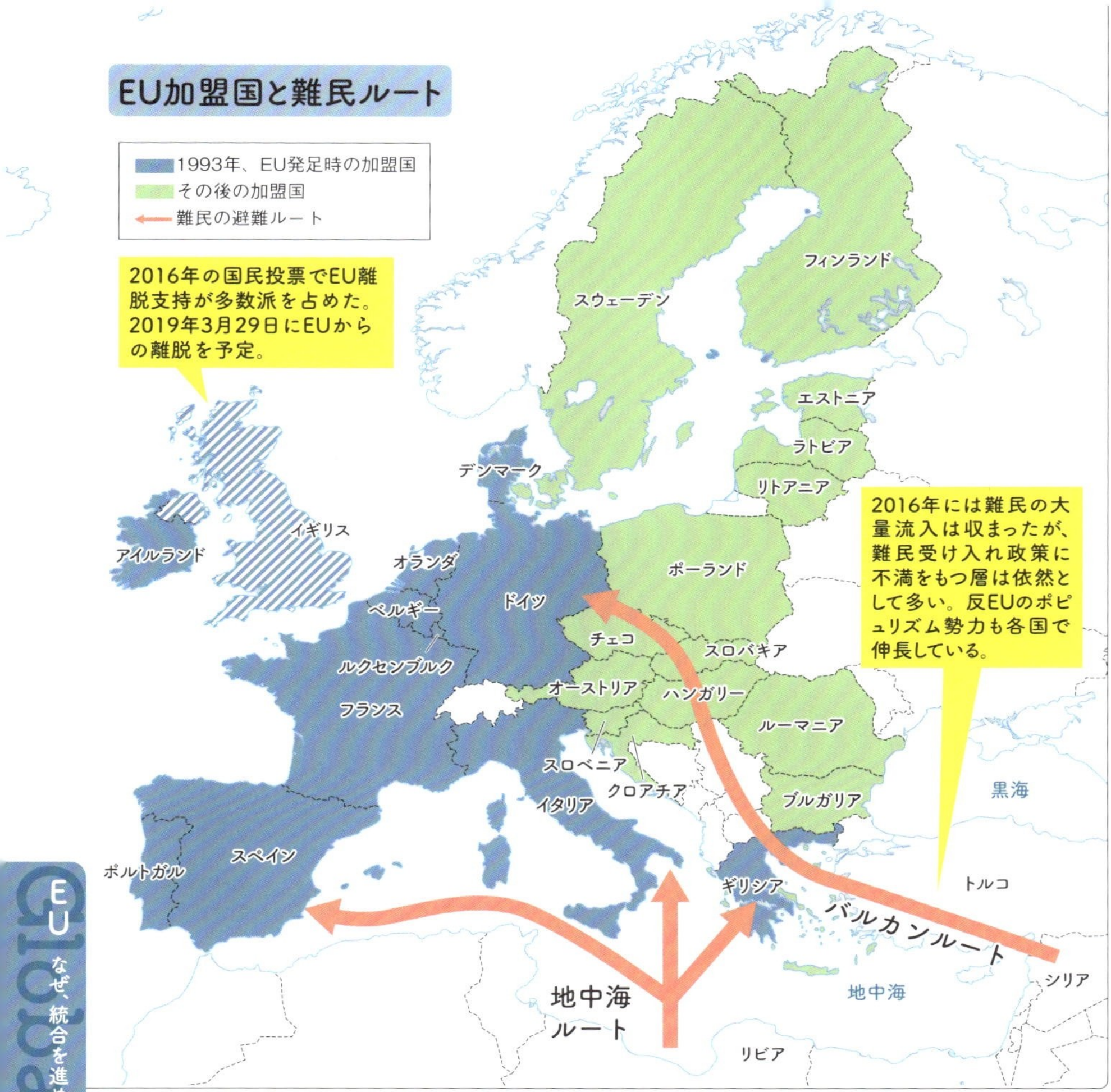

2015年～2018年 移民・難民問題とテロへの対処に苦悩するEU諸国

現在、EUからの離脱を支持する人が増えている大きな要因として、移民問題や難民問題があります。

EUでは多くの国がシェンゲン協定を結んでおり、域内での自由移動が可能です。そのため東欧の貧しい地域に住む人たちが、仕事を求めて西欧に移住してくるというケースが多く見られます。こうした移民たちは低賃金でも働くため、「昔からそこに住んでいた人たちの仕事を、移民が奪っている」という反発が広がったのです。

また2015年には、シリア内戦の激化によって、中東からEUに押し寄せる難民の数が激増しました。この年のEU及びEFTA（欧州自由貿易連

keyword **シェンゲン協定≫** 加盟国内の自由移動を認めた協定。正確にはEU加盟国であってもシェンゲン協定に加盟していない国もあり、EU加盟外でもシェンゲン協定には加盟している国もある。

ヨーロッパの難民（不法越境者）の数

2016年以降、難民の数が減少したのはトルコやリビアが密航の取り締まりを強化したのが大きい。

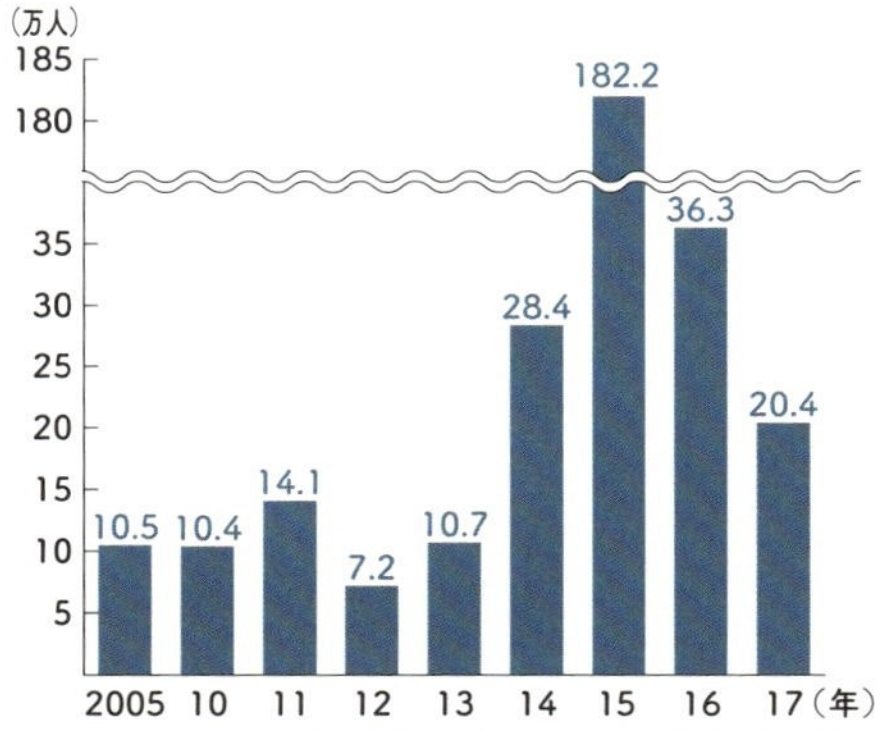

Eurostat及びFrontexなどのデータをもとに作成

海を渡りギリシアにたどり着いたシリア難民。

合）への難民申請者数は、前年の2倍の約130万人に達しています。この難民の受け入れをめぐって、ドイツのように積極的な国とハンガリーのように制限を主張する国が現れ、EU内での溝が深まりました。EUの人々の中には、難民の存在を自分たちの共同体を脅かす存在として捉える人も多くいました。

さらに事態を深刻にさせたのは、15年11月のパリ同時多発テロをはじめとして、この時期ヨーロッパでテロが頻発したことです。実行犯の多くは、北アフリカなどからの移民の二世、三世であり、EU各国の移民政策がうまくいっていないことが浮き彫りになりました。また実行犯の中には、シリアなどからの難民に紛れてEUに侵入した者もおり、いったん難民申請が認められれば、EU域内の自由移動が可能になるシェンゲン協定を、テロリストたちに利用されたかたちになりました。

Column

メルケル首相の影響力低下とEUの難民政策

EU 諸国の中で、難民の受け入れにもっとも積極的だったのは、ドイツのメルケル首相です。しかしメルケルに今、逆風が吹いています。2017年のドイツ連邦議会選挙では、反難民を掲げる右派政党「ドイツのための選択肢」が最大野党となりました。一方メルケル率いるキリスト教民主同盟（CDU）は議席を大幅に減らし、キリスト教社会同盟（CSU）と連立を組むことに。ただし CSU も難民受け入れに慎重です。求心力の低下を受けて、メルケルは2021年の首相退任を表明。EU の難民政策はより不透明感が増しています。

連立政権には、難民流入抑制策を主張するCSUだけでなく、寛容な難民政策を主張するSPD（社会民主党）も参加。メルケルは難しい舵取りが続いている。

2009年～2010年 ギリシアから始まった ユーロ危機が各国に飛び火

経済面で、EUがはらむ弱点があぶり出されたのは、2009年に起きたユーロ危機のときでした。

この危機は、ギリシアが財政赤字を大幅に過少申告していたことが明らかになったことに端を発しています。ギリシアが債務不履行に陥るのではないかという不安から、ギリシア国債が暴落。またユーロも急落しました。さらに翌年にはポルトガル、イタリア、アイルランド、スペインに経済危機が飛び火しました。

危機を鎮めるため、EUはギリシアに多額の緊急支援を実施。その一方で緊縮政策をギリシアに課したため、公共サービスが大幅に縮小されるなど、ギリシア国民は苦しい生活を強いられることになりました。

このユーロ危機以降、より顕著になったのがEU内におけるドイツの優位性です。日本と同様、ドイツは輸出で経済を成り立たせている国ですから、ユーロが暴落して通貨安になれば、輸出を行ううえで非常に有利です。逆にギリシアをはじめとする南欧の貧しい国々は、輸入製品が高騰し、さらに経済が逼迫《ひっぱく》してしまうことになりました。

本来EUは通貨を統合したのだから、財政も統合すべきでした。EUでは金融政策に関しては、欧州中央銀行(ECB)に一本化されており、金利も為替レートも当然同一です。ところが財政に関しては、各国に予算の策定や執行が委ねられています。そのため経済的に強い国と弱い国の間で、深刻な格差が生まれたのです。その後EUでは財政統合を行う構想も出てきていますが、まだ実現には至っていません。

ユーロ硬貨と紙幣

各国の主権の維持と統合の両立を目指すユーロは、その表れとして、硬貨の表面には欧州の地図が共通して描かれ、裏面は各国で異なる意匠となっている。また、紙幣に描かれている橋は国と国、人と人とのつながりを意味する。

ユーロ硬貨(表面)

ドイツ(裏面)

フランス(裏面)

オーストリア(裏面)

イタリア(裏面)

ユーロ紙幣(5EUROの裏面)

2004～2005年
国民投票で否決され欧州憲法の発効を断念

シェンゲン協定も、単一通貨ユーロも、「国境の壁を突き崩し、ヨーロッパを一つにする」というEUの目指す姿が具現化されたものです。しかし自由移動が可能になったことで、移民や難民が隣人になる可能性が高まり、それを不安に感じる人が増えました。またユーロは、ドルに対抗する強い通貨になるはずでしたが、ユーロ危機により、経済的に大きな格差のある国々を一つの通貨で統合することの難しさを露呈させました。これらが今、EUが行き詰まっている大きな要因です。

ただしユーロ危機や難民問題が深刻化する前の２００５年の段階で、「一つのヨーロッパを創ること」がそう簡単ではないことを予感させる出来事がすでに起きていました。

04年、EU加盟国は欧州憲法条約を締結しました。冒頭で「EUの政治主体はEU市民と加盟諸国であること」が謳《うた》われるなど、まさに憲法の体裁をとったものでした。

ところが翌年フランスが憲法批准の可否を国民投票にかけたところ、10％も差がつく大差で否決されました。さらにオランダで行われた国民投票でも、20％以上もの差でやはり否決されました。EUは欧州憲法の批准をあきらめました。

国民投票で憲法の批准が否決されたのは、憲法制定によって「ヨーロッパ連邦国」ができてしまうことに、人々が拒否反応を示したことも理由の一つです。多くの人たちは、既存の国家の枠組みを取り壊し、一つのヨーロッパを創ってしまうような急進的な動きまでは望んでいなかったのです。

1989年～1993年
冷戦の終結がEU発足の引き金となった

従来のEC（欧州共同体）を発展させ、EUを設立することにEC加盟国が同意し、その内容を定めたマーストリヒト条約が締結されたのは１９９２年のことです（発効は93年）。92年といえば、東西冷戦が終結した直後にあたります。じつはEUの発足は、この冷戦の終結が引き金になりました。

89年、東欧の社会主義諸国で民主化を求める人々の動きが加速し、11月には東西冷戦の象徴であったベルリンの壁が崩壊します。そして翌年、東西ドイツが統合しました。

この統合は、他のEC諸国にとっては、かつての強大なドイツが復活し、ヨーロッパのバランスが崩れる危機感

who's who

ヘルムート・コール：［1930-2017］ドイツ連邦共和国第6代首相。首相就任後、フランスとの関係強化に努め、仏独の友好関係の進展に貢献した。

EUの変遷

ECSC
（欧州石炭鉄鋼共同体）

1952年、イタリア、ベルギー、フランス、西ドイツ、ルクセンブルク、オランダの6カ国によって結成された。石炭・鉄鋼の共同管理を目的とする。

EEC
（欧州経済共同体）

1958年、ECSCの6カ国によって設立。関税の撤廃、労働力の移動の自由など、共同市場の形成を目指した。

EURATOM
（欧州原子力共同体）

1958年、ECSC6カ国で発足。主な目的は、原子力の共同開発や管理、共同体内で余った電力を非加盟国に売ることである。

↓

EC（欧州共同体）

1967年、ECSC、EEC、EURATOMが統合され、発足。

↓

EFTA
（欧州自由貿易連合）

1960年、イギリスがEECに対抗して結成した機構。当初は、イギリスのほか、ノルウェー、デンマーク、スイス、スウェーデン、オーストリア、ポルトガルの計7カ国が参加。70年代以降、イギリス、デンマーク、ポルトガルなどがEC加盟のため脱退。現在の加盟国はアイスランド、ノルウェー、スイス、リヒテンシュタイン。

拡大EC

1973年、イギリス、アイルランド、デンマークの加盟で拡大ECとなり、81年にはギリシア、86年にはスペイン、ポルトガルが加盟。

↓

EU（欧州連合）

1993年、通貨や外交政策の統合を図るマーストリヒト条約の発効により成立。その後、95年にオーストリア、スウェーデン、フィンランド、2004年にバルト3国や旧東欧諸国、07年にルーマニア、ブルガリア、13年にクロアチアが参加。16年にイギリスで行われた国民投票ではEU離脱派が勝利するなど、その存在意義が疑われ始めている。

を抱かせるものでした。そこでフランスが動きます。フランスのミッテラン大統領は、「EC域内の市場統合とともに、政治統合を急ぐべきだ」と発言します。フランスは、ECを政治統合し、その中にドイツを取り込むことによって、ヨーロッパのバランスを保とうと考えたのです。これにドイツのコール首相が「ドイツ統一と欧州統合は表裏一体」と呼応したことで、EUの構想が一気に進むことになりました。

ちなみにEUの設立を定めたマーストリヒト条約についても、デンマークとフランスで国民投票にかけられました。デンマークでは一度目の投票では否決、二度目で承認されました。一方フランスも僅差での承認となりました。EUの構想を推し進めようとする政治エリート層と、一般の人たちとの意識のずれは、すでにこのときから起きていました。

keyword **EFTA≫**［European Free Trade Association］現在は、スイス、アイスランド、リヒテンシュタイン、ノルウェーにより構成される。EUには加盟していないが、シェンゲン協定は締結している。

1952年～1986年
独仏を中心とした6カ国でECが設立される

戦後のヨーロッパで、のちのEUへと発展する構想が最初にかたちになったのは、1952年に発足したECSC（欧州石炭鉄鋼共同体）でした。これは石炭と鉄鋼を国家の枠組みを超えて共同管理しようというもので、フランス、西ドイツ、イタリア、ベルギー、オランダ、ルクセンブルクの6カ国によって設立されました。

ECSC設立にも、冷戦が影響しています。冷戦の激化に伴い、アメリカは西ドイツを社会主義勢力拡大の防波堤にすべく、積極的に支援するようになっていました。しかし西欧諸国から見れば、西ドイツが力をつけすぎると、西欧のパワーバランスが崩れます。そこでフランスが、ドイツには豊富な炭鉱があり、鉄鋼業が発展していることを踏まえたうえで、ECSCの設立を提言し、これを実現させたわけです。

さらに58年にはECSC加盟6カ国によって、現在のEUにつながる域内の人・モノ・資本・サービスの自由な移動と、関税の撤廃を目指して、EEC（欧州経済共同体）が設立されます。またEURATOM（欧州原子力共同体）も発足しました。そして67年、ECSC、EEC、EURATOMを統合して、ECが誕生しました。

この時点では加盟国は6カ国でしたが、73年にイギリス、デンマーク、アイルランドが加盟。さらに81年にギリシア、86年にポルトガルとスペインが加盟して12カ国になります。のちにこの12カ国で、EU発足を迎えることになりました。

近代独仏の変遷

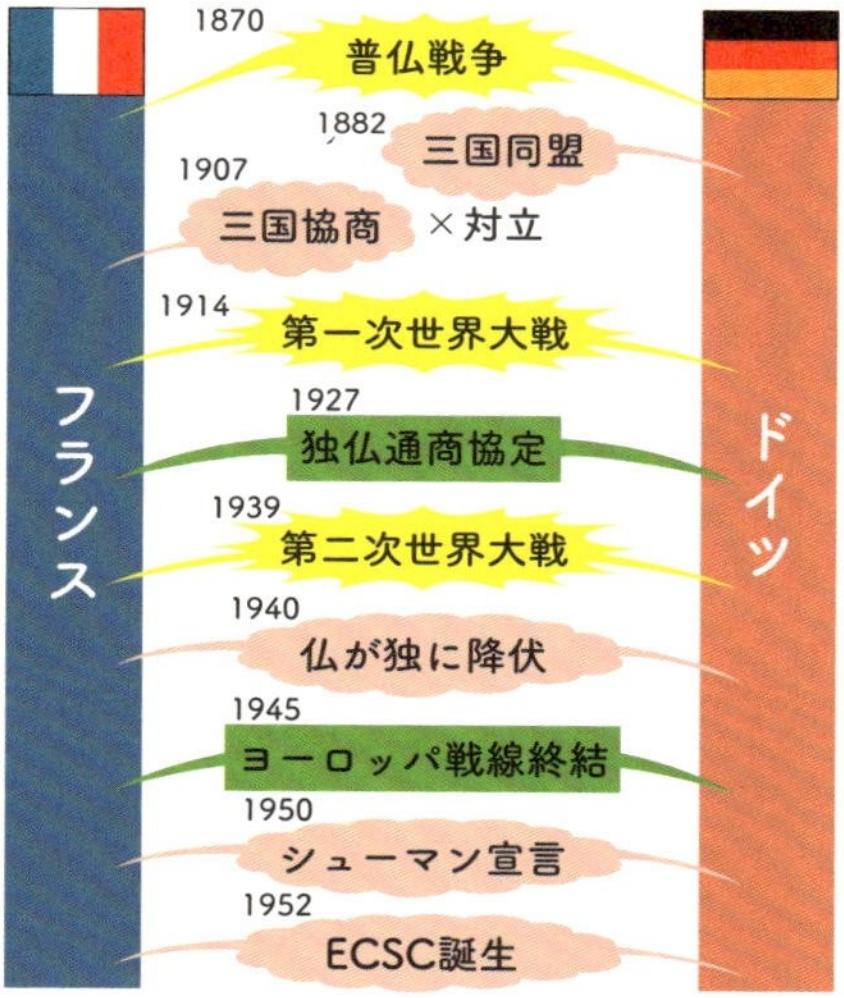

普仏戦争以降、独仏はことごとく対立してきたが、第二次世界大戦後は西ドイツとフランスは同じ西側陣営に組み込まれた。そのためお互いの歩み寄りが必要となり、独仏共同の歴史教科書（右写真）の制作を通して、歴史観の共有化が図られた。80年代以降は不定期で独仏による教科書会議が開かれている。

keyword **第一次世界大戦≫** 従来の戦争とは異なり、兵士以外の国民も軍需物資の生産などを通じて戦争に協力する総力戦となった。また戦車や戦闘機、毒ガスなどの新兵器も登場した。

19世紀〜1945年
独仏は19世紀後半以降ずっと対立していた

こうして見ていくと、ECやEUの設立は、ドイツをヨーロッパの中に取り込んでいくことで、域内のパワーバランスを保ちつつ、その安定と強化を図ることを狙いとしたものだったことがわかります。このECやEUの設立において、主導的な役割を果たしたのはフランスでした。

19世紀後半以降、ドイツとフランスはずっと対立を続けてきました。1870年の普仏戦争に勝利したプロイセンは、翌年ドイツ帝国を成立させます。当時ドイツで絶対的な権力を掌握していたビスマルクは、オーストリアやロシアと三帝同盟、オーストリア、イタリアと三国同盟を結び、フランスの孤立化を図りました。一方フランスは、その後三帝同盟から離脱したロシア、そしてイギリスと三国協商を結ぶことで、これに対抗しました。

第一次世界大戦は、この三国同盟と三国協商がぶつかり合ったものです（ただしイタリアは大戦前に同盟から離脱）。結果は三国協商（連合国）側の勝利でした。敗れたドイツには莫大な賠償金が課されました。

そして独仏は第二次世界大戦においても、また戦火を交えます。ドイツは一時はフランスの首都パリを陥落させましたが、最終的にはまたしても敗北に終わりました。

二つの戦争の結果、起こったのはヨーロッパの荒廃と世界的な地位の低下でした。独仏がいがみ合うことは、ヨーロッパに何の利益ももたらさない。そのことを痛感したフランスに、ドイツも協力したことで、ECやEUの設立が実現しました。

ふりかえり年表

1914	第一次世界大戦勃発
1919	パリ講和会議
1929	世界恐慌始まる
1930	ロンドン軍縮会議
1939	第二次世界大戦が始まる
1945	第二次世界大戦終結
1950	仏と西独の石炭・鉄鋼産業を共同管理する声明が出される（シューマン宣言）
1952	ECSC誕生　原点
1958	EEC設立
1958	EURATOM発足
1960	EFTA成立
1967	EC誕生
1973	拡大EC。イギリス、アイルランドなどが加盟
1993	EU誕生　完成
1999	ユーロ導入
2010	ギリシア危機を発端とするユーロ危機
2015	シリア内戦が激化し欧州に渡る難民が激増　転換点
2016	英がEUから離脱決定

欧州統合が促進

参考文献 遠藤乾『欧州複合危機』（中公新書）／明石和康『ヨーロッパがわかる』（岩波ジュニア新書）／村上直久『EUはどうなるか』（平凡社新書）／羽場久美子編著『EU（欧州連合）を知るための63章』（明石書店）

EU離脱決定後、記者会見をするキャメロン首相。

イギリスのEU離脱に向けたカウントダウンが始まっています。

2016年6月の国民投票の結果を受け、イギリスがEUに正式に離脱を通知したのは翌年の3月29日のこと。EUの規定により通知から2年、つまり19年3月29日にはイギリスは加盟国ではなくなります。

EUとイギリスの間では、離脱に関する交渉が継続的に行われ、18年11月、離脱条件を定めた協定案や離脱後の両者の関係を定めた政治宣言案で暫定合意に至りました。合意案では、イギリスは離脱後もEUの関税同盟に一定期間残ることが盛り込まれました。

しかし合意案については、イギリス国内では、「関税同盟に残るのでは離脱の意味がない」という反対の声が強くあります。事実、合意案に反対して多くの閣僚が辞任しました。次のハードルはイギリス議会での承認ですが、否決の可能性も多いに考えられます。

イギリスのEU離脱については、離脱後の急激な変化を緩和するために、20年12月まで移行期間が設けられています。しかし合意案が否決され、交渉が座礁すれば、イギリスはEUとの間で何の協定もないまま、いきなり離脱を迎えることになります。

それにしてもなぜイギリスは、混乱が容易に予想されたEUからの離脱を決断したのでしょうか。

2013年〜2016年

国民投票で明らかになった イギリス社会の分断

イギリスがEU離脱に向けて動き出したのは、2013年1月にキャメロン首相が、国民投票の実施を表明したときからです。

当時イギリスでは、反EUを掲げるイギリス独立党が支持率を伸ばしていました。またキャメロンが所属する与党の保守党の中にも、EU懐疑派の議員が増えていました。

キャメロン自身はEU残留派でした。そこでキャメロンは、国民投票を行えば、おそらく残留賛成のほうが多数となるはずと考え、その結果を根拠にEU懐疑派の議員の主張を抑えようとしたのです。

ところが国民投票の結果は、彼の思惑とは異なりました。残留48・1%に対して、離脱は51・9%となり、離脱派が勝利したのです。キャメロンは辞意を表明。後を継いだメイ首相が、EUとの離脱交渉にあたることになりました。

国民投票で露呈したのは、イギリス社会が二つに分断されているという状況でした。残留に賛成票を投じたのは、エリート層が中心だったのに対して、離脱を支持したのは中高年やブルーカラー、低所得者層というように、くっきりと層が分かれたのです。地域別では、経済発展から取り残されたイングランドの地方部で離脱票が多く集まりました。

ブルーカラーや低所得者層の人たちには、東欧などからの移民が自分たちの仕事を奪っているという不満があります。移民がイギリスに押し寄せるのは、域内の自由な人の移動を認めているEUに加盟しているからだと考え、離脱を支持したのです。

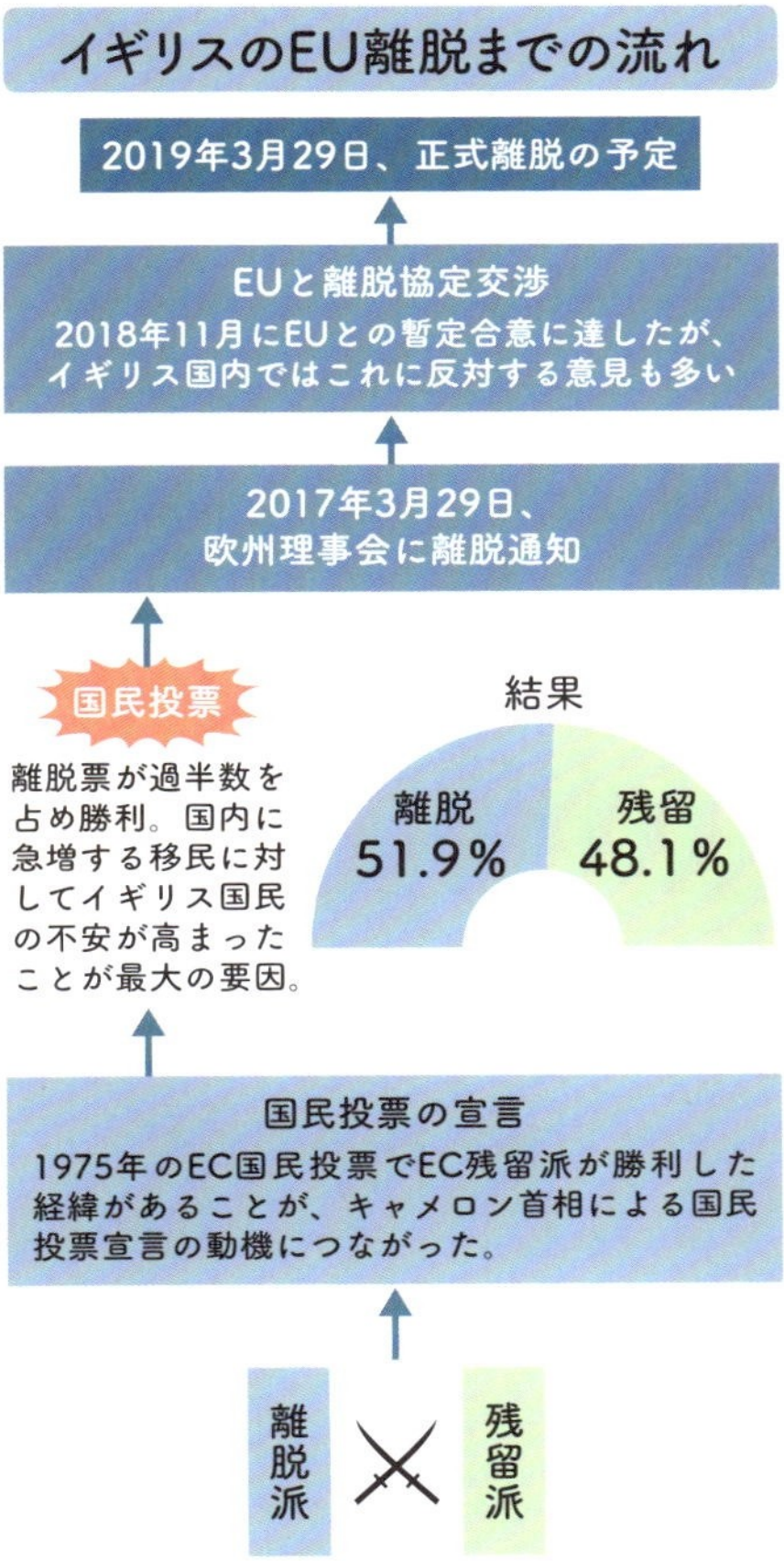
イギリスのEU離脱までの流れ
2019年3月29日、正式離脱の予定
EUと離脱協定交渉
2018年11月にEUとの暫定合意に達したが、イギリス国内ではこれに反対する意見も多い
2017年3月29日、欧州理事会に離脱通知
国民投票
結果
離脱 51.9%
残留 48.1%
離脱票が過半数を占め勝利。国内に急増する移民に対してイギリス国民の不安が高まったことが最大の要因。
国民投票の宣言
1975年のEC国民投票でEC残留派が勝利した経緯があることが、キャメロン首相による国民投票宣言の動機につながった。
離脱派
残留派

who's who

デーヴィッド・キャメロン：［1966-］2010年に75代英首相に就任。緊縮財政により社会保障給付金の削減などを進めたため、国内の経済格差が進んだ。16年、国民投票の結果を受けて辞任。

１９７９年～２００７年
新自由主義政策が格差社会をイギリスにもたらした

２００４年から07年にかけて、ポーランドやチェコなどの東欧の国々が相次いでＥＵに加盟しました。その後起きたのが、特にポーランドの人たちが、安定した暮らしを求めてイギリスに移り住む動きです。

ただし本当にポーランド人が、昔からそこに暮らす労働者の仕事を奪っているかどうかはわかりません。じつは労働市場の中で棲み分けが行われているという説もあります。しかし事実はどうあれ、イギリス人の労働者たちは移民を脅威と感じています。

じつはブルーカラーや非熟練のホワイトカラーが、賃金の伸び悩みや雇用の不安に直面するようになったのは、移民問題が深刻になる前のことです。

かつてのイギリスは、労働者の完全雇用や社会保障を重視した国でした。しかし１９７９年にサッチャーが首相に就任すると、新自由主義的な政策に大きく舵《かじ》を切ります。国営企業の民営化を進め、社会保障費を削減しました。また金融市場を海外に開放するなど、金融の自由化を進めました。人々は剝《む》き出しの自由競争の中に投げ込まれたわけです。

これによって生まれたのが、国内の経済格差であり、地域間格差でした。金融市場の自由化によって、ロンドンは世界有数の金融街となり、大いに繁栄することになりました。一方で工業地帯は衰退の一途を辿《たど》り、そこで働く労働者たちは経済成長の恩恵を受けることができませんでした。そしてその労働者たちが、移民を脅威と捉え、ＥＵ離脱に一票を投じたのです。

19世紀～１９７３年
ヨーロッパとは距離を置いた外交政策を採り続けてきた

なぜイギリスがＥＵからの離脱を決断したかを理解するうえで、もう一つ重要になるのが、ヨーロッパにおけるイギリスの特殊性です。

19世紀、イギリスは黄金時代を迎え、世界各地に植民地や自治領を有していました。１９３１年には、自治領だったカナダやオーストラリアなど6カ国との間で、対等な関係を前提とした英連邦王国を発足させます。その後も独立する国が出るたび、英連邦王国に加えました（その後、連邦から離脱した国もあります）。これらの国々とは、今も強い絆で結ばれています。

一方でイギリスの清教徒たちが大西洋を渡って築いたアメリカも、イギリ

keyword **イギリスの失業率≫** 国民投票でEU離脱派が多数を占めた理由の一つに、失業率の上昇が挙げられる。ただし、貧困地域にはEUから助成金が支給されていた。

英連邦の意義と構成国

《意義》　連邦内のネットワークによる政治的、技術的、経済的援助。また、国連と比べて小規模な英連邦では、後進国にとって発言の機会が得やすい場でもある。

《組織構成》　英連邦王国と英連邦加盟国から成る。英連邦王国は、英国国王を国の元首として定める国で、英連邦加盟国は、英国国王を元首と定めず英連邦に所属する国。

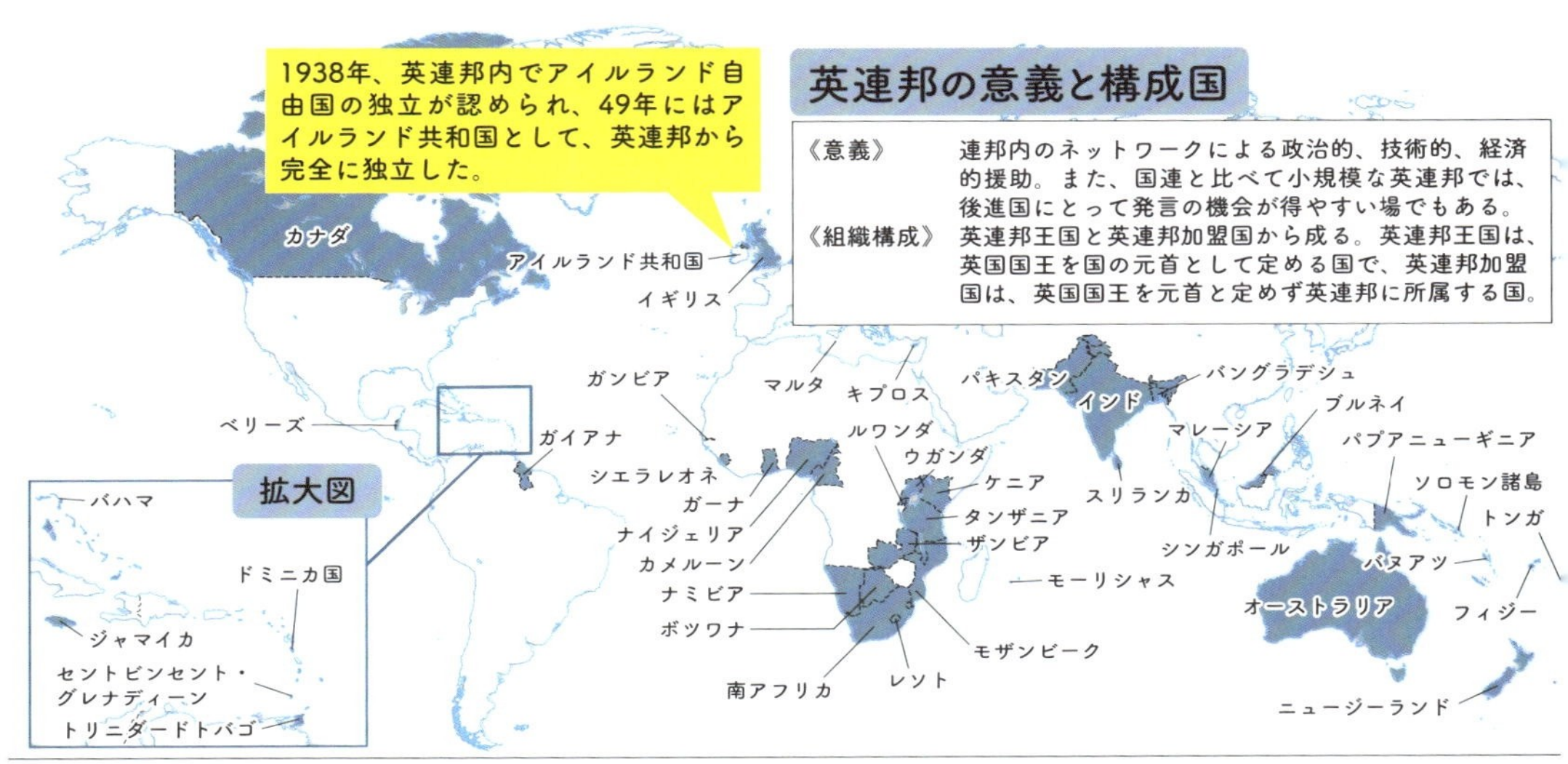

スにとっては特別な存在です。

つまりイギリスは、ヨーロッパの一員であるとともに、英連邦王国の盟主でもあり、アメリカの盟友でもあるわけです。そのためイギリスは、ヨーロッパの国々とは、距離を置いた外交政策をとり続けてきました。

52年にECの前身のECSCが発足したときにも、参加を見送っています。イギリスがやはりECの前身であるEECに加盟申請を行ったのは、63年になってからのこと。このときは英米が深く結びついていることを警戒したフランスのド・ゴール大統領が、イギリスの加盟申請を拒絶しました。67年にも加盟申請を行いましたが、やはりフランスに拒否権を発動されました。ようやくECに加われたのは、73年のことです。

こうしたイギリスの特別な立ち位置を見れば、今回のEU離脱は決して不可解なことではありません。

ふりかえり年表

- 1931 英連邦王国発足
- 1973 イギリス、ECに加入
- 1979 サッチャーが首相に就任。新自由主義政策に転換
- 2004 東欧諸国、EU加盟
- 2009 ギリシア危機
- 2013 キャメロン、EU離脱の国民投票を宣言
- 2014 欧州議会議員選挙。イギリスではEU離脱派が躍進
- 2016 EU離脱国民投票で離脱派が勝利。キャメロンが辞意を表明。後任にメイ首相
- 2017 イギリス、EUに離脱を正式表明

格差拡大

歴史的事件

キャメロン辞任後に首相に就いた保守党のテリーザ・メイ。EUとの離脱交渉とそれに伴う国内の説得は難航。

参考文献　長谷川貴彦『イギリス現代史』(岩波新書)／君塚直隆『物語イギリスの歴史』(上・下、中公新書)／菅野幹雄『英EU離脱の衝撃』(日経プレミアシリーズ)

2018年の大統領選で76%の支持を受け、大統領に再選したプーチン。

ロシアでは2000年にプーチンが大統領に就任して以来、「プーチンの時代」が続いています。08年から12年にかけては大統領職をメドベージェフに譲り、本人は首相を務めていましたが、その間も実権はプーチンが握っていました。そして12年に大統領に返り咲き、18年3月に実施された大統領選挙でも勝利。24年まではプーチンが大統領を務める予定です。

プーチンの長期政権を批判する声は、ロシア国内にも存在しています。しかしそうした声は、プーチンを支持する多数派の中でかき消されてきました。18年の大統領選挙でのプーチンの得票率は、76%に達しました。

ただしロシアは、決して順風満帆というわけではありません。特に14年にウクライナの領土であるクリミアをロシアに編入したことは、欧米諸国から非難を浴び、今も経済制裁を受けています。またロシアの主要な輸出産業である天然ガスや石油は長期にわたって価格が低迷しており、財政を逼迫《ひっぱく》させています。さらに18年夏にプーチンが実施した年金の受給年齢の引き上げは、国民の強い不満を招き、18年6月以降は支持率が急落しています。

とはいえプーチンがこれまでは高い支持率に支えられながら、長期政権を維持してきたのは事実です。なぜそれが可能だったのでしょうか。

2000年～2018年
経済低迷後は愛国心に訴えることで支持を得る

プーチンが国民から絶大な支持を勝ち得たのは、そのデビューが鮮やかなものだったからです。2000年に大統領に就任した当時、ロシアは経済難にあえいでおり、貧困者の割合は3割近くに達していました。ところが00年以降、原油価格が上昇し、ロシアは成長軌道に乗ります。00年から08年までのGDP成長率は年平均7%を記録し、貧困率も半減しました。原油価格の上昇は外的要因によるものですが、庶民の多くは「経済発展ができたのはプーチンの手腕のおかげ」と考えました。

ところがプーチンが首相職を経て、再び大統領職に就いた12年には、ロシア経済は低迷期に突入していました。産業の高コスト体質が足かせとなってGDPは伸び悩み、さらに14年には石油価格の下落が経済に追い打ちをかけました。

そこでプーチンが打ち出したのが、人々の愛国心に訴えかけることです。14年、ウクライナで親ロ政権が倒され、EU寄りの政権が誕生しました。かつてはソ連領であったウクライナが、このままではEU入りをすることでロシアの手から離れてしまうかもしれません。そこで親ロ派の人たちが多く住むクリミア自治区で住民投票を行った結果、ロシアへの編入を望む声が多かったことを理由に、強引にクリミアをロシアに併合してしまったのです。

これにロシア人は熱狂しました。プーチンの支持率は一気に90%近くまで上昇します。経済は低迷しても、強いロシアの象徴であるプーチンを人々は支持しているのです。

プーチンの支持率の推移

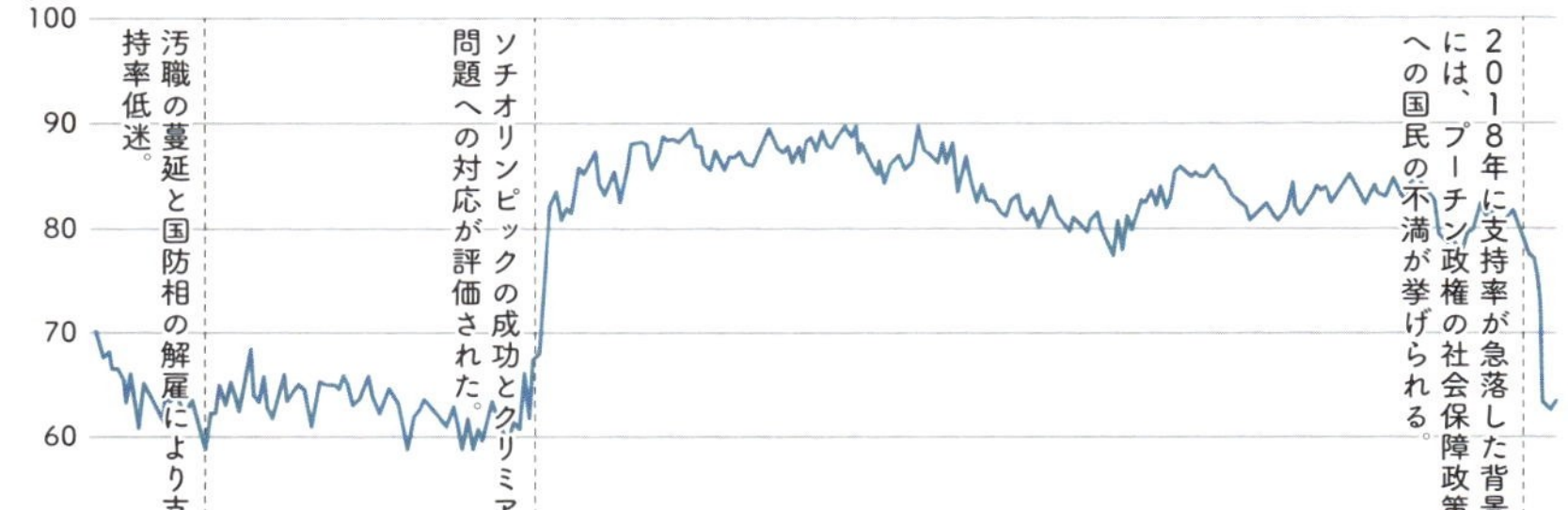

全ロシア世論調査センター公表のデータを元に作成

keyword **ウクライナ東部紛争≫** ロシアによるクリミア半島編入を端緒に、ロシアとウクライナの間で生じた紛争。3000人を超える市民が犠牲となった。

ソ連・ロシアの歴代指導者

ウラジーミル・プーチン
〔2012-〕
2018年、他の候補者から大幅な得票差をつけて大統領選に当選。現在4期目。

ドミトリー・メドベージェフ
〔2008-2012〕
大統領就任後、プーチンを首相に指名し、双頭体制を成立させた。

ウラジーミル・プーチン
〔2000-2008〕
政府の中央集権化に努めながら、ロシア経済危機の改善に寄与。

ボリス・エリツィン
〔1991-1999〕
ソ連解体の宣言を行い、独立国家共同体を創設。市場経済の促進を図った。

ミハイル・ゴルバチョフ
〔1985-1991〕
共産党一党独裁の放棄と民主主義社会の構築を唱えた。言論の自由や検閲の禁止などを認める。

〔 〕は在位年を示す

1991年～2000年

ソ連消滅後のロシアを経済的大混乱が襲う

プーチン登場前の1990年代のロシアは、混乱の極みにありました。約70年続いたソビエト連邦（ソ連）が消滅したのは91年12月のことです。

東西冷戦の中で、ソ連はアメリカと軍拡競争を繰り広げましたが、経済の低迷によりその持続が困難になりました。そこで85年に書記長に就任したゴルバチョフは、東西冷戦を終結させるとともに、「ペレストロイカ」と呼ばれるロシア経済の立て直しに取り組みます。

ただしゴルバチョフは社会主義体制自体は維持させようとしたため、改革は中途半端となり、人々の暮らしは良くなりませんでした。そんな折、改革に反対する保守派が起こしたクーデターを制圧したエリツィンが実権を握り、ついにはソ連という社会主義国家を解体してしまったのです。ソ連は15の共和国から構成されていましたが、それぞれが独立して国家となります。その中の一つがロシアでありウクライナです。

ロシアではエリツィンが大統領になりますが、その後も混乱が続きます。IMF（国際通貨基金）の指導のもと、価格統制の廃止や貿易自由化、国有企業の民営化などの「ショック療法」といわれる施策を急激に推し進めたため、インフレや失業率の上昇を招いてしまったのです。人々の精神も荒廃し、犯罪が横行するなど、治安も悪化しました。

その混乱が10年近く続いたときに登場したのがプーチンでした。そしてプーチンは混乱を収め、絶大な支持を手にしたのです。

1949年〜1989年 冷戦期には周辺の国々を衛星国として支配する

前述したように、かつてのソ連は15の共和国から構成されており、ソ連の面積は今のロシアの約1・3倍ありました。

それればかりでなくソ連の西側には、ポーランドやチェコスロバキア、ハンガリーなど、ソ連と同じ社会主義の国々がいくつもありました。ソ連はこれらの国々と1949年に経済協力機構のCOMECON（経済相互援助会議）、55年には相互防衛同盟のワルシャワ条約機構を設立。自由主義陣営の西側諸国に対抗しようとしました。

当時、東欧の社会主義国は実質的にはソ連の支配下にあったため、「ソ連の衛星国」と呼ばれていました。

56年、ハンガリーはワルシャワ条約機構から離脱して中立国になることを宣言します。これをソ連は許しませんでした。軍隊を送り込み、抵抗する市民を殺し、政権を潰してしまったのです。また68年には、チェコスロバキアで「プラハの春」と呼ばれる民主化を求める動きが起きましたが、ソ連はこれも軍隊を送って弾圧します。まさに力ずくで衛星国を従わせていました。

冷戦終結後、これらの国々はロシアに背を向け、EUに加盟することになります。ロシアはこれをただ傍観するしかありませんでした。ただしかつての衛星国ならまだしも、ソ連の一つであったウクライナがEUになびくことは、ロシアには許しがたいことでした。プーチンの行為が国際社会からは非難されても、国内では喝采を博したのには、そうした過去の歴史的経緯があります。

Column
南を志向したロシアの膨張主義とクリミア半島

ロシア帝国は冬でも凍らない不凍港を切実に求めており、18世紀以降、当時オスマン帝国の領土であった黒海沿岸へと進出。そして18世紀後半にその足掛かりとして、クリミア半島を手に入れました。クリミアはロシアにとって思い入れの深い土地なのです。時代は下って2014年、ロシアが強引にクリミア半島を併合したことによってウクライナ政府との紛争が勃発し、欧米諸国による経済制裁を招きました。それでもロシアがクリミア半島の実効支配を継続する理由は、クリミア半島が地政学的に重要な地域だからです。

ウクライナとクリミア

keyword **プラハの春≫** 1968年に起きたチェコスロバキアでの変革運動。ドプチェク共産党書記長の主導の下、市場経済の導入や国家の事前検閲の禁止など、民主化が志向された。

1812年〜1948年

防波堤としての役割を東欧諸国に求めていた

ソ連が東欧諸国を衛星国化したのは、ソ連の防波堤としての役割を担わせることを狙ったものでした。

ロシアの西側には平原が広がり、自然の要塞となるものがありません。そのため敵の侵入を許しやすいという弱点を抱えています。事実、1812年にはフランスのナポレオン、第二次世界大戦時にはナチスドイツから侵略を仕掛けられ、ロシア（ソ連）は多大な犠牲を払ってこれを撃退しました。

特に民間人も含めて2600万人以上の死者を出した独ソ戦は、ソ連にとって恐ろしい記憶でした。そこで仮想敵国である西欧諸国とソ連の間に防波堤（東欧諸国）を設けることで、直接の武力衝突が起きるリスクを低減させようとしたのです。

第二次世界大戦直後、東欧諸国はドイツ軍を撃退したソ連が占領していました。本来であれば、東欧諸国でも自由選挙が実施され、国民自身が自分たちの国の政治体制を選ぶはずでした。これらの国々は「人民民主主義」といって、資本主義勢力も含めた諸政党が互いに連携しながら国を成り立たせていくというビジョンを描いていました。

ところがソ連のスターリン書記長は、自由選挙を実施しませんでした。そしてこれらの国々において強引に共産党政権を発足させ、ソ連のような共産党による一党独裁の社会主義国家にしてしまったのです。この背景には、防波堤を作らなければ、いつ敵に攻め込まれるかわからないという恐怖心と、「ソ連を守るために東欧諸国は存在する」という意識がありました。

keyword **ワルシャワ条約機構≫** 1955年に設立したNATO（北大西洋条約機構）に対抗する軍事同盟として結成。ソ連が崩壊した1991年に解散。社会主義国だが独自路線のユーゴスラビアは加盟せず。

フルシチョフはスターリンの死後、権力を掌握。1956年にハンガリーで起きた反ソ暴動に対しては、軍隊を送って徹底的に弾圧した。

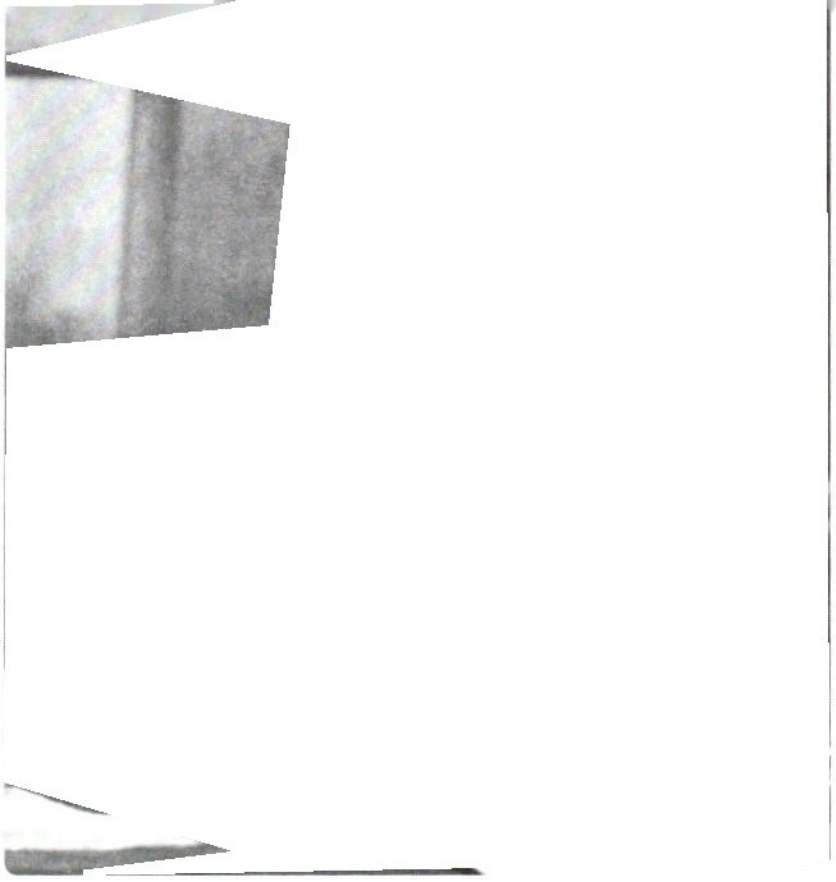

スターリンはロシア革命を指導したレーニンの後継者として1922年に共産党書記長に就任。敵対勢力を次々と粛正し、独裁体制を築いた。

13世紀～18世紀
敵の侵入に敏感なのはロシアの歴史的DNA!?

ロシアが敵の侵入に敏感なのは、歴史的なDNAといっても過言ではありません。かつてのロシアは東側からも侵攻を受け、13世紀にはモンゴル帝国の支配下に置かれました。1480年に当時のモスクワ大公国が、モンゴル系のキプチャク・ハン国からの独立を果たすと、その後ロシアは「攻撃は最大の防御」とばかりに膨張主義に走ります。そして戦争に次ぐ戦争を重ね、18世紀にようやく大国の仲間入りを果たしました。

翻《ひるがえ》って現代のプーチンによるクリミア併合も、EUやNATOの拡大を自国の安全を脅かす危機と感じたロシアが、敏感に反応した結果であると捉えることができます。

ふりかえり年表

- 1721 ロシア帝国が成立
- 1917 ソヴィエト政権の樹立
- 1922 スターリン主導の下、ソビエト社会主義共和国連邦が成立
- 1936 スターリン憲法制定
- 1947 マーシャルプラン対抗のためコミンフォルム結成
- 1949 社会主義圏の相互的な経済援助を目的にCOMECONが成立
- 1955 社会主義圏の安全確保のため、ワルシャワ条約機構が設立（東欧を防波堤とする）
- 1985 ゴルバチョフがペレストロイカやグラスノスチを断行（大改革）
- 1990 憲法修正案採択
- 1991 11の共和国からなる独立国家共同体の成立（ソ連の消滅）
- 1998 アジア通貨危機の余波を受けロシア財政危機
- 2008 ロシアとジョージア間で南オセチア戦争が勃発
- 2014 ロシアによるクリミア編入
- 2018 プーチン4期目の大統領に就任（異例の長期政権）

参考文献 佐藤親賢『プーチンとG8の終焉』（岩波新書）／山内聡彦『ロシア現代史再考』（東洋書店新社）／下斗米伸夫ほか編著『現代ロシアを知るための60章』（明石書店）

2017年12月に米大使館のイェルサレム移転決定に反対し、パレスチナで発生した抗議デモ。

2018年5月14日。イスラエル建国70年にあたるこの日、アメリカは大使館をテルアビブからイェルサレムに移転しました。この行為はパレスチナ和平交渉を後退させるものとして、国際社会から非難を集めました。パレスチナ自治政府も強く反発し、トランプ政権との接触を一切拒絶しています。

70年前、このパレスチナの地には、新たに入植してきたユダヤ人と、古くから住むアラブ人（パレスチナ人）が混住していました。それが国連のパレスチナ分割決議によって、パレスチナの56%の地域がユダヤ国家に、43%がアラブ国家に割り振られました。ユダヤ教とイスラーム教の両者にとっての聖地であるイェルサレムは、国際管理地区になりました。

ところが現在のイェルサレムは、ユダヤ人が建国したイスラエルが占領。また本来、パレスチナ人に割り当てられたはずの43%の土地も、イスラエルがほぼ全域を領有しています。現在パレスチナ人は、三重県と同程度の面積のヨルダン川西岸地区と、福岡市より少し広いくらいのガザ地区に、約500万人が密集し暮らしているのです。

当然パレスチナ人の間では不満が高まり、イスラエルとの衝突が頻発しています。いったいどうしてこんなことになったのか。歴史をさかのぼりながら見ていきましょう。

地区ごとに見るイェルサレム旧市街

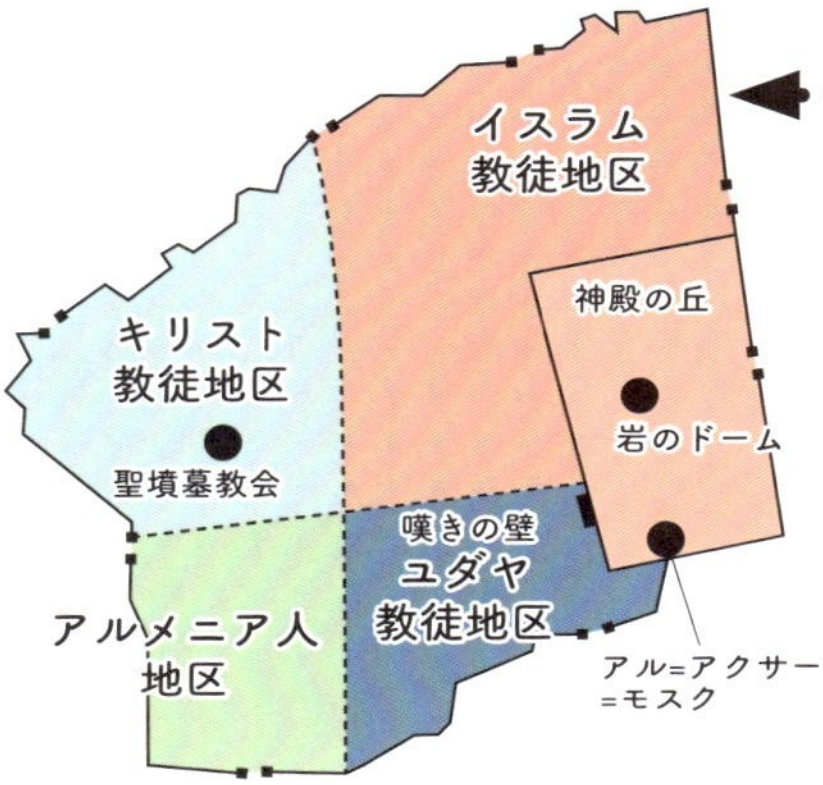

イスラエルのアメリカ大使館の位置

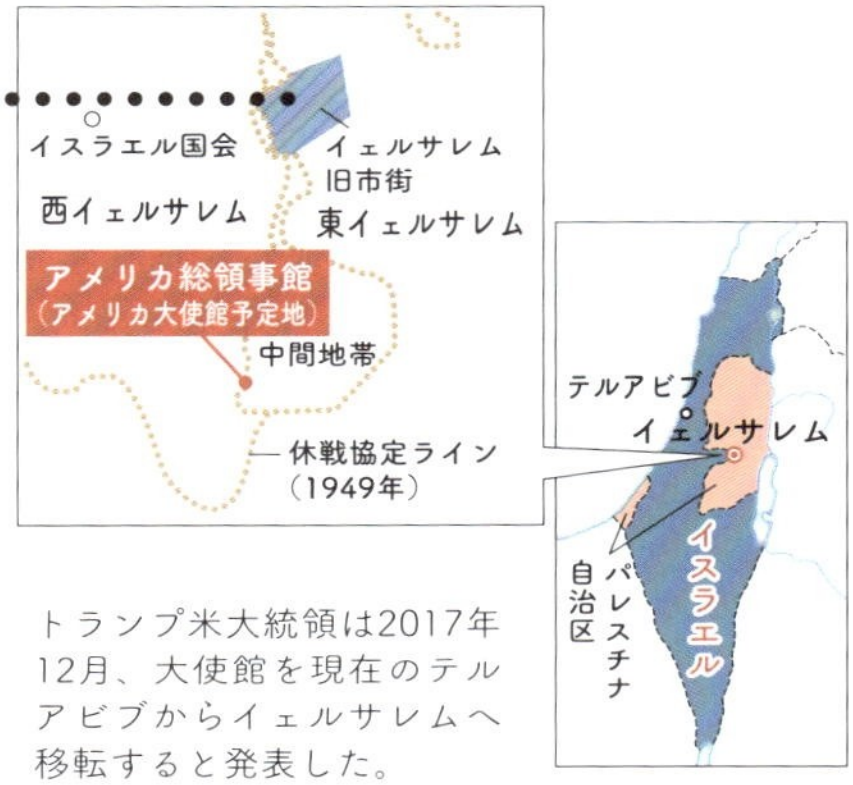

トランプ米大統領は2017年12月、大使館を現在のテルアビブからイェルサレムへ移転すると発表した。

2018年 アメリカの大使館移転がパレスチナに混乱を招く

前述したように、イスラエルは国際管理地区だったイェルサレムを占領し、ここを首都だと主張。しかし国際社会はこれまで、イスラエルの主張を認めていません。どこの国も大使館をイェルサレムではなく、イスラエルの最大の都市・テルアビブに置いています。

イェルサレムはユダヤ教、イスラーム教、そしてキリスト教のいずれの宗教にとっても聖地とされてきました。この土地をイスラエルのものであると認めることは、パレスチナ人のみならず、中東諸国やイスラーム教徒の反感を招き、紛争の種となるからです。

ところが2017年12月にトランプ政権は大使館をイェルサレムに移転することを発表します。その直後パレスチナ人の間で抗議デモが起こり、イスラエル軍がこれに発砲したため、約140人が亡くなりました。その後もイスラエル軍とパレスチナのハマース（対イスラエル強硬勢力）との間で、戦闘が繰り広げられることになりました。

じつはアメリカでは、親ユダヤ勢力が大きな力を持ち、大使館移転を認めるイェルサレム大使館法が約20年前に議会で成立していました。ただし歴代大統領は、この法律の執行を見送ってきました。そんな中でトランプが移転を実行したのは、支持者固めのためといわれています。アメリカ最大の宗教勢力のキリスト教福音派にはユダヤ寄りの考えを持つ人が数多くいますが、同時にトランプの強力な支持層でもあります。トランプは移転によって彼らの期待に応えましたが、代わりにパレスチナに無用な混乱を招いたのです。

keyword **イェルサレム大使館法≫** 1995年に成立した、イェルサレムにアメリカ大使館を移すことを認めた法律。しかし歴代の大統領は中東諸国との関係を優先して移転を見送ってきた。

1987年〜2014年
オスロ合意が成立するも再び対立が深まる

　パレスチナ自治政府はイスラエルに対し、自分たちの土地の回復と自治の拡大を要求しています。しかし両者の交渉は、2014年以降途絶えたままです。今回のアメリカの大使館移転は、和平への道をさらに遠のかせることになったわけです。

　そんな両者にも、過去には和解の光が見えていた時期がありました。1987年、ガザ地区で「インティファーダ」と呼ばれるパレスチナ人による民衆蜂起が起きました。武器のない彼らは、道ばたの石を投げることでイスラエルに抗議の姿勢を示しました。イスラエルはこれを徹底的に弾圧。1年で300人以上もの死者が出たため、パレスチナに対する国際的な関心が高まりました。

　そして93年、ノルウェーの仲介により、両者の間でオスロ合意が成立します。これはイスラエルがヨルダン川西岸地区の一部とガザ地区で、5年間のパレスチナ暫定自治政府の設置を認めるというものでした。逆に言えば、これまでは自治が認められていなかったわけです。ともあれ両者は、共存の道を歩み始めたかに見えました。

　しかしオスロ合意後も、イスラエルは西岸地区への入植を続け、入植地の返還を拒み続けました。両者は再び対立。パレスチナ人は00年頃から、自爆テロを中心とした第2次インティファーダを開始します。一方イスラエルは02年より、西岸地区とガザ地区において、パレスチナ人居住区とユダヤ人入植地との間に分離壁を築き始めました。今の居住区にパレスチナ人を囲い込んでしまおうとしたのです。以来、和解の兆しはまったく見えなくなりました。

インティファーダの影響

第2次インティファーダ

2000年頃〜

原因

イスラエルのシャロン首相がイスラームの聖地に強行訪問したことに反発。

結果

パレスチナが穏健派のアッバス議長率いる自治政府と、強硬派のハマスに分裂。

第1次インティファーダ

1987年〜1993年頃

原因

イスラエルによる入植に対して、ガザ地区の民衆の間で自然発生的に始まる。

結果

国際世論がパレスチナ支援へと向かい、和平交渉が進展。オスロ合意につながる。

パレスチナ人の男性だけでなく、子どもや女性がイスラエル軍に対して投石などで抵抗した。その背景には、イスラーム原理主義の活動家もいたとされる。

keyword **オスロ合意》** 1993年にイスラエルとPLO（パレスチナ解放機構）の間で結ばれた協定。相互承認と、イスラエルが占領した地域からの撤退が約束されたが、撤退はいまだ実現されていない。

Column

パレスチナの代表を務めたPLOとアラファトとは?

中東戦争はイスラエルとアラブ諸国が戦ったものでした。しかしアラブ諸国の敗北を目の当たりにして、パレスチナ人の間では、自分たちの土地は自分たちで取り戻そうという気運が高まります。1969年、PLO（パレスチナ解放機構）議長に就任したアラファトは、PLOを戦闘的な組織に変え、ゲリラ活動による反イスラエル闘争を展開。しかし、やがて穏健路線に転換。パレスチナ人を代表する機関として認められるようになります。イスラエルとパレスチナの相互承認を行ったオスロ合意においてパレスチナ側の代表を務めたのも、PLOのアラファト議長でした。

アメリカのホワイトハウスで結ばれたオスロ合意。

1948年〜1973年 イスラエルとアラブ諸国で戦われた四度の中東戦争

それにしても、どうしてイスラエルはパレスチナ人に対して、これほどまでに不寛容なのでしょうか。それはイスラエルを取り巻く環境に起因しています。1948年、イスラエルが独立を宣言すると、新たな入植者によって作られたこの国を認めなかったアラブ諸国は、すぐさまイスラエルに宣戦布告。第一次中東戦争が勃発します。この戦争にイスラエルは圧勝し、パレスチナの8割を占領します。

イスラエルとアラブ諸国との戦争は、73年の第四次中東戦争まで4回も行われました。イスラエルにとって周りはすべて敵国。自国を守るためには、戦争に勝つことで、パレスチナ人の生活を犠牲にしてでも、領土を広げるしかなかったのです。特に67年の第三次中東戦争では、やはりアラブ諸国に圧勝したイスラエルが、ついにパレスチナ全域を占領しました。東西イェルサレムを支配下に収め、首都だと宣言したのもこのときです。

イスラエルは、新たに手に入れたパレスチナ人の土地で入植活動を続けました。そのためたくさんのパレスチナ人難民が生まれ、難民にならなかった人たちも、ヨルダン川西岸地区とガザ地区に押し込められて暮らすことを余儀なくされました。

こうしたイスラエルの行いは、国際的な非難を浴びるに値することです。事実国連安保理でも何度も非難決議が議題に上がりましたが、決議されることはありませんでした。親イスラエルのアメリカが、拒否権を行使し続けたからです。

who's who **ヤーセル・アラファト：**［1929-2004］PLO（パレスチナ解放機構）元議長。パレスチナ人独立運動家。1993年にパレスチナ人の暫定自治を実現させ、翌年にノーベル平和賞受賞。

パレスチナの領土変遷

1947年、パレスチナ分割案で生まれたユダヤ人国家は、イスラエルとして建国。4回の中東戦争の結果、現在ではパレスチナ地方のほとんどの地域を占領している。

パレスチナ分割案（1947年）

国際連合においてパレスチナにユダヤ国家とアラブ国家を建設し、イェルサレムは国連管理下に置く議案が討議され賛成多数で可決された。

第一中東戦争（1948年）

勝利したイスラエルは、アラブ国家の西部とイェルサレム西半分を領土にする。一方ヨルダンも戦争の過程で領土を広げる。

現状（2018年）

1967年の第三次中東戦争でイスラエルは、ヨルダン川西岸地区やシナイ半島、ガザ地区を占領した。領土は約5倍に拡大した。

1918年～1947年

ナチスの迫害を逃れてユダヤ人の入植が急増する

そもそもパレスチナは、第一次世界大戦後にイギリスの委任統治領になりました。するとヨーロッパで迫害を受けていたユダヤ人が入植するようになり、やがてドイツでナチスが台頭すると、その数は急増します。そのため以前から同地に住んでいたアラブ人との対立が生まれました。

第二次世界大戦後、イギリスはパレスチナの委任統治を終わらせることを決めます。一方国連はパレスチナ住人の意向も聞かず、パレスチナをユダヤ人とアラブ人に分割する「パレスチナ分割案」を決定。これが中東戦争を招く要因となりました。ちなみに国連で分割案を主導したのはアメリカでした。

keyword **シオニズム≫** 19世紀末に生まれたパレスチナへのユダヤ人国家建設を目指した運動。この運動に参加したユダヤ人がパレスチナに移住し、イスラエル建国の先がけとなった。

古代〜20世紀初頭

今も続くパレスチナ問題はイギリスが生み出した!?

ではなぜユダヤ人は迫害から逃れる地として、パレスチナを選んだのでしょうか。それは第一次世界大戦中の1917年に、イギリスの外務大臣だったバルフォアが、ユダヤ人資本家のロスチャイルドと結んだ秘密協定「バルフォア宣言」に起因します。この中でイギリスは、ユダヤ人が戦争のために財政的な支援をしてくれたならば、パレスチナでのユダヤ人の郷土建設を支援することを約束したのです。

長い歴史を紐解けば、ユダヤ人の元々の故郷はパレスチナであり、紀元前10世紀にはこの地にイスラエル王国を築きました。しかし王国はその後、他国の侵攻を受けて滅亡。さらに紀元2世紀、ローマ支配下にあったパレスチナからユダヤ人が離散します（ディアスポラ）。

こうして流浪の民となったユダヤ人は、その後もヨーロッパ各地で集団殺戮などの迫害を受け続けます。そんな中から19世紀末に生まれたのが、元々の故郷であるパレスチナに安住の地を築こうというシオニズム思想でした。そしてイギリスは戦争遂行の財源を得るために、彼らのシオニズム思想を利用したわけです。ユダヤ人がパレスチナに移り住めば、アラブ人との間に軋《あつ》轢《れき》が生じることは容易に想定できましたが、イギリスはお構いなしでした。

ですからパレスチナ問題は、イギリスが自国の都合を優先したことも大きく影響しているといえます。そして今はアメリカが、自国の都合を優先することで、この問題の解決を妨げようとしています。

ふりかえり年表

1896	シオニズム思想が生まれる
1914	第一次世界大戦が勃発
1917	バルフォア宣言が結ばれる
1920	パレスチナがイギリスの委任統治領になる
1947	国連がパレスチナ分割案を決議
1948	イスラエルが建国される。第一次中東戦争が勃発
1956	第二次中東戦争が勃発
1967	第三次中東戦争が勃発。イェルサレムがイスラエルの支配下になる
1973	第四次中東戦争が勃発
1987頃	第一次インティファーダが発生
1993	オスロ合意を締結
1995	アメリカでイェルサレム大使館法が可決される
2000頃	第二次インティファーダが発生
2008	ガザ紛争が起こる
2017	トランプ大統領がイェルサレムへのアメリカ大使館の移転を発表
2018	アメリカがイェルサレムに大使館を移転する

中東問題の起源

紛争の始まり

緊張緩和

歴史的事件

参考文献 酒井啓子『9.11後の現代史』（講談社現代新書）／高橋和夫『アラブとイスラエル』（講談社現代新書）／高橋和夫『アメリカとパレスチナ問題』（角川ONEテーマ21）

2017年12月にイスラーム国（IS）の最大拠点・モスルを奪還し喜ぶイラク兵。

2017年12月、イラクのハイダル・アバディ首相は、イラク国内におけるイスラーム教過激派組織「イスラーム国」（IS）との戦いが終わったと宣言しました。しかし残されたのは、長年続いた戦闘によってすっかり荒廃した国土です。道路、発電所、水道施設、学校、病院といったインフラ設備は壊滅的なダメージを受け、住居を失って国内避難民となった国民は295万人にのぼるとされています。

イラク政府は住宅やインフラの再建には882億ドル（約9兆6000億円）が必要としており、27年までの復興を目指しています。もちろんこれだけの復興費を自国で賄えるだけの余力はイラクにはありません。国際社会の支援が不可欠となります。

イラクは03年のイラク戦争以来、これまでも国際社会から数百億ドル単位の資金援助を受けてきました。しかしそれを復興に結びつけることができず、ISの台頭というさらなる混乱を招いてしまいました。今度こそ本当に再建を果たすことができるのか、国際社会の注目が集まっています。

それにしてもなぜイラクは、15年も続く混乱からなかなか抜け出すことができないのでしょうか。

その大きな要因として挙げられるのが、イラク戦争後のアメリカが行った戦後統治の失敗です。

2003年～2011年
アメリカの占領政策の失敗が混乱を招いた

２００３年、アメリカのブッシュ（子）大統領は、イラクが大量破壊兵器を隠し持っていると主張。イラク戦争を仕掛けます。軍事力においてイラク軍を圧倒する米軍は、１カ月でイラク全土を制圧。長年独裁政治を続けていたイラクのフセイン政権は崩壊し、アメリカはこの戦争に勝利します。ちなみに大量破壊兵器は結局見つかりませんでした。

アメリカはイラクを民主国家に生まれ変わらせるために、この国を占領統治します。しかしそこで行った政策が混乱の種となりました。

イラクでは従来、フセイン率いるバース党員が国の閣僚から地方の役人に至るまで、主要なポストを占めてきました。バース党員は宗派的には、イラクの中では少数派のイスラーム教スンナ派です。イラクでは少数派のスンナ派が、多数派のシーア派を抑える構図になっていました。

アメリカはバース党の解体と、公職に就いていた人たちの追放を指示します。支配者層だけでなく、フセイン体制に不満を持ちながらも、生活のために公職に就いていた中間層の人たちまでも職を失うことになりました。

湾岸地域をめぐる国際関係

イラク戦争後（2003年以降）

イラクが湾岸地域での影響力を低下させると、イランとサウジアラビアは同地域の覇権をめぐり対立

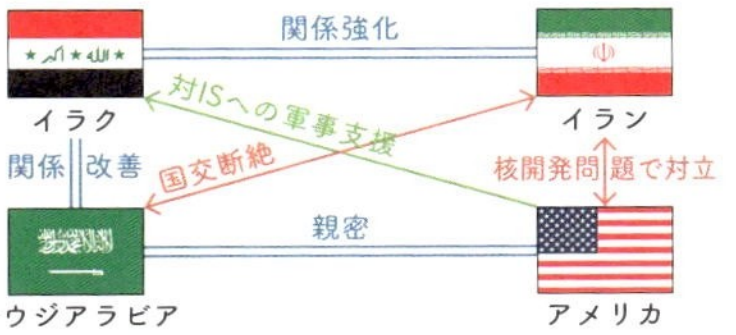

湾岸戦争後（1991年以降）

イラクはアメリカやサウジアラビアなどで構成された多国籍軍に敗北。一方でイランは中立の姿勢を取った

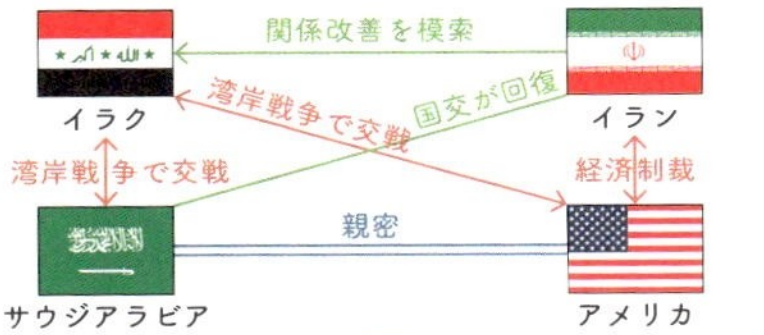

イラン革命後（1979年以降）

イラン革命でイランに反米政権が誕生。アメリカは湾岸地域における方針を転換し、イラクへの支援を行った。

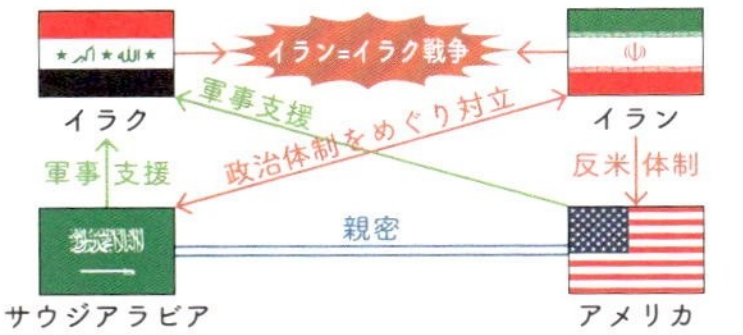

イラン革命前（1979年以前）

ソ連が支援するイラク、アメリカが支援するイランとサウジアラビアという冷戦構造ができる。

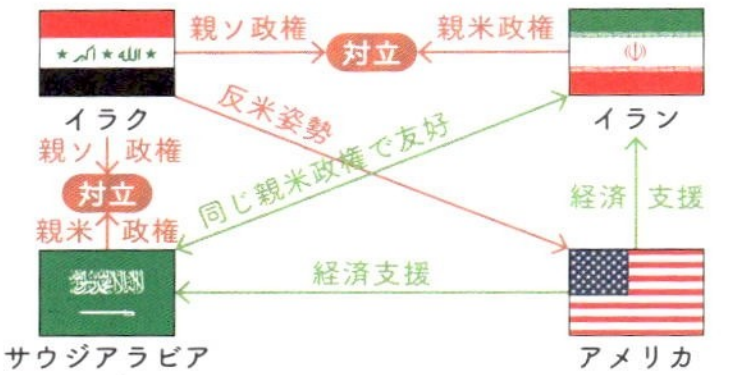

who's who
ジョージ・W・ブッシュ：［1946-］アメリカ第43代大統領。イラク戦争を起こし、2008年にイラクを電撃訪問した際には、会見中にイラク人記者から靴を投げつけられた。

その後アメリカは、イラクに対して民主的な選挙を実施させ、国内で多数派を占めるシーア派政権が誕生しました。11年に米軍がイラクから撤退すると、シーア派政権は積年の恨みを晴らすべくスンナ派への弾圧を強めます。その結果宗派間対立が激化し、イラクは内戦状態に突入。その混乱に乗じて勢力を伸ばしたのが過激派組織「イラクのイスラーム国」、のちのＩＳだったのです。

イスラーム過激派組織「イスラーム国（IS）」。SNSや動画共有サイトを用いて、扇動や兵士の募集などを行うのが特徴。

1990年〜1991年
テロリズムの種はアメリカ自身が蒔いた!?

アメリカがイラクを攻撃したのは、イラク戦争が最初ではありません。1990年、イラクのフセイン大統領は、豊富な石油資源を狙って、クウェートに侵攻。当時のブッシュ（父）大統領はこれを非難。米軍を主体とした多国籍軍を派遣して、湾岸戦争を起こし、イラクをクウェートから撤退させました。じつはこの湾岸戦争が、思わぬテロの種を蒔《ま》くことになります。戦争中、米軍はイスラーム教の聖地メッカがあるサウジアラビアに駐屯。聖地の国を異教徒に荒らされることに怒ったグループが過激派組織「アル＝カーイダ」を結成し、のちに同時多発テロを起こすことになるからです。

1979年〜1989年
80年代のアメリカはフセインを支援していた

かつてのアメリカは、むしろフセイン政権を支援していました。1979年、イランでイラン革命が起きます。これにより親米派のパフレヴィー朝が倒され、イスラム法にもとづいた政治への回帰を唱える法学者ホメイニが最高指導者になりました。

そこでアメリカはイラン革命が中東各地に波及するのを恐れ、フセイン大統領を支援。80年、イラン＝イラク戦争が勃発すると、イラクに軍事援助を行いました。ところが湾岸戦争では、一転イラクを敵対視します。イラクがイラン革命の防波堤になることは期待していましたが、領土の変更までは求めていなかったのです。

keyword **アル＝カーイダ》** イスラーム原理主義者のウサマ＝ビン＝ラディンが組織した国際テロ組織。2001年のアメリカ同時多発テロを起こしたとされ、犯行声明を発表した。

1914年 大国が自分たちの都合でイラクの国境線を決めた

こうして見ていくと、大国アメリカの身勝手な中東政策が、今日のイラクの混乱を招いていることは否定できない事実です。しかしイラクをはじめとした中東諸国が大国の都合に振り回されるのは、今に始まったことではありません。そもそもイラクという国の成り立ち自体が、大国の思惑によって生まれたものです。

16世紀から20世紀初頭まで、アラブ地域はオスマン帝国の支配下にありました。1914年、第一次世界大戦が勃発すると、オスマン帝国は同盟国側として参戦します。

第一次世界大戦中、連合国側のイギリス、フランス、ロシアは、戦争に勝利したあとにオスマン帝国の領土を戦勝国でどのように分割するかを協議し、サイクス・ピコ協定を締結します。そして実際に第一次世界大戦が連合国の勝利で終わると、協定に基づいて現在のイラクとトランスヨルダンをイギリスの委任統治領、シリアをフランスの委任統治領にしたのです。

現在のイラクとシリアの国境線も、このときイギリスとフランスが勝手に引いた区割りがベースになっています。アラブ地域は宗派や部族単位のつながりが強固であることを特徴としていますが、この区割りはその土地の宗派や部族の分布を無視しています。イラクやシリアが人工国家であるといわれる所以です。そして宗派を超えて近代社会を志向する意識に欠けていることが、国民が一つにまとまって国家運営を行っていくことを困難にさせています。この地域において、大国が犯した罪は大きいといえます。

ふりかえり年表

1914	第一次世界大戦が勃発
1932	イラク王国としてイギリスから独立
1979	サダム・フセインが大統領に就任（独裁が始まる）
1980	イラン＝イラク戦争勃発
1991	湾岸戦争勃発。多国籍軍に破れ、クウェートから撤退
2003	イラク戦争勃発。敗北によりフセイン政権崩壊。アメリカによる占領統治が始まる（情勢が悪化）
2011	米軍がイラクから撤退
2014	ISがイラク北部からシリア東部を支配下に収め、国家の樹立を一方的に宣言（IS が台頭）
2017	イラク首相がISとの戦闘の終了を宣言

アメリカからの支援が頼りだったのに見捨てられてしまった……
サダム・フセイン

参考文献 酒井啓子『9.11後の現代史』（講談社現代新書）／宮崎正勝『中東とイスラーム世界が一気にわかる本』（日本実業出版社）／宮田律『オリエント世界はなぜ崩壊したか』（新潮選書）

スンナ派とシーア派の分布図

世界全体で見るとイスラーム教徒の9割をスンナ派が占める。

日本は原油の約8割を中東からの輸入によってまかなっており、それらの原油はペルシア湾からホルムズ海峡を通って日本に運ばれます。

そのペルシア湾を挟んで対峙するのが、中東の大国イランとサウジアラビアです。イランは民族はペルシア人、宗教はイスラーム教シーア派、反米なのに対し、サウジアラビアは民族はアラブ人、宗教はスンナ派で、親米国家。対照的な国同士です。

両国は2016年1月以来、国交を断絶。サウジアラビアが国内で反体制デモを主導したシーア派の指導者を処刑したところ、イラン国民が激怒。サウジアラビア大使館を襲撃しました。これにサウジアラビアが反発し、国交断絶を宣言したのです。サウジアラビアとの関係が深いバーレーンやスーダンなどの国々も断交に追随しました。

以来、両国の対立は先鋭化。今、中東ではイエメンの内戦が泥沼化していますが、前大統領を支援するために軍事介入をしたサウジアラビアに対して、イランは反政府勢力を支援。内戦は完全に両国の代理戦争になっています。

両国の対立は、遠い国の話ではありません。もし軍事衝突が発生した場合、ペルシア湾のタンカーの航行にも深刻な影響をもたらす危険があるからです。なぜこの地域の情勢は、これほど悪化したのでしょうか。

イランの影響圏とサウジとの対立

2016年の国交断絶と前後して、周辺国での激しいつばぜり合いが続いている。

2015年〜2018年

核合意を破棄したうえでイラン包囲網を築くアメリカ

ペルシア湾岸の情勢が不安定化している要因の一つがアメリカです。長らくイランは核開発問題をめぐり、欧米諸国から経済制裁を受けていました。しかし2015年にイランと米英仏中露独の6カ国との間で結んだイラン核合意の中で、イランは今後の核開発を制限することや、IAEA（国際原子力機関）の査察を受け入れることを約束し、制裁が解除されました。

ところが17年に米大統領に就任したトランプは18年5月、核合意からの離脱を表明します。IAEAが「イランは合意事項を守っている」と報告しているにもかかわらずです。さらに各国に対して、経済制裁をちらつかせながら、イラン産原油の輸入を全面禁止することを要求しました。

トランプは親イスラエルです。イスラエルとイランは犬猿の仲です。そこでイランへの制裁を続行することで、その国力を弱体化させつつ、サウジアラビアとの関係も強化しながら、イラン包囲網を築こうというのがトランプの狙いです。サウジアラビアは18年10月、トルコのサウジアラビア総領事館で、政府批判をする記者を殺害したことが非難を集めましたが、トランプはサウジアラビアに強い制裁を科そうとはしませんでした。

イランは、現状では核合意の内容遵守を表明していますが、一方で原油の輸出が保証されることを核合意にとどまる条件としています。今後の情勢次第では、イランが核合意を破棄し、この地域の緊張状態がさらに高まることも十分に考えられます。

keyword **シーア派とスンナ派≫** イスラーム教内の教派の違い。シーア派はムハンマドの血統だけを指導者として認める党派で、スンナ派は血統ではなくムハンマドの言行（スンナ）を順守する人々。

イラン・イスラーム共和国の最高指導者となったホメイニ。

1979年11月、ホメイニの肖像を掲げて米大使館に向け行進する市民たち。同月、学生による米大使館占拠事件が起きた。

1953年〜1979年
イラン革命直後に親米から反米に転換

今ではイランとサウジアラビアは、「反米国家VS親米国家」という構図が定着していますが、じつはイランもかつては親米国家でした。一方サウジアラビアは、基本的にはアメリカ寄りの外交政策をずっと維持し続けています。

アメリカは冷戦時代、ソ連の中東への勢力拡大を防ぐために、イランとサウジアラビアをその防波堤に選びました。イランは1950年代から70年代にかけて、パフレヴィー国王に対して経済的な支援を行ってきました。そして国王は農地改革や工場の民営化などの近代化を進める一方で、秘密警察を通じて反対派を徹底的に弾圧していったのです。

ところが79年、急激な近代化に反発するシーア派が、貧富の差の拡大に不満を持つ国民を味方につけて、イラン革命を成功させます。シーア派の法学者ホメイニは、親米でも親ソでもなく、イスラーム法に基づいた政治への回帰を宣言しました。一方、国外逃亡を余儀なくされたパフレヴィー国王は、ガンの治療を理由にアメリカへの入国を許可されます。この措置にイラン国民が反発し、学生たちがアメリカ大使館を襲撃。そこからイランとアメリカの関係は、一気に悪化しました。

またイラン革命を契機に、サウジアラビアとイランの関係も悪化します。王制を敷くサウジアラビアにとって、民衆が王様を追放したイラン革命は、脅威の対象以外の何物でもなかったからです。「反米イランVS親米サウジアラビア」という構図は、このときから生まれました。

who's who **ルーホッラー・ホメイニ：**［1902-1989］シーア派の法学者。親欧米的な国王を批判し逮捕、国外追放。イラン革命後は最高指導者としてイスラーム法に基づく政治体制を敷いた。

1932年~1953年
戦後すぐに始まった アメリカとサウジの蜜月関係

前述したようにサウジアラビアは1932年の建国以来、何度か溝が生じることはあったものの、アメリカと良好な関係を保ってきました。

両国の関係が密接になったのは、51年に相互協定を締結したときからです。これは「サウジアラビアはアメリカに石油を安定供給する代わりに、アメリカはサウジアラビアの安全を保障する」というもの。サウジアラビアが他国に攻められたときには、米軍が国土を防衛してくれるわけです。これが混迷する中東情勢の中でも両国の関係が比較的安定していた大きな理由です。

一方イランでは、アメリカに不信感を抱くことになる出来事が50年代にありました。51年、モサデグ首相は石油収入の多くをイギリスに搾取されている状況を改善するために、石油産業の国有化を決定しました。これに対してイギリスは、イラン産原油の禁輸措置を講じます。これにより財政危機に陥ったイランは、アメリカに調停を求めました。

ところがアメリカは調停に乗り出すどころか、モサデグ首相の追放を画策し、これに成功します。そしてアメリカの支援を受けて実権を握ったのが、パフレヴィー国王だったのです。アメリカはイランとともに国際合弁の石油会社を設立し、イラン産原油の利益を分け合う体制を築きました。アメリカが自国の利益のためにモサデグ首相を裏切ったことは、イラク国民のアメリカに対する心象を明らかに悪化させました。これがのちのアメリカ大使館襲撃へとつながっていくわけです。

ふりかえり年表

1932	サウジアラビア王国成立
1949	サウジで石油操業が本格化する
1953	イラン、国王派のクーデター勃発
1975	サウジ、ファイサル国王暗殺
1978	イラン、反政府デモ発生
1979	ホメイニが帰国。イラン革命起こる　転換点
1980	イラン、米と国交断絶 イラン＝イラク戦争勃発
1987	メッカでイラン巡礼団とサウジ警官隊が衝突
1991	サウジ、湾岸戦争に参加。米軍が駐留
2012	シリア内戦勃発。イランはアサド政権、サウジは反政府組織を支援
2013	イラン、穏健派のロウハニ大統領就任
2015	イランの核合意が最終合意。翌年に経済制裁解除 サウジ、イランが支援するシーア派武装組織に対し空爆開始
2016	サウジでシーア派指導者が処刑。イランのサウジ大使館が襲撃。国交断絶
2018	米がイラン核合意から離脱　対立激化

参考文献 鵜塚健『イランの野望』(集英社新書)／高橋和夫『中東から世界が崩れる』(NHK出版新書)／中村覚ほか編著『サウジアラビアを知るための63章』(明石書店)

エルドアン大統領（左）は近年、EUと敵対関係にあるロシア・プーチン大統領（右）との関係を深めている。

トルコは、アジア大陸とヨーロッパ大陸の双方に国土を持つ国です。イランやサウジアラビアと並んで、中東の大国と見なされる一方で、トルコ自身は1923年の建国以来、西洋化を推し進めることでヨーロッパの一員になることを目指してきました。87年にはEU（欧州連合）の前身にあたるEC（欧州共同体）への加盟を申請し、EU発足後も、長年にわたってEUとの間で加盟交渉を行ってきました。

　ところがトルコは今、あれほど仲間入りしたいと願っていたヨーロッパ諸国との関係が悪化しています。その理由はトルコのエルドアン大統領が、憲法改正によってそれまでの議院内閣制を大統領制に移行し、大統領が非常事態の発令や議会の解散ができるようにするなど、近年、権力の集中化を図っているからです。さらに政権に対して批判的な新聞社やテレビ局への閉鎖を命じるなど、独裁的な振る舞いが目立つようになっています。これにヨーロッパ諸国が警戒心を抱いているわけです。現状ではトルコのEU加盟は、限りなく難しいと考えられます。

　ではエルドアンは、EU加盟が遠のくにもかかわらず、なぜ独裁色を強めているのでしょうか。またそもそもトルコは中東の国であるはずなのに、なぜヨーロッパへの仲間入りを熱望してきたのでしょうか。

2003年～2018年

エルドアンの登場とともに大きな変容を遂げたトルコ

トルコは、シリアやイラクといった政情が不安定な国と国境を接しています。国内では少数民族のクルド人の独立問題や、シリアからの難民問題を抱えています。また軍部の声が強く、たびたび政治に介入してきたため、エルドアンは軍部の影響力をいかに削《そ》ぐかに力を注いできました。こうした国内外に山積する課題に対応するには、強いリーダーシップが必要になるとエルドアンが判断したことが、近年の大統領の権限強化につながったと考えられます。

国民の多くもエルドアンを支持してきました。2003年に首相に就任して以来、低所得者層の生活を改善しながら、経済躍進を遂げることに成功したからです。またトルコはイスラーム教徒が圧倒的多数を占めていますが、従来は宗教を政治や社会から切り離す政教分離を徹底していました。しかしエルドアンは、憲法改正によって、公的な場でのスカーフやヴェールの着用を認めさせるなど、イスラーム的な伝統を見直す政策を打ち出しています。これがイスラーム教的な価値観を重視する人々の支持につながっています。

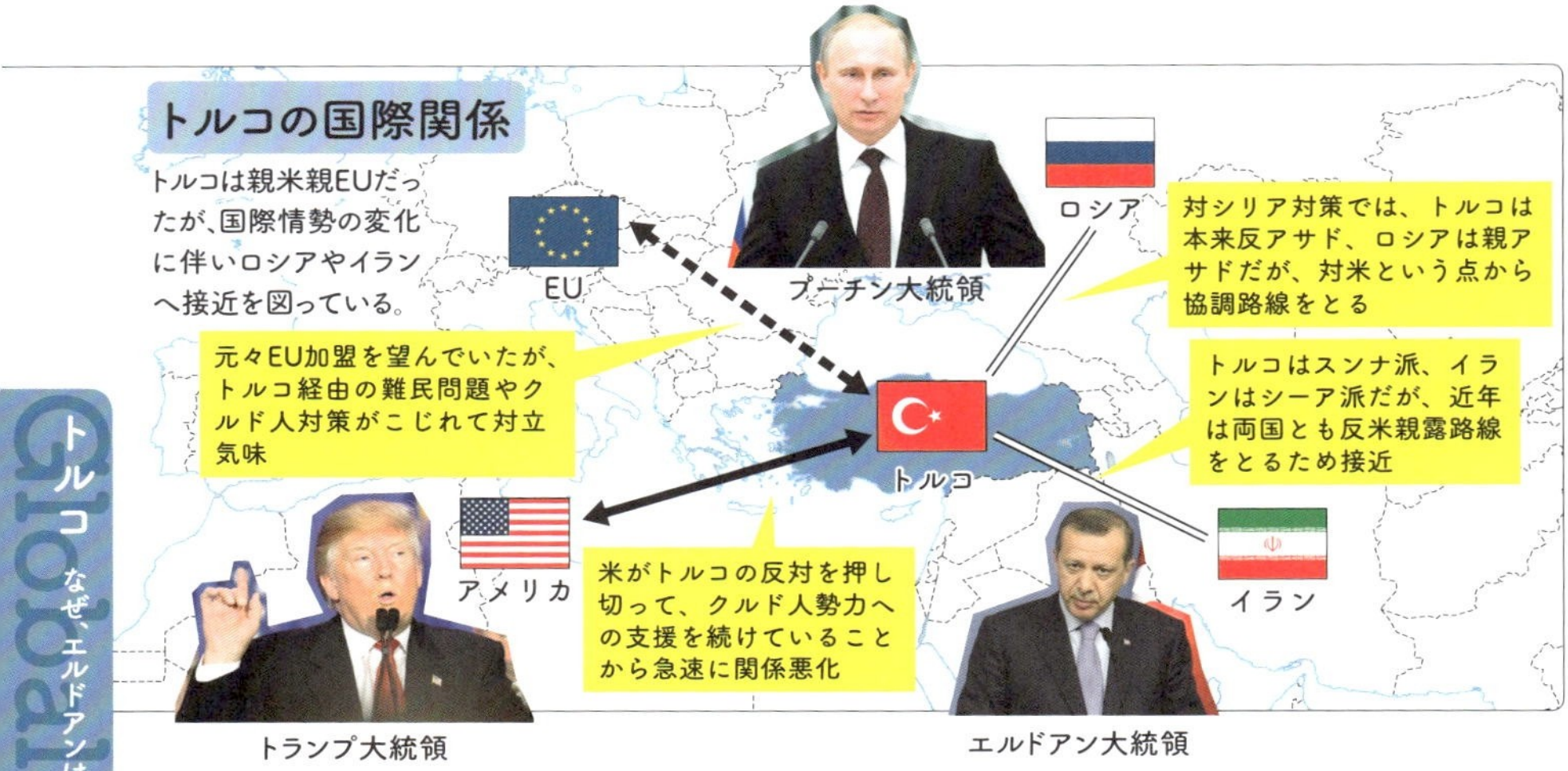
トルコの国際関係
トルコは親米親EUだったが、国際情勢の変化に伴いロシアやイランへ接近を図っている。
EU
プーチン大統領
ロシア
対シリア対策では、トルコは本来反アサド、ロシアは親アサドだが、対米という点から協調路線をとる
元々EU加盟を望んでいたが、トルコ経由の難民問題やクルド人対策がこじれて対立気味
トルコはスンナ派、イランはシーア派だが、近年は両国とも反米親露路線をとるため接近
トルコ
アメリカ
イラン
米がトルコの反対を押し切って、クルド人勢力への支援を続けていることから急速に関係悪化
トランプ大統領
エルドアン大統領

一方でエルドアンは就任当初は、EU加盟を積極的に目指していました。05年からはEUとの交渉が始まり、加盟実現も目前に迫っていると思われる時期もありました。ところが加盟のためのさまざまな項目をクリアできていないことを理由に、トルコはいまだに加盟を果たせていません。そしてエルドアンが近年独裁色を強めたことによって、加盟はますます遠のきつつあるわけです。

keyword **中東≫** ヨーロッパからの視点で名づけられた地名で、19世紀にはトルコ周辺は「近東」、西アジアは「中東」、東アジアは「極東」と呼ばれた。現在は近東もあわせて中東と呼ぶのが一般的。

1960年〜1996年
徹底した政教分離を守り抜こうとしてきた

エルドアンがEU加盟を目指した理由の一つに、軍部の力を削ぐことがあげられます。EU加盟を実現するには、民主的な国であることが条件となります。民主的な国は、軍部が政治に介入することはありません。だからEU加盟は、軍部の政治への干渉を防ぐうえで有効な手立てになるというロジックです。

トルコでは軍部の存在が、政権や政党が自由に活動を行ううえで大きな妨げとなっていました。1960年と80年には軍のクーデターにより政権が転覆しました。71年には「書簡クーデター」といって、「社会混乱を収めなければ、軍部が実力行使をする」という手紙を軍が首相に送り、内閣が総辞職するという事件も起こりました。

特に軍部が危険視してきたのが、建国以来トルコの国是とされてきた世俗主義（徹底した政教分離）に反する動きでした。親イスラーム的な政権や政党が出てくると、これを排除しようとしたのです。96年には、親イスラーム政党の福祉党に属するエルバカンが首相に就任しましたが、これを軍部は国家の危機と捉えて政権に圧力をかけ、首相を辞任に追い込みました。だからこそ、やはり親イスラームであるエルドアンは、軍部の影響力を弱体化させることに注力しているわけです。

軍部に代表される世俗主義者たちも、エルドアンとは違う意味でEUへの加盟を目指していました。それは彼らにとっては、長年夢見てきたヨーロッパの一員としてトルコが認められることを意味したからです。

1922年〜1923年
独立戦争の英雄・ケマルがトルコの近代化を掲げる

ではなぜトルコは長年、世俗主義を国是としてきたのでしょうか。話は第一次世界大戦でのオスマン帝国の敗北にまでさかのぼります。

敗戦後、オスマン帝国はセーヴル条約によって領土を大幅に縮小されます。これに抵抗したのが軍人のムスタファ・ケマルたちでした。ケマルは1922年、イギリス、フランス、イタリア、ギリシアとの独立戦争に勝利し、アナトリア半島の領土を回復します。この領土は翌年結ばれたローザンヌ条約で、正式にトルコ領と認められました。一方でケマルは、スルタン制（君主制）を廃止。これによりオスマン帝国は終焉を迎え、代わって23年に

who's who

ムスタファ・ケマル≫ ［1881-1938］トルコ革命の指導者で、トルコ共和国の初代大統領。現在も英雄視されており、彼の一連の政治改革は個人崇拝とあいまって「ケマル主義」と称される。

トルコリラ紙幣の表面には、すべてケマルの肖像が描かれている。

トルコ共和国が成立しました。

ケマルはトルコの初代大統領に選ばれます。彼はオスマン帝国が衰退したのは、イスラームの後進性にあると考えました。そこで政教分離によってイスラーム教を公的な場から排除することで、トルコを近代国家にすることを目指したのです。そのやり方は、トルコ語の表記をアラビア文字からローマ字に変更、女性のベール着用を禁止するとともに社会参加を認めるなど、徹底していました。そして軍部はケマルが掲げた世俗主義の守護者となってきたわけです。

しかしトルコでは、**イスラーム教の教えが人々の生き方に根づいています。西洋的な価値観に染まり、ヨーロッパの一員になることを目指すのは、やはり国として無理があります。**そういう意味でもトルコは今、新しい国のあり方を見つけるべき時期に来ているといえます。

ふりかえり年表

- 1822 ギリシアがオスマン帝国から独立宣言
- 1881 エジプトやスーダンで反乱が相次ぐ
- 1908 西欧的自由を求める青年トルコ革命
- 1914 第一次世界大戦に同盟国側で参戦。敗戦後、西アジア諸国の独立相次ぐ
- 1920 ケマルが大国民議会開催
- 1922 トルコ革命でオスマン帝国滅亡
- 1923 トルコ共和国成立。ケマル大統領就任
- 1950 親米派のメンデレス内閣成立
- 1960 軍事クーデターでメンデレス失脚
- 1971 「書簡クーデター」が起こる
- 1980 軍事クーデター。憲法改正
- 1991 湾岸戦争で国連軍に基地提供
- 1997 軍部の圧力でエルバカン首相が退陣
- 2003 エルドアンが首相就任
- 2014 初の直接大統領選でエルドアンが当選
- 2017 大統領の権限を強化する憲法改正

帝国の衰退
変革
エルドアン時代到来

参考文献 今井宏平『トルコ現代史』(中公新書)／内藤正典『トルコ 中東情勢のカギをにぎる国』(集英社)／大村幸弘ほか編著『トルコを知るための53章』(明石書店)

2017年9月の住民投票後、クルドの旗を掲げて〝勝利宣言〟に湧くクルド人。しかし、彼らの〝独立の夢〟はすぐに崩れることになる。

トルコ南東部からシリア北部、イラク北部、イラン北西部を中心とした地域に、クルド人という民族が暮らしています。その人口は約3000万人。彼らは居住しているどの国においても少数派であり、自分の国がありません。そのため「世界最大の少数民族」といわれています。

他の少数民族と同様、クルド人も自治の拡大や独立を強く希求しています。2017年9月には、イラク北部のクルド人自治区において、イラクからの独立を問う住民投票が行われ、90%以上の賛成票が集まりました。しかしイラク政府は「国を分断する行為だ」としてこれを認めず、住民投票後には中央政府と自治政府との間で管轄権をめぐって係争地となっていた油田地帯のキルクーク州に軍隊を進め、制圧してしまいました。

周辺国のトルコやシリア、イランも、住民投票の実施自体に強く反対しました。各国は国内にクルド人問題を抱えており、独立の動きが自国に飛び火するのを警戒したのです。さらには国連も、地域の政情を不安定にさせるという理由から住民投票の実施に反対。孤立した自治政府は、投票から1カ月後に大統領が辞任しました。「自分の国を持つ」という民族の夢を、クルド人はいずれ叶えることができるのでしょうか。

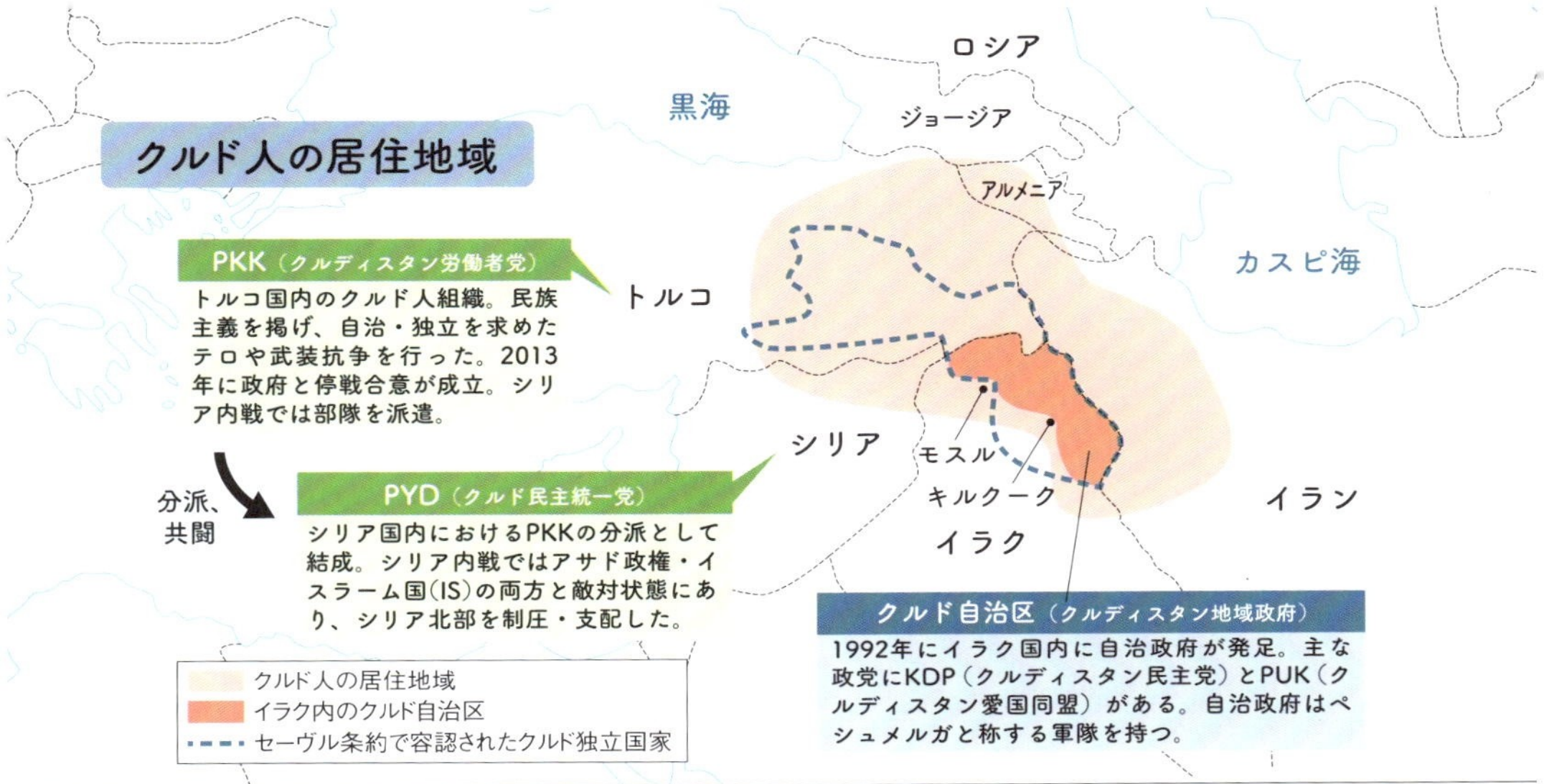
クルド人の居住地域
ロシア
黒海
ジョージア
アルメニア
カスピ海
トルコ
シリア
モスル
キルクーク
イラク
イラン
PKK（クルディスタン労働者党）
トルコ国内のクルド人組織。民族主義を掲げ、自治・独立を求めたテロや武装抗争を行った。2013年に政府と停戦合意が成立。シリア内戦では部隊を派遣。
分派、共闘
PYD（クルド民主統一党）
シリア国内におけるPKKの分派として結成。シリア内戦ではアサド政権・イスラーム国（IS）の両方と敵対状態にあり、シリア北部を制圧・支配した。
クルド自治区（クルディスタン地域政府）
1992年にイラク国内に自治政府が発足。主な政党にKDP（クルディスタン民主党）とPUK（クルディスタン愛国同盟）がある。自治政府はペシュメルガと称する軍隊を持つ。
クルド人の居住地域
イラク内のクルド自治区
セーヴル条約で容認されたクルド独立国家

1992年～2018年

ISとの戦いに貢献し発言権を拡大させたが……

イラクのクルド人が自治政府（クルディスタン地域政府）の発足を宣言したのは1992年のこと。しかしイラク政府はこれを非合法だとして認めませんでした。そんな中、彼らにとってチャンスとなったのが、2003年のイラク戦争です。このときクルド人勢力はアメリカ側に立ってフセイン政権と戦いました。そして勝利を得た結果、イラク北部に自治政府を持つことが正式に認められたのです。自治区内ではクルド語を公用語として行政や教育を行うことが可能になりました。

さらに14年からのイスラーム過激派組織「イスラーム国」（IS）との戦いでは、クルド人勢力が領土奪還の主力戦力となりました。こうして徐々に発言権を得てきた彼らは、17年、独立を求めたわけです。

ISとの戦いによって力を伸ばしたのは、シリアのクルド人も同じです。アメリカから援助を得ながらISと戦い、支配地域を拡大。16年にはクルド人による自治政府の樹立を一方的に宣言します。

シリアのクルド人勢力の支配地域の拡大に危機感を抱いたのが、隣国のトルコです。シリアのクルド系組織PYD（民主統一党）と、トルコの反政府武装組織PKK（クルディスタン労働者党）はつながりが深いため、PYDの勢力拡大は自国の安全を脅かすと考えているのです。18年1月、トルコ軍はシリアのクルド人勢力に対して掃討作戦を実行しました。

クルド人の独立への思いは、容易には叶えられそうにありません。

keyword **クルディスタン》** 「クルド人の土地」という意味で、トルコ・イラク・イラン・シリア・アルメニアにまたがる。12世紀、セルジューク朝内の州の名称として用いられ始めた。

1923年～1991年
少数民族としての存在すらないものとされた

トルコやイラクなどの国々が、クルド人の自治や独立を認めてこなかったのは、彼らを国家の統一や領土の保全を脅かす存在だと見なしてきたからです。とりわけその危機感を強く抱いてきたのが、人口の約２割をクルド人が占めるトルコです。

トルコには、クルド人だけでなく多様な民族が混住しています。しかしその多様性を認めていると、国が分解しかねません。そこでトルコは１９２３年の建国以来、多様な人々を「トルコ人」という同質性の高い国民へと作り替えていくことに力を注ぎました。たとえばクルド人を含めたすべてのトルコ国民に同等の権利を与える一方で、独自の文化や言語は一切認めませんでした。またクルド人は「クルド人」ではなく、「山岳トルコ人」と呼ばれました。つまりトルコには少数民族は存在しないものとされたのです。

しかしこうした同化政策は、やはり無理がありました。70年代後半、クルド人の民族解放を主張するＰＫＫが結成され、80年代半ばから武装闘争を始めたのです。トルコ軍は鎮圧に奔走されることになります。

一方シリアではクルド人は「クルド系アラブ人」と呼ばれ、イランではクルド語はペルシア語の方言とされるなど、やはりクルド人は少数民族として認められていませんでした。自国には「少数民族はいない」わけだから、自治を認める必要もありません。またイラクでは32年の建国当初から、クルド人が武装抵抗を繰り広げてきましたが、自治を獲得するには至りませんでした。

1920年～1923年
ローザンヌ条約で独立の約束を反故にされる

クルド人には、これまで自分の国を持てるチャンスがまったくなかったわけではありません。

１９２０年、第一次世界大戦に勝利した連合国と敗戦国のオスマン帝国の間で、セーヴル条約が締結されました。この条約によってオスマン帝国は領土を大幅に失うことになった一方で、クルド人にはイギリスの後押しもあって、将来の独立を前提に、現在のトルコ南東部に自治区を持つことが認められたのです。

ところが１６４ページでも述べたように、その後ケマル率いるトルコの国民軍が独立戦争を勝ち抜き、アナトリア半島の領土回復を実現。セーヴル条

keyword **PKK（クルディスタン労働者党）≫** 1978年に設立。90年代にテロを頻発させるも、2000年代にテロの停止を宣言。ただし、関連組織によるテロ行為は継続しているとされる。

約は破棄され、新たに結ばれたローザンヌ条約では、クルド人自治区になるはずだった一帯が、トルコの領土に組み込まれることになりました。クルド人は、約束されていた土地を取り上げられてしまったわけです。

ちなみにトルコの独立戦争（トルコ革命）には、多くのクルド人がトルコ国民軍に協力しました。トルコが独立を取り戻せば、自分たちはその中で自治権を与えてもらえるはずだと考えたのです。しかしその期待は、のちに大きく裏切られることになりました。

またクルド人が多く暮らしていたモスルは、イギリスが委任統治をすることになったイラク領に組み込まれました。モスルには中東の中でも有数のキルクーク油田が存在しており、イギリスはこの油田の利権を何としても確保したかったのです。

大国の都合によって、クルド人の独立の夢は泡と消えたのでした。

Column

短い夢と終わったクルド人民共和国の設立

じつはクルド人はイラン北部で1946年1月、同地を占領していたソ連の後ろ盾を得て、一度だけクルド人民共和国の樹立を宣言したことがあります。カジ・ムハンマドを大統領として選出し、クルド語による教育や新聞の発行を始めました。同国にはイラクでクルド民主党（KDP）を結成し、独立闘争を戦っていたムスタファ・バルザニも加わりました。しかし4月にソ連がイランから撤退すると、イラン政府は軍を投入して共和国を占領。独立は短い夢に終わります。ムハンマド大統領は絞首刑となり、バルザニは国外に逃れてさらに独立闘争を続けることになりました。

ムスタファの息子であり、2017年までKDP議長を務めていたマスード・バルザニ

ふりかえり年表

1920 オスマン帝国分割を定めたセーヴル条約でクルド人国家樹立が明示される　苦難の始まり

1923 ローザンヌ条約で独立が無効に

1946 イラン北東部にマハーバード共和国（クルド人民共和国）がソ連の傀儡で成立するも、わずか11カ月で崩壊

1979 イラクでフセイン政権発足。クルド人弾圧始まる

1991 湾岸戦争後、フセインがクルド人蜂起を武力鎮圧し、100万人以上が難民となる

1992 イラク国内に自治政府樹立　独立に期待大！

2003 フセイン政権崩壊。自治政府は米主導のイラク統治に参加

2005 イラクで自治議会選。マスード・バルザニが自治政府議長に就任

2013 PKKとトルコ政府の停戦発表

2014 自治政府がイラク北部の油田都市キルクークを掌握

2016 シリア国内のクルド人勢力が連邦制の施行を一方的に宣言

2017 9月にイラクの自治区で独立をめぐる住民投票で賛成多数に。しかし10月、中央政府が投票結果を凍結　独立失敗

参考《さんこう》文献 池内恵『サイクス=ピコ協定 百年の呪縛』（新潮選書）／川上洋一『クルド人 もうひとつの中東問題』（集英社新書）

2018年8月に発行されたベネズエラの新通貨。ばらまき政策の結果、経済危機に陥り、超インフレに直面している。

ここ数年中南米諸国では、左派政権の衰退が顕著になっています。

1999年、ベネズエラで左派のチャベス政権が発足すると、今世紀に入ってから、コロンビアなどを除き、一時期はほとんどの国が左派政権になりました。こうした現象は「ピンクの潮流」と呼ばれました。しかし2010年代半ば以降、この潮流が反転。多くの国で左派が選挙に勝てなくなり、次々と右派が政権を奪取しています。

左派衰退の要因は、ばらまき政治にあります。中南米諸国はどの国も、貧富の格差が深刻です。そこで左派政権は貧困対策のために、公共料金の大幅な値下げや、社会福祉の充実、補助金の大盤振る舞いなどを実施しました。中南米諸国は石油や農産物などの1次産品の輸出によって、経済を成り立たせています。当時は原油価格が高騰しており、そこで得た利益を、ばらまき政策を行う原資としたのです。

しかし14年秋以降の原油価格の下落により、ばらまき政策は破綻。各国は財政難に襲われました。これが右派の巻き返しにつながりました。

それにしてもなぜ中南米は、00年代初頭に「ピンクの潮流」が起きたように、左派が一定の力を持っているのでしょうか。その背景には、長年中南米に対して強い影響力を行使してきたアメリカへの不信感があります。

1990年代〜2018年

新自由主義的政策への反発が左派政権を誕生させた

1980年代以降、西側諸国では、国営企業の民営化や外資への市場開放など、新自由主義的な経済政策が潮流となりました。中南米の親米政権も90年代に入ってから、この動きに巻き込まれることになりました。

中南米諸国では、1次産品の輸出に頼った経済構造からの脱却を長年の課題としています。1次産品は相場の変動に大きく左右されるため、経済が安定しないという脆弱さがあるからです。そこで採られたのが、工業製品の国産化を図ることで経済的自立を果たすという輸入代替工業化政策でした。

しかしこの政策は、やがて行き詰まります。多くの国が債務危機に陥り、IMF（国際通貨基金）の支援を受けざるを得なくなりました。当時IMFは、新自由主義の立場を取るアメリカのシカゴ学派が強い力を持っており、支援の条件として、新自由主義的な経済政策を受け入れることを求めてきました。

その結果、補助金カット等の緊縮財政を進めたことで、確かに国の財政は持ち直しました。しかし一方で新自由主義的政策は、貧富の差の拡大を招きました。市場開放により、外資の大企業は多大な利益を得ましたが、地場の中小企業は次々と倒産に陥りました。

こうしたアメリカやIMF主導による経済政策に多くの人が反発したことによって、90年代末から2000年代初頭にかけて、左派政権が次々と誕生したわけです。ただしその左派政権も、前述したように大衆迎合的なばらまき政策によって挫折します。中南米諸国には、行き過ぎた新自由主義とも、ばらまき政策とも異なる経済政策を確立することが求められています。

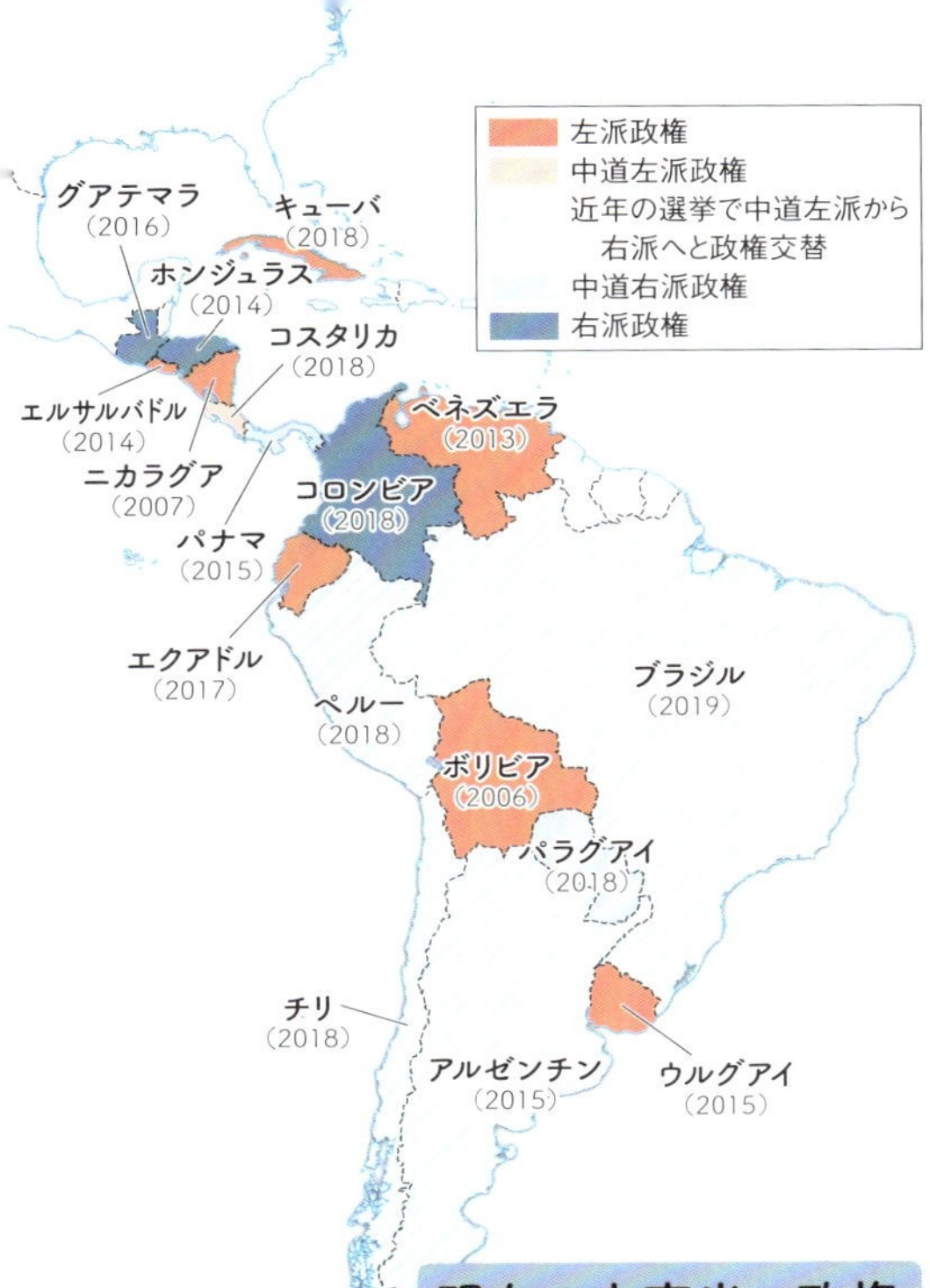

現在の中南米の政権

括弧内は現在の元首・大統領が就任した年

keyword **ピンクの潮流》** 2000年代後半以降、アルゼンチン・ブラジル・チリで立て続けに中道左派の女性大統領が誕生したことが名称の由来。この3国はかつて、米の傀儡政権が支配していた国でもある。

1940年代～1990年代
意に沿わない政権を次々と転覆させてきたアメリカ

アメリカが新自由主義的な経済政策を中南米に押し付けたのは、これが初めてではありません。しかもそれは、激しい暴力を伴ったものでした。

1970年、チリで左派のアジェンデ政権が誕生しました。チリは銅の産地ですが、それまで銅山の経営はアメリカの企業が牛耳ってきました。そこでアジェンデ大統領は、銅産業の国有化を断行。また年金の充実や医療費の引き下げなどの政策を実施しました。

これにアメリカが危機感を抱きます。何しろアメリカにとっては「裏庭」ともいえる中南米で、社会主義政権ができるだけでなく、アメリカ企業の利益も損なわれていくわけですから。

そこでアメリカのCIAは、チリ陸軍の将軍だったピノチェトを支援し、73年にクーデターを起こさせます。ピノチェト軍事政権は、その後17年にわたって独裁政治を続け、一説には軍によって3000人以上が殺され、1万人以上が拷問を受けたとされます。ピノチェトのもとには、アメリカからシカゴ学派の経済学者が送られました。ところが新自由主義的な経済政策は、激しいインフレや大量の失業者の発生を招きました。その後ピノチェトがシカゴ学派を要職から追い出し、経済政策を転換する80年代半ばまで、経済的な混迷は続きました。

アメリカはチリ以外にも、54年にグアテマラ、64年にブラジルのクーデターを支援。48年から90年の間に、軍事介入やCIAによる支援などによって、中南米24カ国の政府を転覆させたという研究報告も出されています。

19世紀
モンロー宣言から始まったアメリカの中南米への膨張主義

歴史を振り返ると、どうもアメリカは、「中南米は自分たちの裏庭なのだから、少々身勝手なことをしてもいい」と思ってきた節があります。

1823年、アメリカのモンロー大統領は、「合衆国はヨーロッパに干渉しないから、ヨーロッパ諸国もアメリカ大陸に干渉するな。もし干渉した場合、合衆国はこれを自国の平和と安全が脅かされたものとみなす」という主旨の教書（施政方針）を発表しました。これはのちにモンロー宣言と呼ばれるようになり、アメリカが中南米においてヨーロッパ列強を排除しながら、膨張政策を推し進める根拠となります。98年にアメリカは米西戦争に勝利す

who's who
サルバドール・アジェンデ：［1908-1973］1970年、大統領選で当選。革命ではなく選挙で選ばれた世界初の社会主義政権。クーデターによって大統領府に追い込まれ自殺を遂げる。

アメリカの「棍棒外交」を揶揄した風刺画。右手に棍棒を持ち、左手で艦隊を従えたローズベルトがカリブ海をかっ歩している。

1914年に開通したパナマ運河。長らくアメリカが管理し、両岸には米軍施設が置かれていた。1999年にパナマに返還。

るとスペインの領土だったプエルトリコを併合し、キューバを事実上の保護国とします。そして1901年に大統領になったセオドア・ローズベルトは、カリブ海諸国に対して、「棍棒《こんぼう》外交」といって、軍事力を背景とした強引な外交政策を繰り広げました。

例えばアメリカは、太平洋と大西洋を結ぶパナマ運河の建設を計画していました。しかし当時パナマはコロンビアに属しており、コロンビアはアメリカに建設権を渡そうとしませんでした。そこでアメリカは独立運動家をけしかけて、03年にパナマを独立させます。そしてパナマとの間で、パナマ運河の利権をほぼ独占できる条約を締結。さらにはパナマが反旗を翻《ひるがえ》すことがないように、パナマ憲法の中にアメリカがいつでも軍事介入できることを盛り込ませました。

中南米で反米意識が根深いのには、こうした歴史的背景があるのです。

ふりかえり年表

年	出来事	
1889	米主導で第1回パン＝アメリカ会議開催	棍棒外交
1898	米西戦争に米が勝利し、カリブ海で影響力が強まる	
1902	米がキューバを保護国化	
1906	米がドミニカを保護国化	
1914	パナマ運河開通。米の管理下となる	
1946	アルゼンチンでペロン政権樹立	反米の動き
1951	グアテマラで左翼政権樹立	
1959	キューバ革命で共産主義政権樹立	
1970	チリでアジェンデ政権樹立	
1973	米の支援を受け、チリでピノチェト軍事政権が樹立	
1976	アルゼンチンで親米政権が樹立	
1982	アルゼンチンが民政に移行	
1999	ベネズエラでチャベス大統領就任	ピンクの潮流
2007	アルゼンチンで女性大統領就任	
2011	ブラジルで女性大統領就任	
2014	チリで女性大統領就任	
2015	アルゼンチンで中道右派政権樹立。その後、ブラジルやチリなどで中道右派の勝利が続く	

参考文献　伊藤千尋『反米大陸』（集英社新書）／ナオミ・クライン『ショック・ドクトリン』（岩波書店）／山崎眞次「中南米における反米主義と左派政権」（『早稲田政治経済学雑誌』2007年1月）

1989年のマルタ会談で冷戦終結を宣言したゴルバチョフ共産党書記長(右)とブッシュ米大統領(左)。

冷戦期、世界は資本主義国と社会主義国に二分されていました。しかし冷戦の終結とともに、ソ連や東欧の社会主義国が次々と消滅。今では中国、北朝鮮、ベトナム、ラオス、キューバとわずかになっています。しかも社会主義といっても、北朝鮮を除けば、いずれの国も市場経済を導入しています。

社会主義の衰退を受けて、一時期資本主義陣営では、「全体主義（社会主義）に対する自由主義の勝利」といったことがよく言われました。しかしその後の資本主義の経過を見ると、本当に手放しで勝利を喜んでいいのか、かなり疑問です。冷戦後の先進国では富裕層に富が一極集中しており、格差が拡大しているからです。

かつて資本主義国は、社会主義国への対抗の意味もあり、社会保障の充実や富の再分配に力を入れていました。しかし低成長時代となり、高福祉政策を維持するのが困難になります。そこで新自由主義的な政策へと舵を切った結果が、格差の拡大を招いたのです。

本来ならこんな時代だからこそ、「格差がない社会の実現」を目指す社会主義国の存在が、脚光を浴びていいはずでした。しかしもはや現在、誰も社会主義国に希望を見出してはいません。資本主義国のオルタナティヴであったはずの社会主義国は、なぜ行き詰まってしまったのでしょうか。

社会主義の展開

現在 **社会民主主義としての歩み**

市場経済の導入によって、純粋な社会主義国はほぼ皆無となる。一方、議会政治を通した民主的な変革を目指す社会民主主義を掲げた政党が、ヨーロッパや中南米を中心に政権に加わる。

1989 **冷戦終結とソ連崩壊**

ベルリンの壁を壊す市民。

ベルリンの壁崩壊、東欧諸国の共産党支配の打破、マルタ会談における冷戦終結宣言など、1989年は社会主義世界にとって革命の年となった。翌年に東西ドイツ統一、2年後にソ連解体。

第二次世界大戦後 **社会主義国の波及**

東欧や中国、北朝鮮、キューバなどで社会主義国家が誕生。多くの国が、ソ連共産党をモデルとする一党独裁体制を採用した。資本主義陣営と対立（冷戦）。

1917 **ロシア革命**

ロシア革命を率いたレーニン。

史上初の社会主義政権がロシアに誕生。1919年には共産主義インターナショナルが結成され、各国で共産党が結成された。

19世紀後半 **マルクス主義の誕生**

マルクス主義とは、資本と産業を共有化して、物品の配給により階級や不平等のない社会を目指すという考え方。『共産党宣言』を著したマルクスとエンゲルスは社会主義革命を「歴史の必然」とした。

19世紀前半 **社会主義思想の芽生え**

産業革命によっておびただしい貧富の差が生じた社会に対し、貧しい労働者を救い、平等な社会を実現しようとする思想が生まれる。この時期までの平等主義的思想は「空想的社会主義」とも呼ばれる。

1985年～1992年
ペレストロイカから始まった ソ連と東欧諸国の崩壊

ソ連や東欧の社会主義国の崩壊は、1985年にソ連共産党の書記長に就任したゴルバチョフが、ペレストロイカ（再構築）、グラスノスチ（情報公開）、新思考外交（冷戦外交の否定）を打ち出してから動き出しました。

ソ連型社会主義では、国が経済に関する計画を立て、その計画に沿って投資や生産が行われていました。しかしこの計画経済はうまくいかず、ソ連経済は停滞が続いていました。アメリカとの軍拡競争も経済的負担でした。またソ連では社会主義体制を維持するため、情報を統制し、共産党への批判を許しませんでした。こうした閉塞的な状況を打破するため、ゴルバチョフは改革に打って出たのです。

ゴルバチョフは共産党の一党独裁を終わらせ、複数政党制を導入するなど、民主化を進めます。するとこれに危機感を抱いた共産党保守派によるクーデターが勃発。クーデターが失敗に終わったあと、ゴルバチョフは共産党の解体を決めました。一方その頃、ソ連を構成する共和国が、連邦から離脱する動きを強めます。そして91年12月にはソ連の解体が宣言され、ソ連はその歴史にピリオドを打つことになったのです。

ゴルバチョフは、ソ連の衛星国であった東欧の社会主義国に対しても、民主化を認めました。これに勢いを得た東欧の市民は、長年国民をがんじがらめに管理してきた自国の共産党に反旗を翻《ひるがえ》します。ソ連の後ろ盾を失った各国の共産党は、為す術もありませんでした。89年から90年代初頭にかけて、東欧諸国は次々と社会主義から資本主義へと転換していきました。

各地に立てられていたレーニン像を壊すことは、脱社会主義を象徴する行為だった。写真は1989年に倒壊され、そのまま土中に埋まっていた旧東ドイツのレーニン像。

1945年～1948年 計画経済の失敗により西側先進国に遅れを取る

第二次世界大戦が終わったとき、社会主義国はソ連とモンゴルだけでした。しかし1948年にはソ連の支援を受けて北朝鮮に、翌年には中国共産党が国共内戦に勝利したことで中国に社会主義国家が生まれました。

一方東欧については、ソ連がその影響力を駆使して、強引に各国を社会主義国家にしていきました。当初これらの国々は複数政党制を採用するはずでしたが、ソ連は自国と同じ一党独裁体制を押しつけました。ソ連の衛星国を数多く作ることで、資本主義陣営に対抗しようとしたのです。

前述したように、ソ連型社会主義では計画経済が採用されました。ソ連は西側先進国に追いつくために、重化学工業の発展に力を注ぎ、当初は成功を収めます。しかし人々の欲求を汲み取る必要がある消費財については、計画経済でうまくいくはずがありません。また企業努力によるコスト削減や技術革新などのインセンティブも働きにくくなります。ソ連経済は60年代に入ると、消費財産業を中心に停滞が続き、西側先進国に遅れを取り始めました。

経済の停滞は東欧諸国も同様でした。ソ連は東欧諸国に対しては、石油やガスを安い価格で供給し、それを用いて生産した工業製品を買い取るというかたちで、東欧の経済を支えました。しかし70年代に起きた二度の石油危機によって原油価格が高騰してからは、この貿易構造を維持するのが困難になります。こうしてソ連の経済も東欧の経済も完全に行き詰まり、改革が不可避になっていったわけです。

keyword **計画経済≫** 資源を国家が所有し、生産・分配・流通なども国家が策定した計画に従って統制するという経済体制。資本主義において、資源配分を市場の調整メカニズムに任せる市場経済とは対をなす。

19世紀～1945年
共産党一党独裁体制の中で批判が許されない社会に

社会主義思想は19世紀前半、産業革命の進展によって、少数の裕福な資本家と大多数の貧しい労働者の経済格差が顕著になる中で、生産手段の共有化を通じて平等な社会を作ろうとする思想として始まります。そんな中で資本主義から社会主義への移行を科学的に論じたのがマルクスでした。

マルクスの想定では、社会主義革命は資本主義がもっとも成熟した国で起こるはずでした。しかし現実にそれが起きたのは、ヨーロッパの中でも工業化が遅れていた農業国のロシアでした。

1917年、レーニンたちはソビエト政権の樹立に成功したものの、まだ労働者や農民から万全の支持を得られたとはいいがたい状況でした。そこで「いずれ完全に社会主義が実現するまでは、労働者階級を守るために、労働者の代表である共産党によるプロレタリアート独裁を行う」という理屈を持ち出し、共産党による一党独裁体制を敷きます（ちなみに当時、労働者は全人口の1％程度）。その理屈で言えば、社会主義が実現したときには一党独裁は終わるはずでしたが、その日は永遠に訪れませんでした。

一党独裁体制では、共産党の批判は許されません。レーニンの後を継いだスターリンは絶対的な権力を手に入れ、敵対すると見なした人物を次々と粛正していきました。同じく一党独裁体制を敷いた他の社会主義国でも、同様の独裁者が生まれていきました。

人々を過酷な労働や貧困から解放することを目指して生まれた社会主義国は、むしろ人々を抑圧する国家として機能することになったのでした。

ふりかえり年表

- 1848 マルクスとエンゲルスが『共産党宣言』を執筆
- 1864 ロンドンで第一インターナショナルが結成
- 1867 マルクスが『資本論』を発表
- 1917 ロシア革命。ロマノフ王朝滅亡 （初の社会主義国家）
- 1918 ボリシェヴィキ（のちの共産党）の独裁確立
- 1924 モンゴルで社会主義国家成立
- 1928 ロシアで第1次五カ年計画はじまる
- 1947 コミンフォルム結成
- 1949 中華人民共和国成立 （東欧が社会主義陣営へ）
- 1955 ワルシャワ条約機構設立
- 1959 キューバ革命。社会主義政権成立
- 1968 プラハの春が起こる。ソ連が軍事弾圧
- 1976 ニクソンが訪中し米中接近
- 1985 ゴルバチョフ書記長が就任 ペレストロイカを推し進める
- 1989 ベルリンの壁崩壊 マルタ会談で冷戦終結宣言
- 1991 ソ連で共産党解散。ソ連解体

社会主義陣営の崩壊

参考文献 猪木武徳『戦後世界経済史』（中公新書）／和田春樹『歴史としての社会主義』（岩波新書）／竹内修司『1989年』（平凡社新書）

2018年米中間選挙にむけて支持者に囲まれながら演説するトランプ。

近年、「ポピュリズム（大衆迎合主義）」や「ポピュリスト」という言葉を耳にする機会が増えています。代表例としては、トランプ米大統領やヨーロッパ各国の右派政党が挙げられます。また南米では左派ポピュリズムが力を持ってきましたが、2018年のブラジル大統領選では極右と目されるボルソナロが当選しました。彼らの特徴は、トランプであれば「移民」や「自由貿易」、ヨーロッパの右派政党なら「難民」や「EU」といった「敵」を創出して、人々を煽るのに長けていることです。

世の中が混迷しているときほど、人々は言葉にできない不満や不安を抱えています。そんなときに、自分たちの暮らしがうまくいかないのは誰が悪いのかを、単純でわかりやすい言葉で示してくれる人が現れると、ついその言葉に飛びついてしまいます。このように民衆にとってわかりやすい敵をつくることで、人々の支持を得て、その支持を動力源に政治を推し進めようとするのがポピュリズムです。

政治家が民衆の側に立つこと自体は間違っていません。しかしポピュリズムの問題は、敵を創出することで、さらに深い分断や敵対心を社会の中に生み出してしまいかねないことです。

ではなぜ今ポピュリズムが、欧米を中心にこれほど大きな力を持つようになっているのでしょうか。

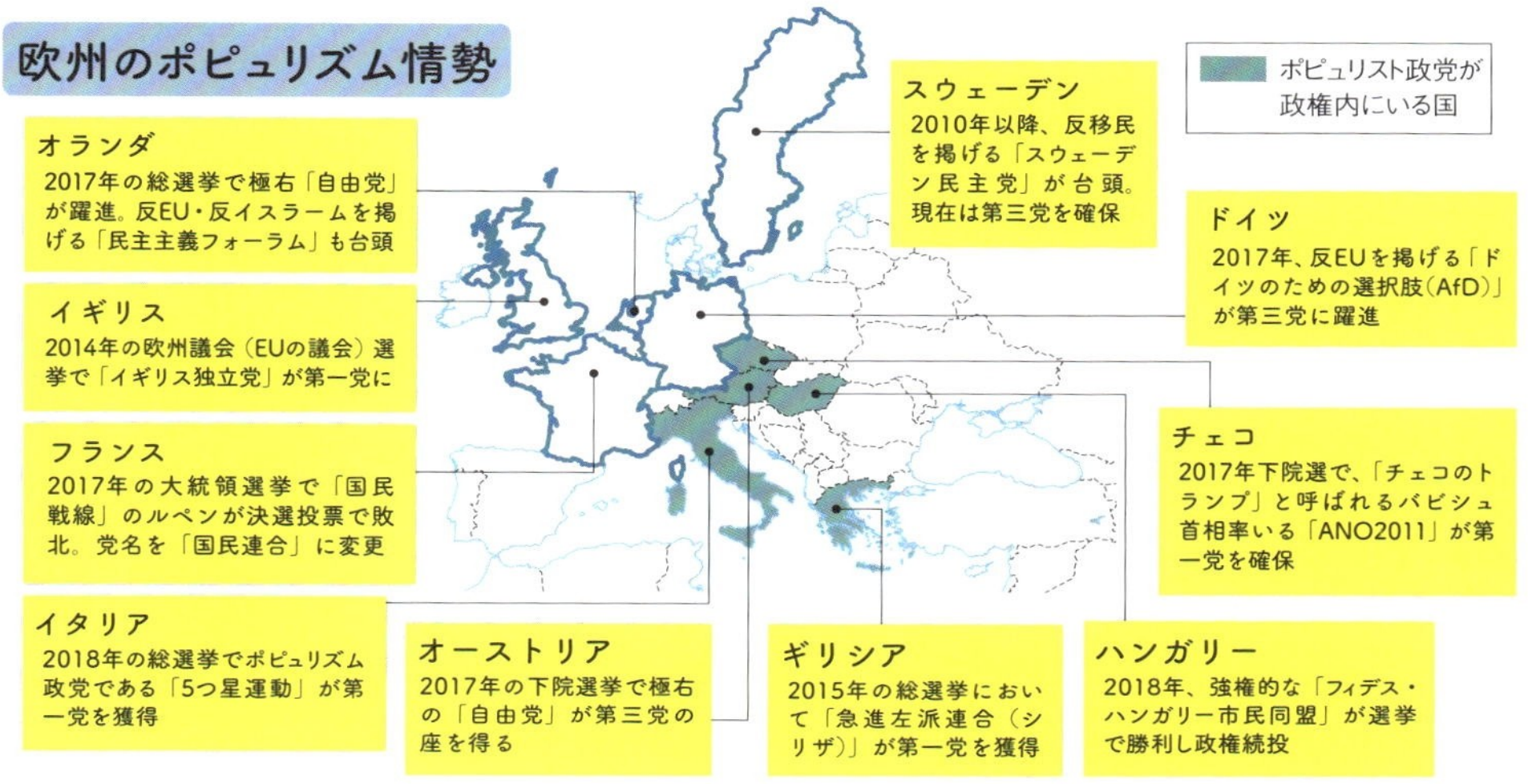
欧州のポピュリズム情勢
ポピュリスト政党が政権内にいる国
オランダ
2017年の総選挙で極右「自由党」が躍進。反EU・反イスラームを掲げる「民主主義フォーラム」も台頭
イギリス
2014年の欧州議会（EUの議会）選挙で「イギリス独立党」が第一党に
フランス
2017年の大統領選挙で「国民戦線」のルペンが決選投票で敗北。党名を「国民連合」に変更
イタリア
2018年の総選挙でポピュリズム政党である「5つ星運動」が第一党を獲得
オーストリア
2017年の下院選挙で極右の「自由党」が第三党の座を得る
ギリシア
2015年の総選挙において「急進左派連合（シリザ）」が第一党を獲得
ハンガリー
2018年、強権的な「フィデス・ハンガリー市民同盟」が選挙で勝利し政権続投
チェコ
2017年下院選で、「チェコのトランプ」と呼ばれるバビシュ首相率いる「ANO2011」が第一党を確保
ドイツ
2017年、反EUを掲げる「ドイツのための選択肢（AfD）」が第三党に躍進
スウェーデン
2010年以降、反移民を掲げる「スウェーデン民主党」が台頭。現在は第三党を確保

2016年〜2018年

ヨーロッパでは政権を担う ポピュリズム政党も誕生

近年、ヨーロッパでは、「反移民・難民」や「反イスラーム」「反EU」を掲げる右派ポピュリズム政党の台頭が止まりません。2017年のフランス大統領選では、国民戦線（現・国民連合）のルペン候補が決選投票にまで進出。ドイツ下院では18年、反難民を主張する「ドイツのための選択肢」が最大野党となりました。さらにハンガリーやチェコ、オーストリアなどの中・東欧諸国では、やはり難民排斥政策を掲げる政党が政権を担ったり、議会で第一党を占めたりするようになっています。イタリアでも18年5月、ポピュリズム政権が誕生しました。

そしてアメリカでも16年、排外主義や保護主義的政策を掲げるトランプが大統領選に勝利しました。このトランプを強く支持したのが、衰退した工業地帯で働く白人工場労働者です。トランプは彼らのことを「忘れられた人々」と呼びました。かつて彼らが支持していた民主党がウォール街寄りの政策を採り始めたため、彼らの声に耳を傾けてくれる存在が、トランプが登場するまで誰もいなかったからです。

同様のことは、16年にイギリスで実施されたEUからの離脱を問う国民投票でも起きました。離脱賛成に票を投じた労働者の多くは、以前は労働党の支持層でした。しかし、労働党が都市部の中間層を重視する政策に転換したために、やはり忘れられた存在になってしまったのです。そんな彼らの声をすくい上げたのが、EUからの離脱や移民の制限を掲げるポピュリズム政党のイギリス独立党でした。

keyword 「忘れられた人々」≫ 先進諸国にありながらグローバル化の経済的恩恵を得られなかった人々を指す。人権を重んじ多様性の尊重を理念とするリベラリズムを幻想とし否定する傾向にある。

1972年～2015年
極右政党からの転換を図り広範な支持を得ることに成功

このように欧米では、「今の政党や政治家たちは、自分たちの存在を無視している」と感じている人が少なからずいます。そんな彼らの受け皿となっているのが、トランプ大統領であり、ポピュリズム政党というわけです。

ヨーロッパのポピュリズム政党の中でも、比較的古い歴史を持つのが1972年に設立されたフランスの「国民戦線」です。国民戦線は当初、反民主主義や反議会主義を掲げ、党員の中にはネオナチの活動家もいる極右政党として出発しました。しかしこれでは広範な支持を得ることは不可能です。

そこで70年代末以降、民主主義を容認したうえで、移民の増加が治安や雇用の悪化を招いていると主張。90年代以降は、既成政党が進めるグローバル化やEU統合への批判を強めます。こうして経済発展から取り残された層からの支持を獲得したのです。同様に古い歴史を持つオーストリアの自由党も、やはり極右政党からポピュリズム政党へと転換を遂げました。

一方、オランダの自由党など2000年代以降に登場した多くのポピュリズム政党は、最初から極右勢力とは無関係です。彼らは本音は別として、民主主義に対して肯定的です。人権の尊重や男女平等、政教分離といった民主主義的な価値観を肯定したうえで、これを受け入れようとしない存在としてイスラーム圏からの移民を批判し、その排斥を訴えます。これが「民主主義は大事だが、移民の受け入れには抵抗がある」と感じている人たちからの支持の拡大につながっています。

1930年～1955年
南米アルゼンチンで誕生した左派ポピュリズム政権

人々の不満や不安、怒りを既成政党が汲み上げられなくなったとき、ポピュリズム的な動きが起きるのは、今に始まったことではありません。

1930年代初頭のドイツでは、第一次世界大戦後のヴェルサイユ条約によって莫大な賠償金が課されたうえに世界恐慌の波が押し寄せ、多くの人が生活苦にあえぎました。しかし既成政党が有効な対策を打てない中で「反ヴェルサイユ条約」を掲げて勢力を伸ばしたのがヒトラー率いるナチスでした。

一方40年代には、南米のアルゼンチンで左派ポピュリズムが台頭します。アルゼンチンでは、大土地所有者や外国企業を優遇する政策が長年続けられ

who's who

フアン・ペロン：［1895-1974］アルゼンチン大統領。鉄道の国有化や工業の育成に努め、労働組合を基盤に国民的な人気を得た。その後クーデターに見舞われ亡命を余儀なくされた。

亡命後もペロンを支持し続けるアルゼンチンの民衆

ナチスのヒトラーは民主的選挙を経て政権についた

ふりかえり年表

1891　アメリカにてポピュリスト党が創設
1925　イタリアでムッソリーニが独裁推進を宣言
1929　世界恐慌が勃発
（ファシズムの台頭）
1934　ドイツで国民投票を経て、総統ヒトラーが誕生
1946　ペロンが大統領選に勝利し、ポピュリズム政権を展開
1971　ドル・ショックが生じる。先進諸国の景気が後退
1972　フランスにて国民戦線の創設
（欧州ポピュリズムの台頭）
2001　アメリカ同時多発テロが起こる
2007　世界金融危機の勃発
2009　ギリシア危機が生じる
2010　ギリシア危機を背景に、欧州ソブリン危機が生じる
2015　パリ同時多発テロが起こる
2016　アメリカ大統領選にてトランプ政権誕生
（リベラリズムへの疑念）
2017　フランス大統領選で国民戦線のルペンが決選投票まで残る

ており、労働者の不満が溜まっていました。そうした中で46年に労働者からの圧倒的な支持を受けて誕生したのが、ペロン大統領でした。

ペロンは外国企業の排除や国有化を進めます。また輸入製品に高い関税をかけることで、国内工業の保護を図ろうとしました。さらには自分の支持層である労働者向けに、大幅な賃上げや医療、年金制度の充実を実現します。

しかしペロンの政策はやがて破綻しました。経済が停滞する一方で、支出は増大したため、深刻な財政赤字に陥ったからです。クーデターにより、ペロンは亡命を余儀なくされました。

ただし南米における左派ポピュリズム的な政策は、ペロンで終わりではなく、左派政権が誕生するたびに各国で繰り返されることになります（171ページ参照）。既成の政治が十全に機能していない国では、常にポピュリズムが台頭する危険があります。

参考文献　水島治郎『ポピュリズムとは何か』（中公新書）／庄司克宏『欧州ポピュリズム』（ちくま新書）／谷口将紀、水島治郎『ポピュリズムの本質』（中央公論新社）

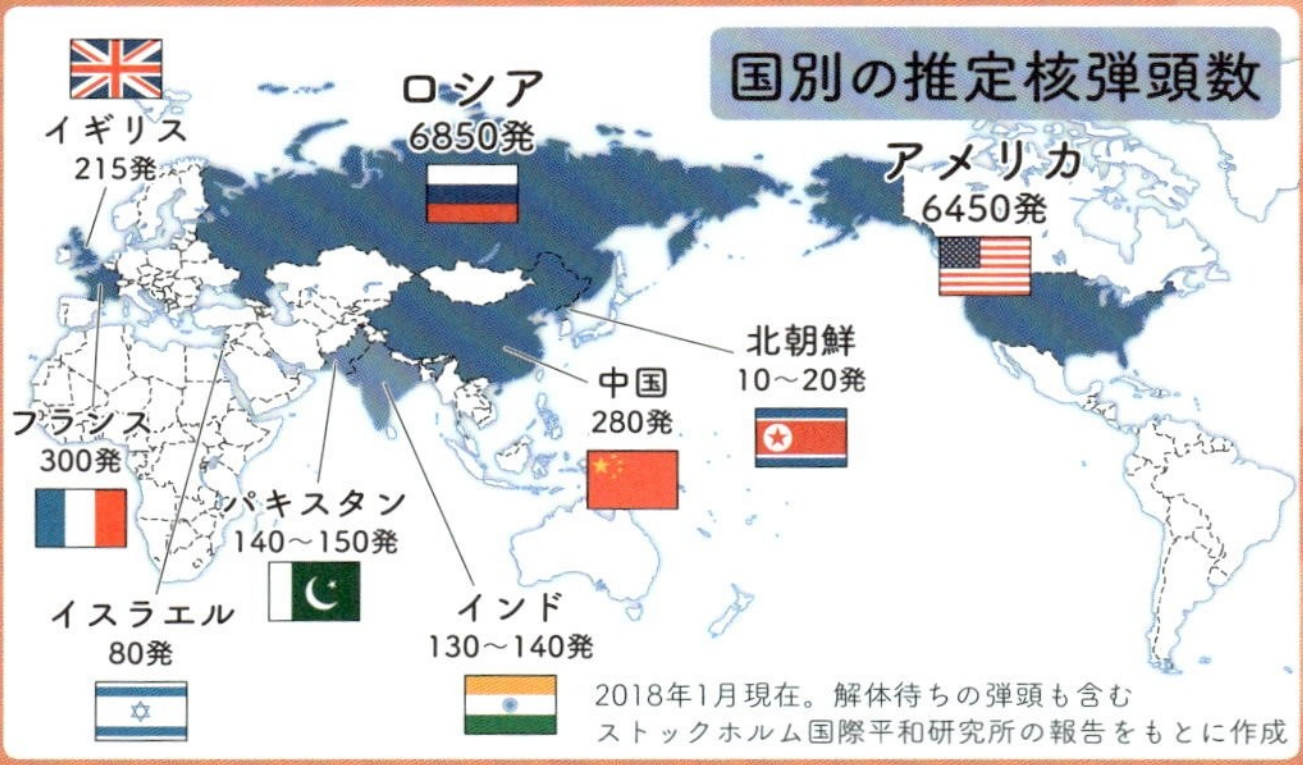

現在、世界に存在する核弾頭の数は約1万4500発。そのうちの9割以上を、アメリカとロシアが保有している。

核兵器をめぐる今の一番の問題は、核使用についての予測不可能性が高まっていることです。

１９４５年に広島と長崎で原爆が投下されて以来、人類は核の恐怖にさいなまれてきました。冷戦期の一番のリスクは、米ソの対立が深まり、核戦争に突入することでした。米ソは人類を何回も死滅させられるだけの核を保有していましたから、その全面使用は世界の終わりを意味しました。

米ソ以外にイギリスやフランス、中国も核兵器を保有していたものの、核をめぐる当時の主要国は、あくまでも米ソでした。ところが今は違います。インド、パキスタン、北朝鮮が核兵器の保有を宣言し、イスラエルも保有国とみなされています。核保有国が増えるほど、偶発的な核使用のリスクは高まります。しかもこれらの国は、いずれも周辺国との関係が不安定です。他国から攻められないための抑止力として核を保有していると考えられますが、情勢の悪化によっては、いつ核を使用しないとも限りません。また近年は、テロ組織による核兵器の使用や、核施設への攻撃も不安視されています。

つまり今の時代は、核兵器をいかに減らし、廃絶するかと同時に、今ある核をどう管理していくかが大きな課題となっています。なぜ人類は、核を手放すことができないのでしょうか。

2017年〜2018年

核兵器禁止条約の採択に揃って反対した核保有国

2017年7月、国連で賛成多数により、核兵器禁止条約が採択されました。核兵器の開発、保有、使用、威嚇などを禁じたこの条約は、50カ国が批准手続きを終えると発効されます。

しかし核兵器禁止条約の採択は、核廃絶の困難さをむしろ印象づけるものとなりました。核保有国および、日本や韓国、ドイツのような核保有国の核の傘の下で自国が守られている国々が揃って条約に反対し、交渉にすら参加しなかったからです。条約が発効されても不参加国には効力が発生しないため、実効性は乏しいと思われます。

現在のNPT（核拡散防止条約）体制では、1967年時点ですでに核を保有していた米露英仏中の5大国の核保有を認める一方で、その他の国の保有は認めていません。今回明らかになったのは、5大国は、他国が核を保有することは認めないが、自分たちが核を持ち続ける権利については、けっして手放そうとしないことでした。

逆にアメリカのトランプ政権は、核廃絶どころか、核の近代化を進めています。18年に発表された「核戦力体制の見直し」では、爆発力を抑えた小型核兵器の開発が盛り込まれました。現状の核兵器は威力が大きすぎて使いにくいので、敵の基地をピンポイントで攻撃しやすいように、小型核兵器を開発して原子力潜水艦などに搭載しようというわけです。

さらにトランプは18年10月、冷戦期にソ連と結んだ中距離核戦力（INF）全廃条約の破棄を表明しました。再び核軍拡競争が起きかねない情勢になっています。

核兵器禁止条約の批准状況

2018年10月時点での核兵器禁止条約の批准状況。条約発効には50の国と地域の批准が必要となる。ただし核保有国や「核の傘」の下にいる国の多くが交渉に不参加で、日本も不参加を表明している。

批准	批准済み	オーストリア、コスタリカ、キューバ、メキシコ、ニュージーランド、タイ、ベネズエラ、ベトナムなど19の国と地域
	近く批准の見通し	南アフリカ、ナミビア、エルサルバドル、グアテマラ、タンザニア、カザフスタン、スーダン
不参加	核保有国	アメリカ、ロシア、イギリス、フランス、中国、パキスタン、インド、イスラエル、北朝鮮
	米の「核の傘」に依存	日本、韓国、ドイツなど

日本の主張

条約とは考え方、アプローチが違う。条約の現状では核保有国と非保有国の対立がより深まる危険もあるため、双方が参加する議論に貢献していきたい

keyword **NPT（核拡散防止条約）**≫ 1970年に発効された、米・英・露・中・仏の5カ国に核兵器の保有を認め、それ以外の国に核兵器の製造・取得を禁じる（不拡散とする）条約。

非核化する南半球

国際条約によって核兵器の使用を禁止している地域を非核兵器地帯という。南半球は大部分が非核兵器地帯となっている。

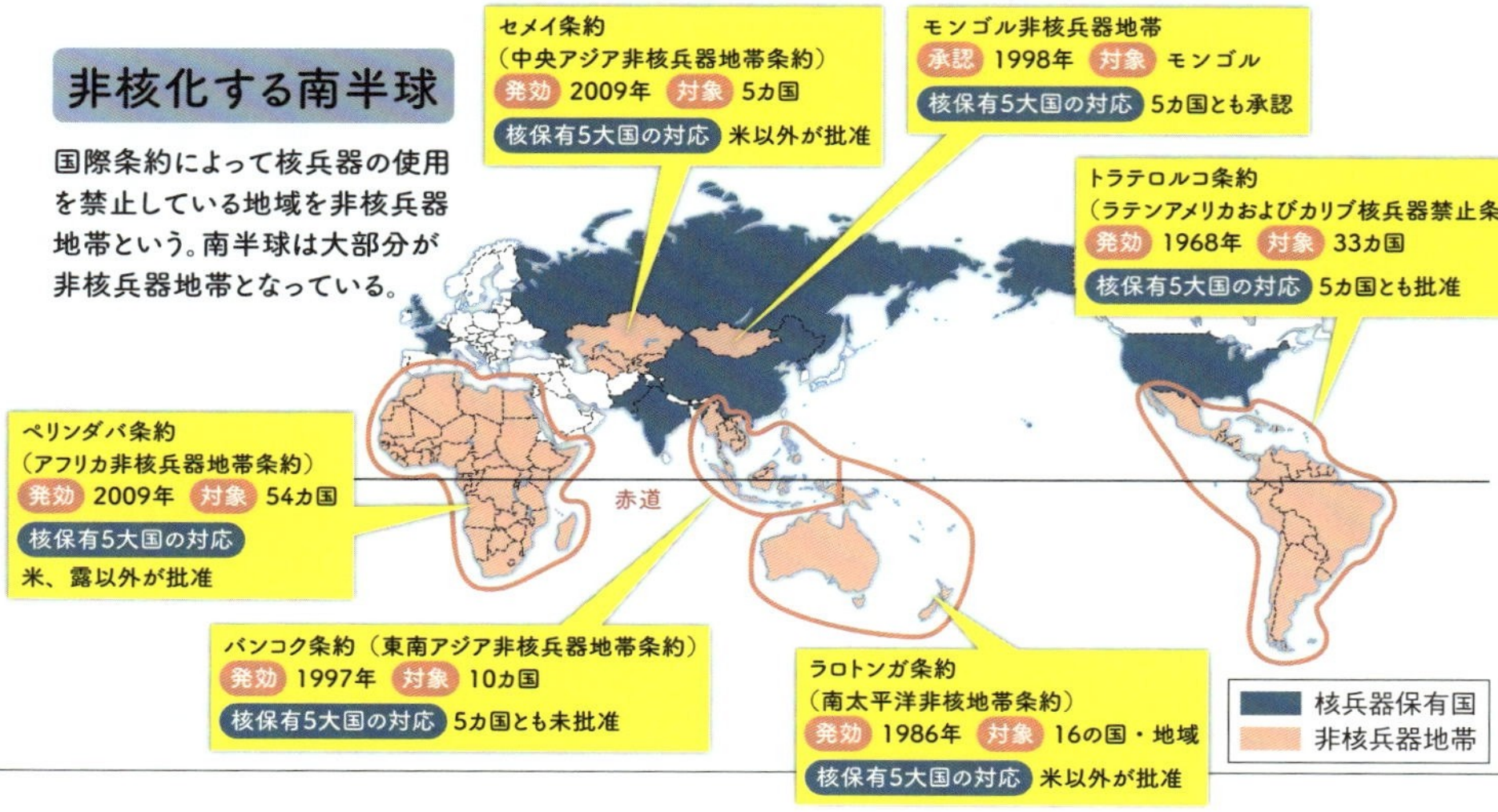

1989年～2016年
核兵器が削減される一方で核の世界への拡散が進む

トランプ登場以前の世界は、核軍縮が確実に進行していました。1989年の冷戦終結で米ソの対立が解消されると、核軍縮の気運が高まります。91年には、両国が約1万発ずつ保有している戦略核兵器の弾頭数を、7年間で6000以下に削減する戦略兵器削減条約（START）に両国が合意します。そして条約発効から7年後の2001年に、完全履行されました。

09年にオバマが米大統領に就任すると、核軍縮の動きはさらに加速。「核なき世界」の演説でノーベル平和賞を受賞したオバマは、ロシアとの交渉にも積極的でした。両国は10年、条約発効後7年以内に自国の戦略核弾頭を1

Column

「核なき世界」をすでに実現している地域がある？

「核なき世界」の実現は人類の大きな目標ですが、じつはすでに南半球の大部分の国と地域は非核兵器地帯になっています。

最初に非核兵器地帯を定める条約が発効されたのは中南米地域のトラテロルコ条約です。中南米地域での核兵器の実験、使用、生産、配備などを禁止したもので、1968年に発効されました。当初は不参加の国もありましたが、2002年には中南米33カ国がすべての項目について批准し、条約は完全になりました。トラテロルコ条約には、核保有5大国も批准しており、非核化の義務に違反する行為を助長しないこと、締約国に対し核兵器の使用または威嚇を行わないことが規定されています。

現在は他にも、複数の地域で非核兵器地帯条約が発効されています。09年にアフリカでペリンダバ条約が発効されたことで、南半球の大部分は非核兵器地帯が占めることになりました。

keyword **核の傘≫** 核保有国が持つ核の抑止力を非核保有国など同盟国に提供し、安全を保障すること。アメリカは日本、韓国など同盟国への攻撃は、自国への攻撃と同様にみなすとしている。

５５０以下に削減する新戦略兵器削減条約（新ＳＴＡＲＴ）に署名します。ところがこうした動きも、トランプの登場で再び停滞が危惧されるわけです。

一方で冷戦の終結は、世界への核の拡散をもたらしました。旧ソ連の核管理がずさんだったために、盗難や密輸事件がたびたび発生したのです。01年に起きたアメリカ同時多発テロ以降は、核テロの可能性が深刻な問題として取りざたされることになりました。

98年にはインドとパキスタン、06年には北朝鮮が核実験を成功させ、５大国以外の核保有を認めていないＮＰＴ体制を大きく揺るがせました。インドとパキスタンはそもそもＮＰＴに加盟しておらず、北朝鮮は03年にＮＰＴを脱退しています。これらにより、核兵器や核技術を国際的に管理することの難しさが浮き彫りになりました。

1946年〜1989年 核の国際管理に失敗し 米ソが核軍拡競争に突入する

核を国際社会で管理していく重要性に、人々は核兵器を使用した直後から気がついていました。１９４６年の第１回国連総会で最初に決議されたのは、核問題を討議する原子力委員会の

世界終末時計

核の脅威を警告するため作られた世界終末時計。もっとも針が進んだのは米ソの激しい核開発競争の中、両国が水爆実験を成功させた1953年と、北朝鮮による核戦争の緊張が高まった2018年である。

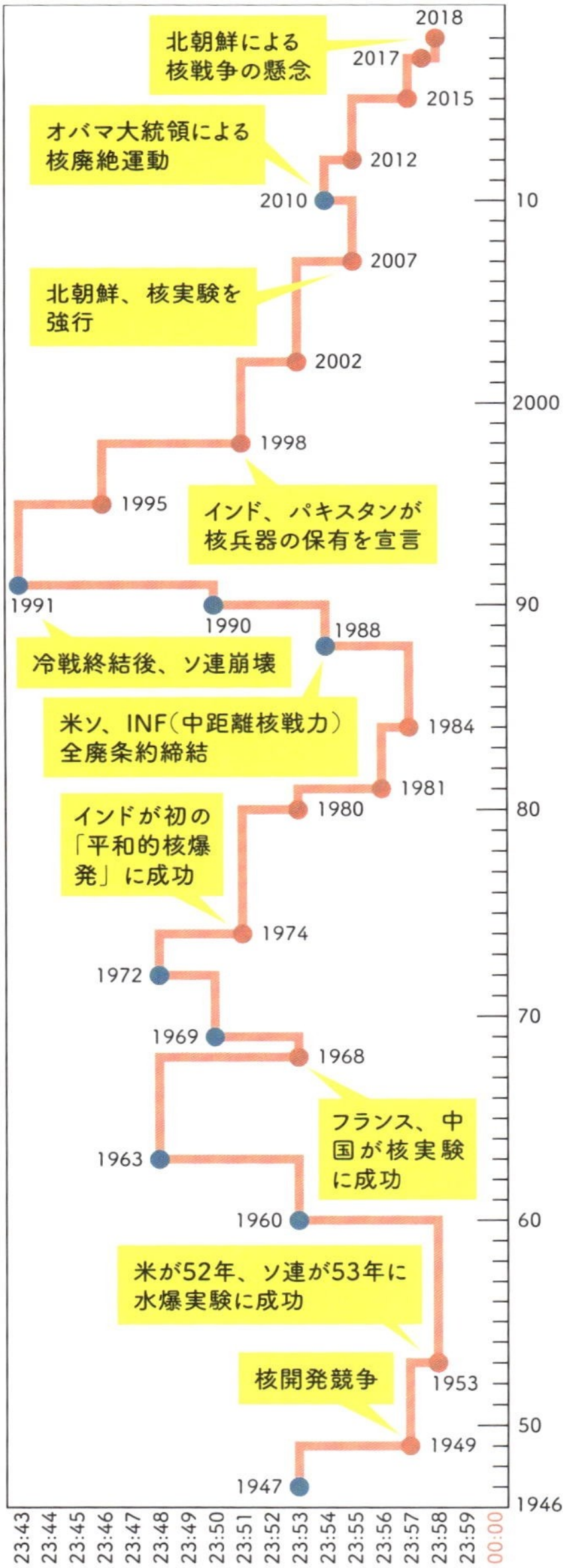

keyword **世界終末時計≫** 1947年、冷戦下で誕生。核戦争などで人類や地球が終焉を迎えることを「0時00分」とし、その危険性を残り時間で表現している。毎年アメリカの科学誌が発表。

設置だったからです。核問題は国連において最優先事項だったわけです。

　しかし当時はすでに冷戦が始まっており、委員会では米ソが真っ向から対立します。ソ連は、核兵器はすべて廃棄されるべきだと主張。当時核兵器を保有していたのはアメリカだけでしたから、アメリカが応じるわけがありません。議論は行き詰まり、国連は核兵器の国際管理に失敗しました。

　そして49年、ソ連は核実験に成功し、アメリカに次いで2カ国目の核保有国になります。そこからは米ソによる際限のない核軍拡競争が始まります。アメリカの核兵器の保有数がピークに達したのは66年の約3万2000発、ソ連は86年の約4万5000発でした。また52年には水爆、55年に原子力潜水艦、59年にICBM（大陸間弾道ミサイル）、60年にはSLBM（潜水艦発射弾道ミサイル）と、次々と新しい核技術も開発されました。

　62年には、ソ連がアメリカの裏庭にあたるキューバに核ミサイルの配備を進めていたことに対して、アメリカのケネディ大統領が「キューバから核ミサイルが発射されれば、アメリカも報復する」と表明し、世界は核戦争寸前までできました（キューバ危機）。両国の交渉により何とか危機を回避できましたが、一つ間違えば、今ごろ人類は存在していなかったかもしれません。

全世界の核兵器数の推移

東西冷戦下で増え続けた核兵器は、1986年にピークを迎え、以後米ロ間での削減条約により減少していった。

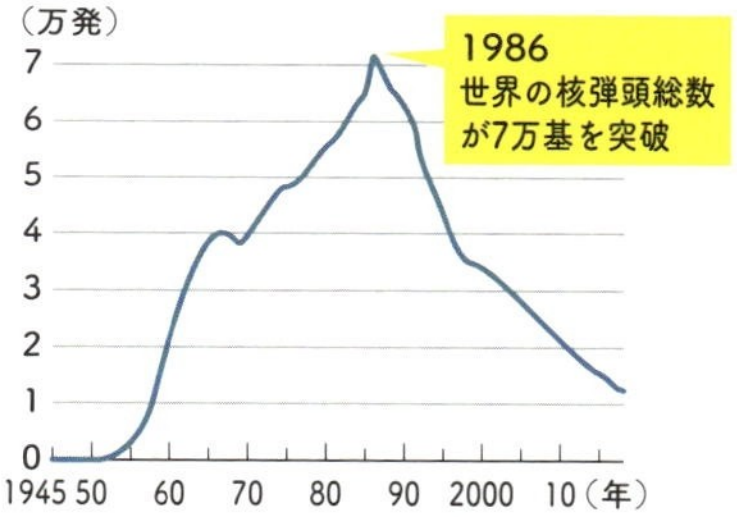

全米科学者連盟の調査をもとに作成

1942年〜1945年 ソ連よりも優位に立つためにアメリカが日本に原爆を投下

　核兵器の開発は、当初ナチス政権下のドイツで始まりました。危機感を抱いたのが、連合国側として第二次世界大戦に参戦したアメリカです。もしドイツが核兵器を手にすれば、大戦の雌雄はあっという間に決します。そこでアメリカは1942年から、ドイツより先に核兵器を開発することを目指し、マンハッタン計画に着手。10万人以上が関わる大規模なものでした。

　アメリカが世界で初の核兵器の実験に成功したのは、45年7月のことです。この時点でドイツは降伏していました。もう一方の敵である日本も、すでに米軍が沖縄を占領しており、敗北は時間の問題です。あえて核兵器を使

keyword **ICAN≫** 核兵器廃絶国際キャンペーン。世界中で各国政府に対して核兵器禁止条約の交渉などを行う団体。2017年、ノーベル平和賞を受賞。

1945年8月9日、長崎への原爆投下で発生したキノコ雲。

1945年8月6日、広島に投下された原爆の爆心地の至近距離にあり、被害を受けて大破した原爆ドーム。

用する必然性はありませんでした。

科学者たちは、核の威力を自覚していました。いずれ他国が核技術を手に入れることも容易に予想されました。そこで核技術の情報を開示し、国際管理下に置くことをアメリカ政府に提案しましたが、受け入れられませんでした。そしてトルーマン大統領は日本への原爆投下に踏み切ります。

背景にあったのはソ連の存在です。この時点で米ソの対立が始まっていたため、ソ連が日本に参戦する前に戦争を終わらせ、日本の戦後占領をアメリカが優位に進めるために原爆投下を決めたのです。

事実トルーマンは、原爆開発に成功した直後の日記に「ロシアが参戦する前にジャップは倒れると確信」と記しています。米ソ対立が、悲惨な原爆の犠牲者を生み、今も続く核の恐怖を生みました。

ふりかえり年表

- 1945 アメリカが初の原爆実験 8月6日、広島に原爆投下。9日には長崎にも原爆投下
- 1949 ソ連、初の原爆実験
- 1954 アメリカ、ビキニ環礁で水爆実験。日本の第五福竜丸が被爆
- 1962 キューバ危機
- 1970 NPT発効
- 1986 全世界の核弾頭数が7万基に
- 1991 START(戦略兵器削減条約)に米ソが合意。米ソの核弾頭数を削減
- 1998 インド、パキスタンが核実験に成功
- 2006 北朝鮮が初の核実験
- 2017 国連で核兵器禁止条約が採択 ICANがノーベル平和賞受賞

核開発競争激化

米ソ緊張

揺らぐNPT

ノーベル平和賞を受賞したサーロー節子(左)とICAN事務局長

参考文献 黒澤満『核軍縮入門』(信山社)/池上彰『世界から核兵器がなくならない本当の理由』(SB新書)/加藤典洋『戦後入門』(ちくま新書)

G7とG20の参加国・地域

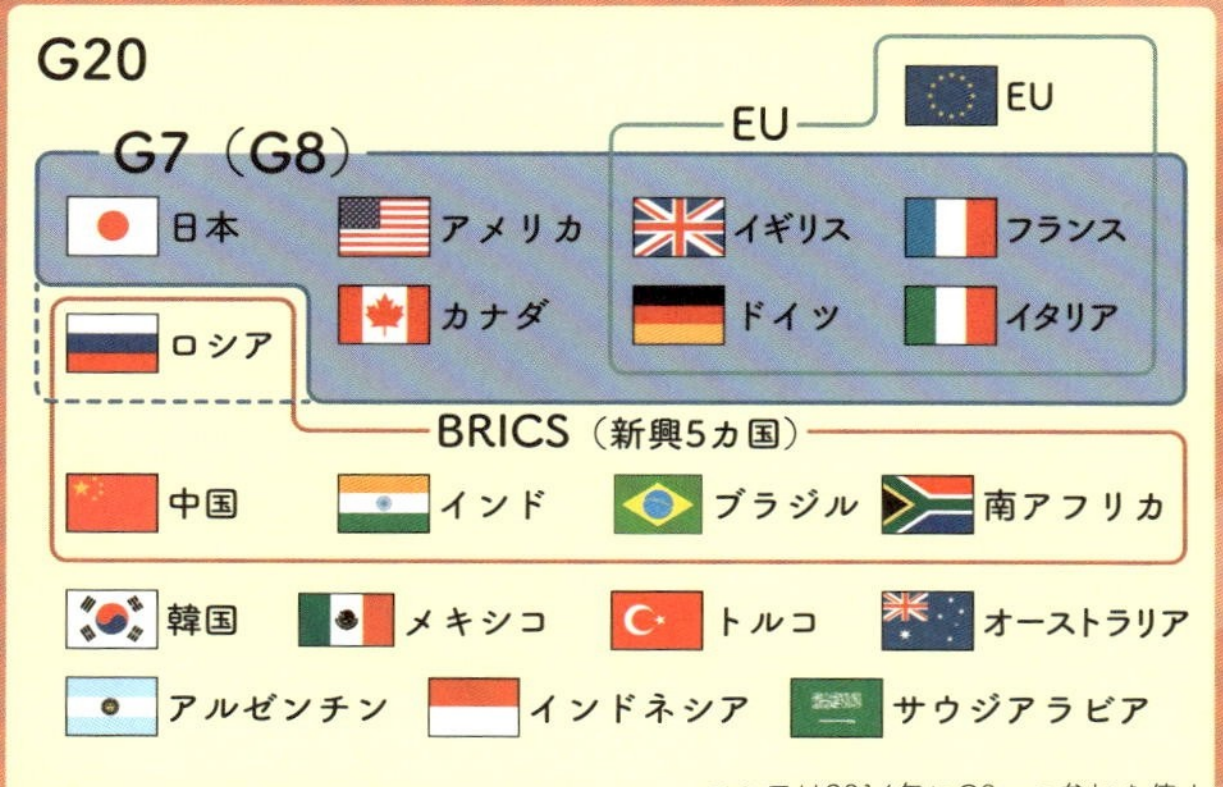

ロシアは2014年にG8への参加を停止

世界には国同士が結ぶさまざまな協定や同盟があり、国連のような国際機関もあります。また先進7カ国が集まり討議するG7（先進国首脳会議）や、G7に主要新興国を加えたG20のような仕組みもあります。

協定や同盟の目的は多様ですが、代表的なのはNATO（北大西洋条約機構）のような安全保障や、TPP（環太平洋パートナーシップ協定）のような通商を目的としたものです。自国の安全を守りながら、経済の活性化によって国を豊かにすることは、どの国にとっても最優先課題だからです。

こうした協定や同盟は、しばしば世界全体のパワーバランスに大きな影響をもたらします。例えばASEAN（東南アジア諸国連合）は、民族や宗教や政治体制が異なる国々が一つにまとまることで、地域として強い存在感を発揮することに成功しています。一方で多国間協定や同盟の強化は、周辺国に脅威をもたらす側面もあります。例えばNATOは冷戦後、東欧諸国を次々と加盟国に加えながら東方拡大を進めましたが、これに警戒心を抱いているのがロシアです。そのため両者の間では、軍事的緊張感が高まっています。

国際情勢の大きな流れの中で、これまで世界の国々はどのような協定や同盟を結び、それは国家間の関係にどんな影響を与えたのでしょうか。

世界のおもな地域的経済統合

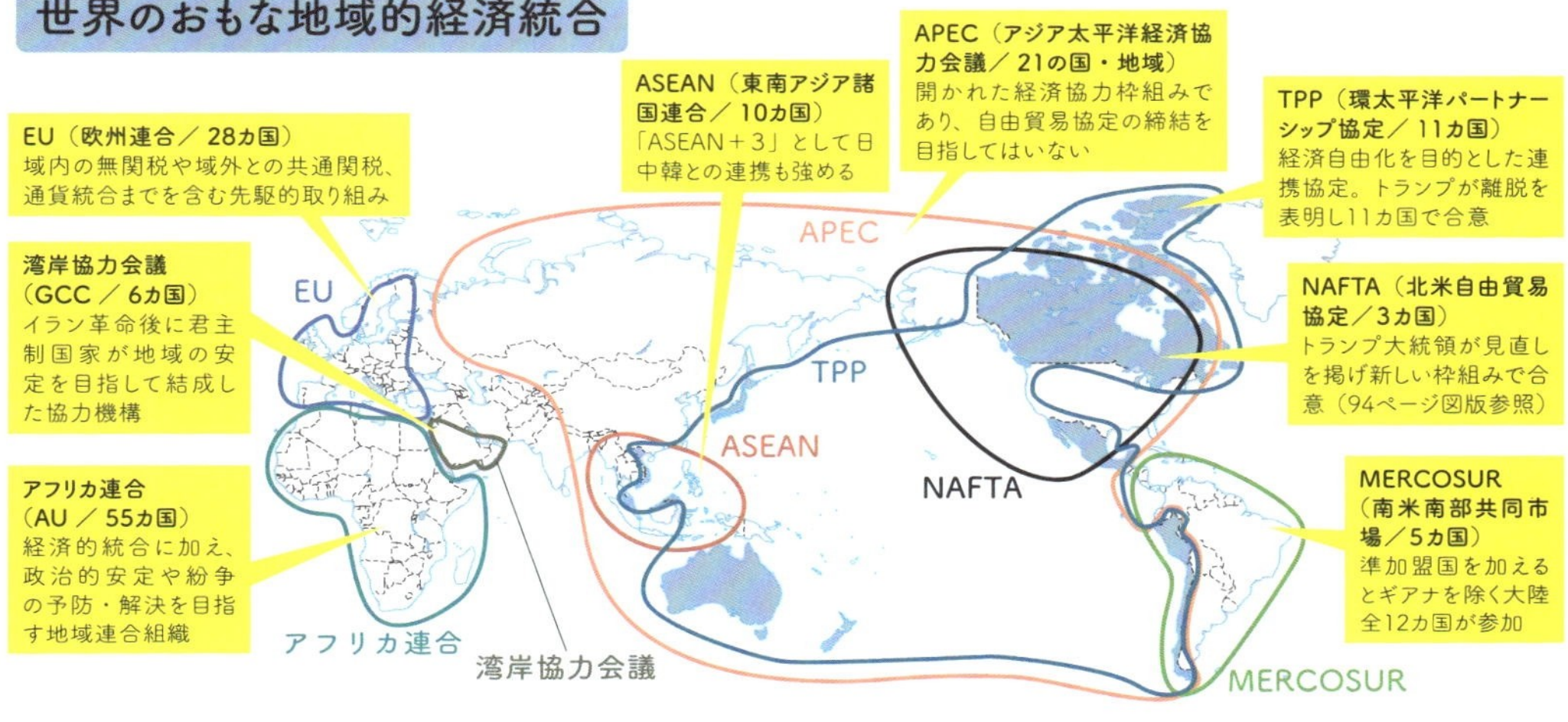
EU（欧州連合／28カ国）
域内の無関税や域外との共通関税、通貨統合までを含む先駆的取り組み
湾岸協力会議（GCC／6カ国）
イラン革命後に君主制国家が地域の安定を目指して結成した協力機構
アフリカ連合（AU／55カ国）
経済的統合に加え、政治的安定や紛争の予防・解決を目指す地域連合組織
ASEAN（東南アジア諸国連合／10カ国）
「ASEAN＋3」として日中韓との連携も強める
APEC（アジア太平洋経済協力会議／21の国・地域）
開かれた経済協力枠組みであり、自由貿易協定の締結を目指してはいない
TPP（環太平洋パートナーシップ協定／11カ国）
経済自由化を目的とした連携協定。トランプが離脱を表明し11カ国で合意
NAFTA（北米自由貿易協定／3カ国）
トランプ大統領が見直しを掲げ新しい枠組みで合意（94ページ図版参照）
MERCOSUR（南米南部共同市場／5カ国）
準加盟国を加えるとギアナを除く大陸全12カ国が参加
EU
APEC
TPP
ASEAN
NAFTA
アフリカ連合
湾岸協力会議
MERCOSUR

2017年〜2018年

トランプ大統領の言動が国際秩序に動揺をもたらす

近年、既存のさまざまな国際的な枠組みが、機能不全に陥りつつあります。その大きな要因の一つが、トランプ米大統領の言動です。トランプは、地球温暖化防止のために採択されたCOP（国連気候変動枠組条約締約国会議）のパリ協定からの離脱を宣言。また輸入製品に高い関税をかけ、保護主義に走っています。これらは従来米欧が一体になって進めてきた政策と完全に逆行しています。そのため18年6月に開催されたG7サミットでは、アメリカの孤立が鮮明になりました。

さらに翌月開催されたNATO首脳会議でも、トランプは「アメリカだけでなく、他国も応分の防衛費の負担をしろ」と要求し、米欧の溝をさらに深める結果となりました。

一方、G7やNATOではアメリカと対立するヨーロッパの国々も、一枚岩ではありません。イギリスはEU（欧州連合）からの離脱を決定。またイタリアでは、EUに批判的な政党同士による連立政権が誕生しています。EUも先行きが不透明です。

そしてアジア太平洋地域では、トランプがTPPからの離脱を宣言したために、この地域で世界のGDPの約30％にもなる一大自由経済圏を作るという構想が頓挫しました。これはトランプがTPPのような多国間協定よりも、大国としての力を背景に自国の主張を押し通しやすい2国間協定のほうを重視しているからです。そのため現在は、アメリカ抜きの11カ国で、TPP協定の発効を目指すことを余儀なくされています。

keyword **BRICS≫** 2001年頃から使用され始めた造語で、新興有力国であるブラジル・ロシア・インド・中国・南アフリカを指す。2009年以降はBRICS首脳会議が開催されている。

1989年〜2016年

冷戦が終わったが世界は一つにはならなかった

１９８９年に冷戦が終結したとき、多くの人は「これで世界から対立が消えて、今後は一つになる」という希望を抱きました。翌年には冷戦の産物である東西両ドイツが統一され、93年にはヨーロッパ全体を統合することを目的にＥＵが発足しました。

また90年にイラクのクウェート侵攻によって起きた湾岸危機では、国連安全保障理事会がすぐさまイラクに非難決議を採択しました。安保理決議は、アメリカとソ連を含む常任理事国のうち１カ国でも拒否権を行使すると採択されません。その足並みが揃ったことは、主要国が一つになってさまざまな国際問題に対処していく時代が訪れたことを印象づけました。

ところがこうした状況は長くは続きませんでした。２００１年にアメリカで同時多発テロが起こると、アメリカは「テロとの戦い」を宣言。03年には国連の採択を経ないままイラク戦争を開始します。国連安保理は再び機能不全に陥りました。

一方Ｇ７については、98年にロシアを加えて一時はＧ８となりました。ところがロシアは、14年にウクライナの領土であるクリミアを強引に併合したことを理由に資格停止となり、現在は再びＧ７に戻っています。そのＧ７は、中国などの新興国の登場により、近年では国際的な影響力の低下が目立ちます。そのため世界の中で主導権を握る国がいない「Ｇゼロ」の時代が訪れたと言う人もいます。そしてトランプの登場により、世界の先行きはますます混沌としてきたわけです。

G20の首脳会合は2008年から行われるようになった。写真は2017年、ドイツで開催されたG20での記念撮影。

2016年の伊勢志摩サミットの一幕。なお、本会合には欧州理事会議長と欧州委員会委員長も参加している。

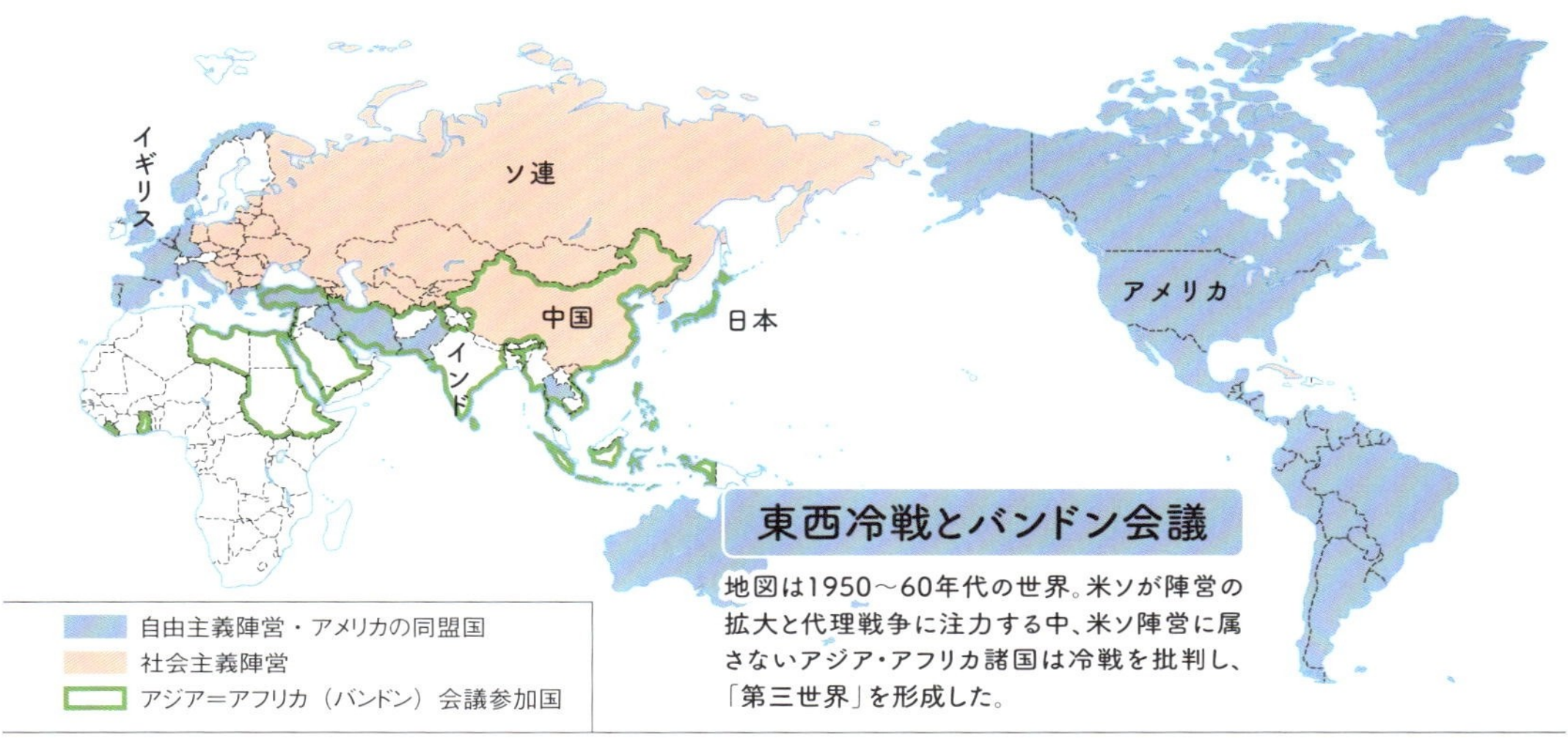

東西冷戦とバンドン会議

地図は1950～60年代の世界。米ソが陣営の拡大と代理戦争に注力する中、米ソ陣営に属さないアジア・アフリカ諸国は冷戦を批判し、「第三世界」を形成した。

1946年～1989年

米ソ冷戦構造の中でさまざまな同盟が結ばれる

1946年頃から89年まで、世界はアメリカを中心とする自由主義陣営（西側）と、ソ連を中心とする社会主義陣営（東側）が対立する東西冷戦が続きました。この時期、協定や同盟も、西側と東側にくっきりと分かれます。

まず軍事同盟では、49年にアメリカと西欧諸国がNATOを結成します。これは加盟国のうち1国が武力攻撃を加えられた場合、それを全加盟国への攻撃とみなして対応していくという集団安全保障同盟でした。さらに西側は、アメリカとオセアニア諸国がANZUS（太平洋安全保障条約）を、アメリカと東南アジア諸国がSEATO（東南アジア条約機構）を結び、東側陣営への包囲網を築きます。一方東側も、55年にソ連と東欧諸国で構成されるWTO（ワルシャワ条約機構）を結成しました。

また経済面では、49年にソ連と東欧諸国がCOMECON（経済相互援助会議）を結成したのに対して、西欧諸国ではEEC（欧州経済共同体）などを経て、67年にEC（欧州共同体）が結成されました。

一方、55年には戦後独立した新興諸国を中心にバンドン会議（アジア・アフリカ会議／29カ国参加）が開催されるなど、第三の道を目指す動きもありました。とはいえ現実には、多くの国が冷戦の枠組みの中にいました。冷戦構造は東西陣営の勢力が均衡する中で、緊張感をはらみながらも安定感もありました。現在の世界の混沌は、冷戦構造に代わる新たな国際秩序を構築できずにいることが大きいといえます。

keyword **バンドン会議≫** 戦後に独立したインド首相ネルー、インドネシア大統領スカルノ、エジプト大統領ナセルらが主導し、平和十原則が宣言された。各国の足並みが揃わず、第2回は実施されず。

1941年〜1946年
大戦中から米英を中心に国際連合の構想が描かれる

本来であれば、戦後の国際秩序の柱は、1945年10月に設立された国際連合が担うはずでした。国連の構想は、米英を中心にすでに第二次世界大戦中から描かれていました。アメリカのローズベルト大統領は、41年8月、イギリスのチャーチル首相と会談し、「領土の不拡大」や「民族自決」などの戦後構想の方針を定めた大西洋憲章を発表。これに他の連合国も賛同し、翌年には連合国共同宣言が出され、戦後の国連の設立へとつながります。

しかし国連は設立されてすぐに機能しなくなります。安保理の常任理事国同士である米ソの対立が激しくなり、東西冷戦が訪れたからです。

1914年〜1941年
国際秩序の構築失敗が第二次世界大戦を招く

1914年から18年まで続いた第一次世界大戦は、戦場となったヨーロッパの国々を荒廃させました。そこで、もうこんな戦争を二度と繰り返してはいけないという反省から生まれたのが、現在の国際連合の前身にあたる国際連盟でした。しかし提唱国のアメリカが不参加を決定。さらには常任理事国だった日本が33年に、イタリアが37年に脱退し、26年に加盟したドイツも33年に脱退したため、国際連盟はその時点で有名無実なものになりました。

また第一次世界大戦の講和条約にあたるヴェルサイユ条約では、敗戦国のドイツに巨額の賠償金が科せられました。ドイツではインフレが進行。よう

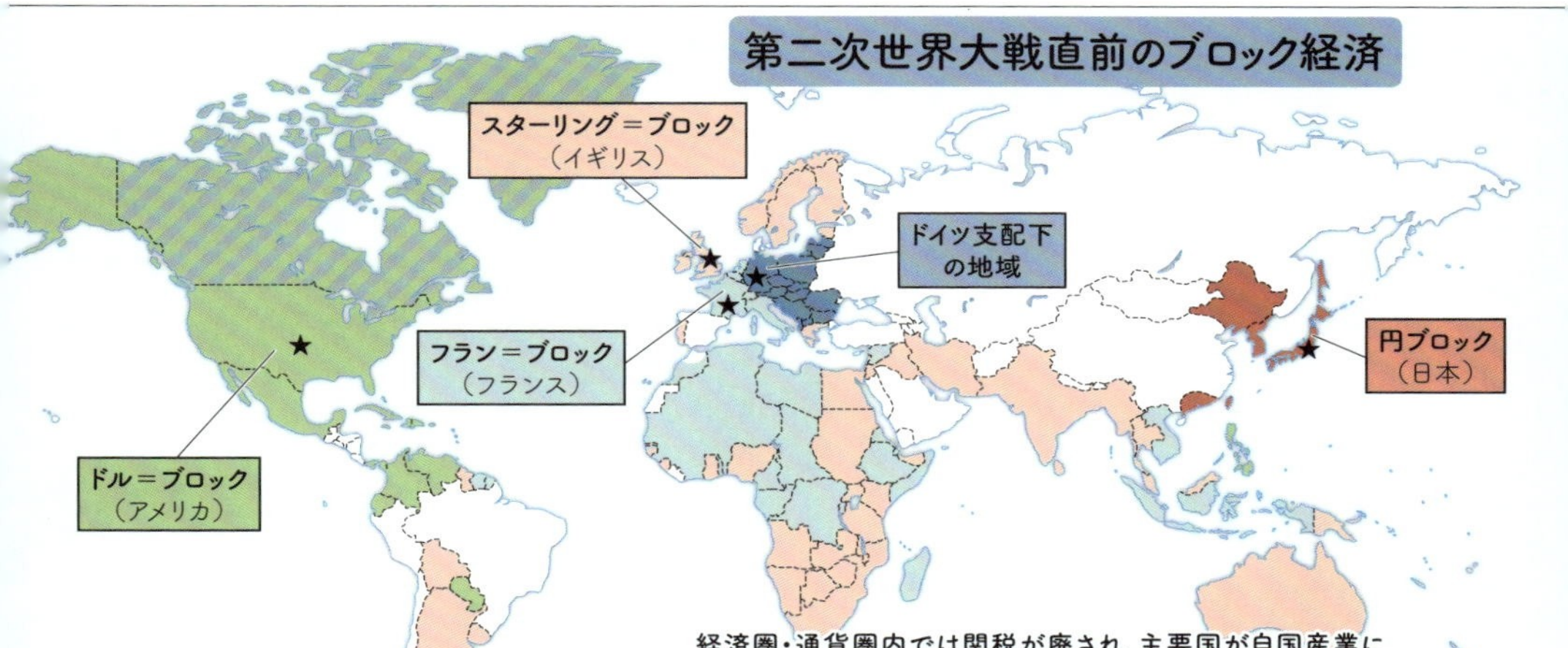

経済圏・通貨圏内では関税が廃され、主要国が自国産業に必要な物資の輸入を確保。一方で、経済圏外に対しては高い関税がかけられ、ブロック外との貿易が制限された。

Column

TPPやNAFTAは新たなブロック経済なのか!?

本文でも述べたように、戦前のブロック経済体制は、第二次世界大戦の勃発を招く要因になりました。この反省をもとに、戦後の1948年に GATT（関税および貿易に関する一般協定）が発効され、さらに冷戦終結後の95年に、GATT から発展して WTO（世界貿易機関）が設立されました。WTO は世界規模での関税撤廃を推し進め、自由で無差別で多角的な通商体制を築くことを目的にしています。

しかし各国のさまざまな利害が絡み合い、交渉は暗礁に乗り上げています。そこで近年では利害が一致する地域だけで、関税撤廃を実現させる動きが活発になっています。そうした目的で生まれたのが TPP や NAFTA、MERCOSUR などの経済枠組みですが、加盟国内だけで関税を撤廃するような動きは、新たなブロック経済ではないかという批判もあります。

やく景気が回復したと思いきや、今度は世界恐慌に襲われます。こうしてドイツは、「ヴェルサイユ体制の打破」を掲げるナチスの台頭を許すことになります。

世界恐慌は、各国を深刻な貿易不振に陥らせました。するとイギリスやフランス、アメリカは、旧植民地などの自国の影響下にある国々を束ねてブロック（経済圏）を作り、ブロック内では関税を下げて貿易の促進を図る一方で、ブロック外には高い関税を課すという保護主義的な政策を採ります。これにより窮地に陥ったのが、ブロックからはじかれ輸出先を失った日本やドイツ、イタリアでした。やむなくこの3国は、軍事的侵攻に活路を見出します。

このように第一次世界大戦後の国際社会は、国際秩序の構築にことごとく失敗しました。これが第二次世界大戦を招く要因となりました。

ふりかえり年表

1941	戦後の枠組みを謳った大西洋憲章が発表
1945	サンフランシスコ会議で国連憲章が採択。国際連合が発足する
1948	ベルリン封鎖。米ソ対立が鮮明に
1949	NATO結成
1955	バンドン会議開催。平和十原則の確認 ワルシャワ条約機構設立
1961	バンドン会議を受けた非同盟諸国首脳会議が開催
1967	ASEANが発足
1976	初のG7首脳会議が開催
1991	湾岸戦争勃発。ワルシャワ条約機構解消
1993	EUが発足
1994	NAFTA発効
1995	MERCOSURが発足
1998	ロシアが参加しG7からG8へ
1999	EUが共通通貨ユーロを導入
2008	初のG20首脳会合が開催
2014	G8へのロシアの参加が停止 中国が一帯一路構想を発表
2018	アメリカ抜きでTPPが合意

東西冷戦のはじまり

「第三の道」

地域統合の動き

参考文献 坂東太郎『「国際関係」の基本がイチからわかる本』（日本実業出版社）／細谷雄一『国際秩序』（中公新書）

第3章
年代別さかのぼり
近現代史

2018

時代区分としての〝現代〟がいつから始まるかには
諸説ありますが、歴史学の世界では
19世紀末以降とする説が有力です。
19世紀末に世界を覆った帝国主義と資本主義は
世紀が変わって勃発した二つの世界大戦につながり、
第二次世界大戦後には自由主義陣営と
社会主義陣営が競う冷戦構造が長く続きました。
1989年に冷戦が集結したことで
「世界の一体化は強まる」と信じられた時期も
ありましたが、9・11の同時多発テロによって
21世紀が幕を開けてからも、
世界から紛争がなくなる気配はなく、
近年はまるで100年前にタイムスリップしたかのような
覇権主義的な言動が強まっています。
現代世界はどのように歩んできたのか、
この章では10年単位（2000年以降は2018年まで）で
日本と世界の歩みを振り返ります。

1990

00年代以降

2011年3月11日に発生した東日本大震災で爆発した福島第一原発。

日本経済は2000年代に入ってからも、バブル崩壊後の長期停滞から抜け出せずにいた。そのためのちに00年代は、90年代と合わせて、「失われた20年」と呼ばれるようになる。

12年末に成立した第2次安倍晋三政権が経済政策としてアベノミクスを打ち出して以降は、株価が上昇に転じ、景気拡大が続いているものの、労働者の賃金上昇には結びついておらず、実感なき好景気ともいえる状況にある。

政治面では、09年の衆議院選挙で民主党が圧勝して政権を奪取した。しかし沖縄基地問題をめぐる迷走などにより、支持率が急落。再び自民党に政権を明け渡すことになった。なお11年には、死者・行方不明者数が約1万8000人にも上る東日本大震災が発生した。

日本年表

2018	10	沖縄知事選で辺野古移設反対派の玉城デニーが勝利	P44
2017	10	総選挙で自民党圧勝	P64
2016	8	今上天皇が退位の意向を示される	P58
2016	5	オバマ米大統領、現職大統領として初の広島訪問	
2015	10	TPP協定に大筋合意	
2014	4	消費税が17年ぶりに増税。8%に	P70
2013	9	2020年、オリンピックが東京で開催決定	
2012	12	第2次安倍内閣成立。自民党が政権復帰	P65
2012	9	政府、尖閣諸島を国有化	P31
2011	3	東日本大震災、福島第一原発事故が発生	
2009	8	総選挙で民主党が大勝。民主党に政権交代	P65
2003	12	自衛隊、イラクに派遣	P51
2003	4	『冬のソナタ』放送開始。韓流ブーム始まる	P25
2002	9	日朝首脳会談。日本人の拉致被害者の帰還に貢献	

日本の人口（2018年）
＝
1億2600万人

※1体＝200万人／人口は総務省統計局「国勢調査」「人口推計」などを参考

20

過激な発言で世界を騒がせ続けるアメリカ大統領ドナルド・トランプ。

21世紀の世界は、アメリカ同時多発テロで幕を開けた。アメリカは「テロとの戦い」を掲げイラク戦争に踏み切るも、占領統治に失敗し、中東情勢の悪化を招く。そんな中でイスラーム過激派が勢いを増し、世界各地でテロを繰り返すようになった。

ヨーロッパでは、EUの移民・難民政策に批判的なEU懐疑派が各国で台頭。欧州統合に暗雲が立ちこめつつある。アメリカは外交面で、世界の警察から降りる動きを見せ、内向き化が顕著だ。一方中国は、「一帯一路《いったいいちろ》」政策などによって世界での影響力の拡大を目指している。

こうして現在世界は、冷戦後に打ち立てられつつあった国際秩序が大きく崩れ、混沌とした様相を呈している。

世界年表

2018	6	トランプ米大統領と金正恩委員長の米朝首脳会談が実現	P104
2017	7	北朝鮮、年16回のミサイル発射実験。世界終末時計が2分前に	P185
2017	7	国連で核兵器禁止条約が採択。ただし核保有国は反対	P183
2017	1	トランプがアメリカ大統領に就任	P92
2016	6	イギリス国民投票でEU離脱派が過半数を獲得	P138
2016	5	蔡英文が台湾初の女性総統に就任	P117
2015	11	フランスでISによる同時多発テロが発生	P132
2014	3	ロシア、クリミア共和国を承認。併合を宣言	P142
2011	3	シリア内戦が始まる	
2010	12	チュニジアでジャスミン革命。アラブの春が本格化	
2008	9	リーマン・ショックが発生。金融危機が世界に波及	
2003	3	イラク戦争勃発	P155
2001	9	米同時多発テロ発生。翌月、アフガニスタンへ攻撃開始	P87
2000	6	平壌にて南北首脳会談	

世界の人口（2018年）
＝
75億5000万人

※1体＝1億人／人口は国際連合「United Nations Population Division」「The World at Six Billion」などを参考

90年代

1995年、地下鉄サリン事件発生直後に地上で手当てを受ける乗客。

日本の1990年代はバブル崩壊から始まった。金融機関は不良債権の処理に苦しみ、健全な企業への貸出にも慎重になったため、経済が停滞。平成不況が訪れた。外交面では、湾岸戦争の勃発を契機に、より積極的な国際貢献がアメリカなどから強く求められるようになった。これに対して日本ではPKO協力法を成立させ、自衛隊の海外派遣を可能にした。

ただし、経済政策も外交政策も、情勢の変化に機敏に対応できず、後手に回ったことが、日本の国際社会での存在感を低下させる要因となった。

社会的な出来事としては、戦後50年の節目にあたる95年、死者6000人を超える阪神・淡路大震災とオウム真理教による地下鉄サリン事件が発生した。

日本年表

1999	4	改正男女雇用機会均等法、改正労働基準法が施行	
1998	2	冬季長野オリンピックが開催	
1997	4	消費税が5%に	
1996	12	「原爆ドーム」などが世界遺産に登録	P187
1996	4	普天間飛行場の返還で日米が合意	P44
1995	9	沖縄で米兵による少女暴行事件。日米地位協定が問題化	P44
1995	3	地下鉄サリン事件が起こる	
1995	1	阪神・淡路大震災が発生	
1993	12	法隆寺と姫路城が日本初の世界遺産に認定	
1993	8	細川護熙内閣が成立。55年体制が崩壊	P68
1992	9	自衛隊がカンボジアPKOに派遣される	P52
1991	4	海上自衛隊の掃海艇がペルシア湾へ出発	P17
1991	3	バブルが崩壊し、景気が悪化。「失われた20年」へ	P72
1990	11	今上天皇即位の礼	P59

日本の人口（2000年）
＝
1億2700万人

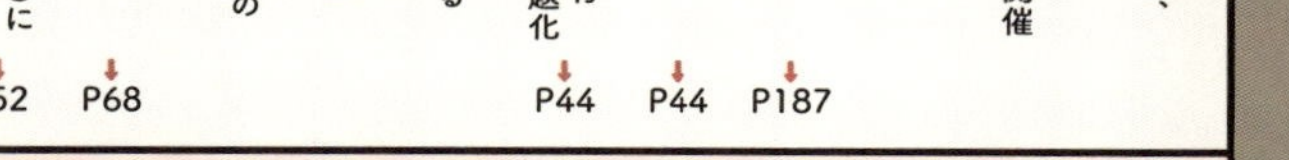

※1体＝200万人

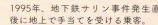

世界

19

1990年、東西ドイツの統一の瞬間に歓喜するドイツ国民。

冷戦の終結を踏まえ、当時の世界では新たな国際秩序の構築が求められていた。ヨーロッパでは1990年に東西ドイツが統合されると、欧州統合の動きが加速。92年にはEUの創設を定めたマーストリヒト条約が調印された。アメリカはソ連との間で91年、米ソ戦略兵器削減条約に調印。冷戦期には困難だった米ソによる核軍縮が始まった。

そのソ連は91年末に解体。約70年の歴史に幕を下ろした。東欧諸国も社会主義から資本主義への移行が進んだが、体制変更は容易ではなく、旧ソ連領内や東欧ではユーゴスラビア紛争やコソボ紛争などの民族紛争が勃発した。

一方、イスラーム過激派組織も力をつけ、新たな脅威になろうとしていた。

世界年表

年	月	出来事	参照
1990	10	東西ドイツが統一	
1991	1	湾岸戦争が始まる	P156
1991	7	米ソ戦略兵器削減条約（START）調印	P184
1991	12	ソ連が解体。ロシアをはじめとする独立国家共同体へ	P144
1992	8	中国と韓国が国交樹立	
1993	11	ヨーロッパ、マーストリヒト条約によりEUが成立	P134
1994	4	ルワンダ難民虐殺が発生	
1994	7	北朝鮮、金日成主席が死去。金正日が総書記に	P106
1995	8	NATOによるボスニア・ヘルツェゴビナ空爆	
1995	9	フランス、核実験を強行	
1996	9	国連、CTBT（包括的核実験禁止条約）を採択	
1997	7	香港がイギリスから中国に返還	
1998	8	北朝鮮、弾道ミサイル発射実験	P106
1999	12	マカオがポルトガルから中国に返還	

世界の人口（2000年）
＝
61億4500万人

※1体＝1億人

80年代

1989年1月、新元号「平成」を発表する小渕恵三官房長官。

自動車生産台数が世界一になるなど、80年代は日本製品が世界を席巻した時代だった。そのため貿易赤字に苦しむアメリカとの間で貿易摩擦が激化した。

一方財政面では、歳出が税収の伸びを上回る状態が続き、この頃から財政赤字が深刻な問題となる。政府は財政再建に着手。公共事業費の抑制や日本電信電話公社、国鉄などの民営化を行った。

80年代後半には、日本銀行による金融緩和をきっかけに、土地や株式への投資が過熱し、バブル景気が発生。好景気により税収も伸びたが、歳出はそれ以上に増えたため、財政再建に結びつけられず、後世にツケを残すことになる。

なお89年1月に昭和天皇が崩御。時代は昭和から平成へと移行した。

日本年表

1989	9	日米構造協議の開始	
1989	7	第15回参議院選挙で自民党が惨敗	
1989	4	消費税導入。税率3％	
1989	1	昭和天皇が崩御。「平成」と改元	P59
1988	3	青函トンネル開通	
1987	4	国鉄が民営化。JR7社が開業	
1986		日銀、公定歩合引き下げ。バブル景気が始まる	P73
1985	9	G5、プラザ合意	P73
1985	4	電電公社と専売公社が民営化。NTT、JTが発足	
1983	10	東京地裁、田中角栄被告に実刑判決	
1983	1	中曽根首相が訪米、「日米は運命共同体」と表明	
1982	11	上越新幹線、大宮～新潟間が開通	
1982	6	東北新幹線、大宮～盛岡間が開通	
1981	1	「北方領土の日」を制定	P36

日本の人口（1990年）
＝
1億2300万人

※1体＝200万人

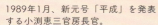

世界

19

1989年12月、マルタ島で米ソ首脳が会談。冷戦終結を宣言した。

一時は緩和に向かっていた東西対立が1980年代前半に入ると再び深まった。80年に開催されたモスクワ五輪では、アフガニスタンを軍事占領し続けるソ連に抗議して、西側諸国の多くが不参加を決定。さらに81年にアメリカ大統領に就任したレーガンは、対ソ強硬路線を強化したため、世界は「新冷戦」に突入した。

だがソ連は多額の軍事費が財政を圧迫し、軍拡競争を継続するのが困難になっていた。85年にゴルバチョフが書記長に就任すると、政治や経済の自由化とともに対米関係改善が加速。89年に米ソが冷戦終結を宣言するに至る。こうした動きは東欧の民衆を刺激し、これらの国々でも民主化を求める人々の声を止めることができなくなっていった。

世界年表

年	月	出来事	参照
1989	12	マルタ会談。米ソ首脳が会談し、冷戦終結を宣言	P89
1989	11	東ドイツ、国民の移動制限を解除。ベルリンの壁が崩壊	
1989	7	ミャンマーでアウン・サン・スー・チーが自宅軟禁	P124
1989	6	中国、天安門事件が発生	P113
1988	9	ビルマで軍事クーデターが発生	P124
1987	12	米ソ、INF（中距離核戦力）全廃条約調印	
1987	11	北朝鮮の工作員による大韓航空機爆破テロ	P107
1987	10	ブラックマンデー。ニューヨークの株が暴落	
1986	10	米ソ首脳会談。ただし軍縮交渉は決裂	
1986	4	チェルノブイリ原子力発電所事故が発生	
1986	2	ソビエト大会で「ペレストロイカ」発表。新思考外交始まる	P175
1984	1	アメリカ、ユネスコ脱退	
1982	6	米ソ戦略兵器削減交渉（START）開始	
1980	9	イラン＝イラク戦争が勃発	P156

世界の人口（1990年）
＝
53億3000万人

※1体＝1億人

70年代

ロッキード事件で逮捕された田中角栄首相。

戦後、経済成長最優先の政策を続けていた日本では、1970年前後になると公害や都市の過密化など、さまざまな歪《ゆが》みがあらわになってきた。政府も70年に14の公害関連法を成立させ、71年には環境庁を発足させるなど、環境対策に力を入れざるを得なくなった。

そんな中で日本経済は74年、戦後初のマイナス成長を記録。高度経済成長は終焉し、安定成長時代に移行した。

政治・外交面でも、72年に沖縄の施政権がアメリカから日本に返還。また同年、日中国交正常化が実現されるなど、大きな動きがあった。

なお76年にはロッキード事件が発生。田中角栄前首相が受託収賄罪等で逮捕されるという異例の事態になった。

日本年表

年	月	出来事	参照
1979	1	イラン革命の影響を受け第二次オイルショックが発生	
1978	8	日中平和友好条約が調印される	P34
1978	5	新東京国際空港（成田空港）開港	
1978	4	尖閣諸島の日本領海に中国船が立ち入り	
1976	7	ロッキード事件。田中角栄前首相が収賄容疑で逮捕	
1975	3	山陽新幹線が全区間開通	
1974		経済成長率が戦後初のマイナス成長。	P75
1973	10	中東戦争の影響を受け第一次オイルショックが発生	
1972	9	日中共同声明。国交正常化	P34
1972	5	沖縄返還。沖縄県発足	P45
1971	9	新潟水俣病訴訟で原告側が勝訴	
1971	7	公害問題を背景に環境庁が設置される	
1970	12	日本の総人口が1億人を突破	P76
1970	3	日本万国博覧会（大阪万博）が開催（～9月）	

日本の人口（1980年）
＝
1億1700万人

※1体＝200万人

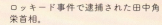

ベトナム戦争下、負傷兵を運ぶアメリカ陸軍の兵士たち。

世界を覆っていた冷戦構造に大きな変化が見られた。敵対関係にあった米中が1972年に接近し、79年には国交を樹立。米ソ関係もデタント（緊張緩和）が進み、72年には戦略的攻撃兵器制限暫定協定が結ばれた。

この時期のアメリカ経済は、ベトナム戦争の長期化による軍事費の増大や、国際収支の赤字に苦しんでいた。軍事費を抑え、米ソの代理戦争であったベトナム戦争を終わらせるためにも、ソ連との関係改善は不可避だった。

国際収支の悪化は米ドルの海外流出を招き、アメリカは従来の為替レートを維持するのが困難になった。そしてついに73年、日本を含めた先進各国は、米ドルとの為替レートを固定相場制から変動相場制に移行させることとなる。

世界年表

年	月	出来事	参照
1979	12	ソ連軍がアフガニスタンに軍事侵攻	
1979	5	イギリス、サッチャー保守党内閣が成立	P140
1979	3	アメリカ、スリーマイル島で原発事故が発生	
1979	2	イラン革命が起こる	P156
1979	1	米中国交正常化。アメリカは台湾と断交する	
1976	4	中国で四五天安門事件が起きる	
1975	4	ベトナム戦争終結。翌年、南北統一が実現	
1973	10	第四次中東戦争が勃発	P151
1973	9	東西ドイツ両国が同時に国連に加盟	
1972	2	ニクソン大統領が電撃訪中。米中和解へ動きだす	P114
1971	12	第三次インド・パキスタン戦争	P128
1971	10	台湾、国連を脱退	P119
1971	10	中華人民共和国、国連の中国代表権獲得	
1971	8	ドル・ショック。世界経済が大混乱に陥る	

世界の人口（1980年）
＝
44億5800万人

※1体＝1億人

60年代

1964年、東京オリンピックの開会式で入場する日本選手団。

1 960年、日米安保の改定を進める政府に対し、国民的規模の反対運動が起こった。改定は実現したが、岸信介《きしのぶすけ》首相は退陣を迫られることとなった。

後を継いだ池田勇人《いけだはやと》首相は、「所得倍増計画」を打ち出し、経済政策に力を注いだ。人々の関心も政治から経済へと移り変わっていった。所得倍増はわずか4年で実現され、64年にはOECDに加盟、そして68年にはGNPがアメリカに次いで世界2位となった。

64年には東京オリンピックを成功させ、また同年、世界初の高速鉄道である東海道新幹線を開通させた。さらには高速道路網も整備されていった。日本は戦後復興を完全に成し遂げるとともに、世界の先進国の仲間入りを果たした。

日本年表

年	月	出来事	参照
1969	11	佐藤・ニクソン会談。沖縄返還へ	P45
1968		GNPがアメリカに次いで2位になる	
1968	4	小笠原返還協定に調印	
1967	8	公害対策基本法公布	
1966	1	東京五輪後の不況に際し、戦後初の赤字国債が発行	P75
1965	6	日韓基本条約に調印。両国の国交が正常化	P26
1964	10	東京オリンピックが開催	
1964	10	東海道新幹線が開通	
1964	4	OECD（経済協力開発機構）に加盟	
1964	4	IMF（国際通貨基金）8条国に移行	
1963	8	部分的核実験禁止条約に署名	
1961	10	衆議院、参議院が核実験禁止を決議	
1960	12	池田勇人内閣、国民所得倍増計画を発表	P74
1960	1	日米新安保条約調印	

日本の人口（1970年）
=
1億400万人

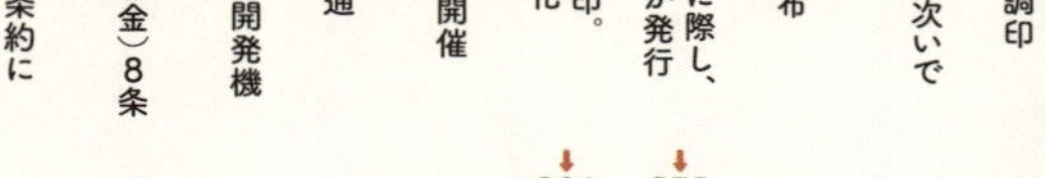

※1体＝200万人

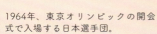

世界

19

1969年、史上初の月面着陸に成功したアメリカのアポロ11号。

ソ連がキューバにミサイル基地の建設を進めていることが発覚して起きた1962年のキューバ危機は、冷戦の進行が第三次世界大戦を招きかねないことを人々に印象づける事件となった。またベトナムでは60年代半ば以降、米ソの代理戦争であるベトナム戦争が激化した。米ソの激突は宇宙開発においても繰り広げられ、61年に世界初の有人宇宙飛行を成功させたソ連に対して、アメリカは69年、人類初の月面着陸に成功した。

一方、中国では文化大革命によって多くの知識人や政治家が粛清され、経済や文化が著しく停滞する結果となった。中東ではPLOが結成され、領土回復を求めて、イスラエルに対するパレスチナ人の戦いが激化した。

世界年表

年	月	できごと	参照
1969	7	アメリカの宇宙船アポロ11号が人類初の月面着陸	
1968	7	62カ国が核拡散防止条約に調印	
1967	8	ASEANが東南アジア5カ国で発足	P124
1967	6	第三次中東戦争	P151
1966	8	中国でプロレタリア文化大革命が起きる	P115
1965	2	アメリカ、ベトナム北爆を開始	P88
1964	7	公民権運動を背景にアメリカで公民権法が成立	P96
1963	5	アフリカ統一機構（OAU）発足	
1962	10	ミサイル基地をめぐり米ソが対立。キューバ危機	P186
1962	7	アルジェリアがフランスから独立	
1961	8	ドイツ、ベルリンの壁を建設	
1961	5	キューバ、カストロが社会主義宣言	
1961	4	ロシア、ガガーリンが初の地球一周に成功	
1960		アフリカ17カ国が独立。アフリカの年	

世界の人口（1970年）
＝
37億人

※1体＝1億人

50年代

1951年、サンフランシスコ平和条約に調印する吉田茂首相。

1950年に始まった朝鮮戦争では、米軍が膨大な軍事物資を日本に発注し「朝鮮特需」が発生。戦後の経済的苦境から抜け出す契機となった。54年に神武景気が始まると、そのまま高度経済成長期に突入した。

51年には西側諸国を中心とした48カ国とサンフランシスコ平和条約を締結。これにより戦後の占領が終わり、日本は再び独立を果たした。また同年、日米安保条約も締結された。55年には保守勢力が結集して自由民主党（自民党）が発足。以降、与党・自民党と野党・社会党による「55年体制」が長く続くことになる。

このように50年代は、日本が復興の足掛かりを得ると同時に、戦後の政治体制の確立期となった時期だった。

日本年表

年	月	出来事	参照
1950	6	朝鮮戦争開始。特需景気が起こる	P74
1950	8	警察予備隊令公布 のちに自衛隊となる	P55
1951	6	日本、ユネスコに加盟	
1951	9	サンフランシスコ平和条約、日米安全保障条約調印	P18
1952	8	IMF・世界銀行に加盟	
1954	3	米のビキニ環礁水爆実験で第五福竜丸が被爆	
1954	3	MSA協定（日米相互防衛援助協定）調印	
1954	7	自衛隊が発足	P55
1954	12	神武景気。高度経済成長期に突入	P74
1955	8	第1回原水爆禁止世界大会が広島で開催	
1955	11	55年体制が始まる	P68
1956	10	日ソ共同宣言。ソ連との国交回復	
1956	12	日本、国際連合加盟。23年ぶりに国際社会に復帰	
1958	12	東京タワー竣工	

日本の人口（1960年）
＝
9300万人

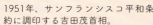

※1体＝200万人

世界

19

1955年のバンドン会議には、日本を含め29カ国が参加した。

世界は東西対立の真っ只中にあった。50年に勃発した朝鮮戦争は、アメリカが韓国を、ソ連と中国が北朝鮮を支援する中で戦われ、完全な米ソ中の代理戦争となった。

しかし50年代後半、東側諸国の間でその結束に乱れが生じる事件が生じた。53年にソ連の独裁者スターリンが死去すると、のちに最高指導者に就任したフルシチョフは56年にスターリン批判を展開。するとこれに刺激を受けた東欧諸国で、自由化の動きが起きた。ソ連はこれを弾圧することで、引き続き東欧諸国を支配下に置いた。

一方で50年代には、東西のどちらにも属さない国々が集まって、バンドン会議が開かれるなど、第三勢力としての道を探る動きも起きた。

世界年表

年	月	出来事	参照
1959	1	キューバ革命。チェ・ゲバラらによる革命政権樹立	
1958	5	毛沢東、大躍進政策を実施	P114
1956	10	ハンガリー事件が発生。ソ連軍が弾圧	P145
1956	10	第二次中東戦争（スエズ戦争）	P151
1955	5	東ヨーロッパ相互援助条約（ワルシャワ条約）調印	P145
1955	4	バンドン会議（アジア・アフリカ会議）に29カ国が参加	P191
1954	9	東南アジア条約機構（SEATO）調印	P191
1954	7	ジュネーヴ協定。第一次インドシナ戦争が終結	
1954	6	ソ連、世界初の原子力発電所を操業	
1953	7	朝鮮戦争休戦協定が成立	P102
1953	3	ソ連、スターリンが死去	
1952	7	EUの原型となるECSCが6カ国で発足	P136
1951	9	サンフランシスコ講和会議に連合国51カ国が参加	
1950	6	朝鮮戦争が勃発	P102

世界の人口（1960年）
=
30億3300万人

※1体＝1億人

40年代

太平洋戦争は日本による真珠湾への奇襲攻撃から始まった。

1941年12月、日本は米英に対して宣戦布告をし、太平洋戦争が始まった。一方で日本は日中戦争も戦っており、戦線の拡大はあまりにも無謀といえた。開戦直後はアメリカの準備が整っていなかったこともあり戦局は日本優位に進んだが、やがて米軍の体制が整うと、物量において圧倒的な差のある日本軍は敗北を重ねるようになる。45年6月には沖縄が占領され、8月には広島と長崎に原爆が投下される。日本はポツダム宣言の受託を決定し、敗北が決まった。

戦後の日本はアメリカの占領下に置かれ、農地改革や財閥解体、教育改革など、さまざまな民主化政策が進められた。そして47年には新たな憲法として、日本国憲法が施行となった。

日本年表

年	月	出来事	参照
1949	11	湯川秀樹、日本人初のノーベル賞（物理学賞）を受賞	
1948	11	極東国際軍事裁判で東条英機らが死刑判決	
1946	11	日本国憲法公布。翌年5月に施行	P55
1946	1	天皇、「人間宣言」により神格否定	P61
1945	10	GHQによる人権指令	P18
1945	9	2日、米戦艦ミズーリ号で降伏文書に調印	
1945	8	広島、長崎に原爆投下。ポツダム宣言を受託	P19
1945	4	米軍、沖縄本島に上陸	P47
1945	3	東京大空襲。10万人以上の死者を出す	P19
1943	12	兵員不足を受け学生たちが出征。学徒出陣	
1941	12	真珠湾攻撃。太平洋戦争が始まる	P19
1941	10	東条英機内閣が成立	
1941	4	日ソ中立条約調印。日米交渉開始	
1940	8	立憲民政党が解党。議会制民主政治が事実上停止	

日本の人口（1950年）
＝
8300万人

※1体＝200万人

19 世界

1946年、英首相チャーチルによる「鉄のカーテン」演説。

ヨーロッパ諸国は1940年代を第二次世界大戦の中で迎えた。ドイツは40年6月にフランスを陥落させると、翌年にはソ連に侵攻。独ソ戦が始まった。一方太平洋地域では、日本が米英に宣戦布告。これを契機にアメリカも第二次世界大戦に参戦し、太平洋戦線とともに欧州戦線にも軍隊を送り込んだ。

戦局は43年には明らかに連合国優位となり、イタリア、ドイツに次ぎ45年8月には日本も降伏し、大戦は終結した。

戦後、ヨーロッパ諸国が疲弊し尽くしている中で、世界の覇権を掌握しているかに見えたのがアメリカだった。しかし、そこに東欧諸国を管理下において社会主義圏を作ったソ連が立ちはだかり、米ソによる東西冷戦が始まった。

世界年表

年	月	出来事	参照
1941	6	独ソ戦争が始まる	
1941	8	英米、大西洋憲章に調印	P192
1945	2	米英ソがヤルタ会談で戦後処理を話し合う	
1945	4	ソ連軍がベルリンに突入。ヒトラー自殺	
1945	5	ドイツが降伏。ヨーロッパ戦線は事実上終戦	
1945	7	米英中が日本の終戦条件であるポツダム宣言を発表	P192
1945	10	国際連合が51ヵ国の加盟によって発足	P115
1946	3	チャーチル「鉄のカーテン」演説	
1946	6	中国、本格的な国共内戦が勃発	
1947	6	米、欧州経済復興援助計画であるマーシャル・プラン発表	
1948	5	アラブ諸国とイスラエルによる第一次中東戦争勃発	P151
1948	8	大韓民国が成立	P102
1948	9	朝鮮民主主義人民共和国が成立	P109
1949	10	中華人民共和国が成立	P115

世界の人口（1950年）= 25億3600万人　※1体＝1億人

30年代

調査の結果、満州事変を日本の侵略行為と報告したリットン調査団。

この時代の日本は戦時色一色だった。1931年、陸軍の関東軍が政府の許可を得ずに満州事変を起こし、翌年には満州を占領。32年には傀《かい》儡《らい》国家である満州国を建国した。

軍部の暴走に対して政府は無力だった。32年5月、青年将校らが犬養毅《いぬかいつよし》首相を射殺する五・一五事件が発生すると、政党内閣は瓦解《がかい》。その後は軍部が国家運営の主導権を握った。

37年には日中両国が衝突する盧《ろ》溝《こう》橋《きょう》事件が発生。政府は当初不拡大方針を表明するが、軍部はまたしてもこれを無視。日中戦争へと突入していった。そして日中戦争が膠着状態に陥ると、活路を南方へと求めたために米英と衝突。これが太平洋戦争勃発の要因となったのだった。

日本年表

1931	9	満州事変が起こる	
1932	2	リットン調査団が来日。10月に報告書を公表	
1932	3	満州国が建国	P21
1932	5	五・一五事件。犬養毅首相が暗殺される	P69
1933	3	国際連盟から脱退	P192
1935	2	美濃部達吉の「天皇機関説」問題が勃発	
1936	2	陸軍将校らによるクーデター未遂。二・二六事件	
1937	7	盧溝橋事件を契機に日中戦争が始まる	P115
1937	11	日独伊三国防共協定	
1937	12	南京事件。日本軍が中国人に暴行、殺傷を行う	
1938	4	国家総動員法が公布。翌月に施行	
1938	7	張鼓峰事件。日ソ紛争が起こる	
1939	5	ノモンハン事件で日本、ソ連軍が衝突	
1939	7	国民徴用令が公布。国民が軍需産業に徴用される	

日本の人口（1940年）＝7200万人

※1体＝200万人

世界

19

世界を混乱に陥れた独ヒトラー（右）と伊ムッソリーニ（左）。

1930年代前半は、世界恐慌の嵐が吹き荒れていた。イギリス、フランス、アメリカは、旧植民地などを取り込んでブロック経済を形成。保護主義的な経済政策を採ることで、大恐慌を乗り切ろうとした。

一方ドイツやイタリア、日本は、ブロック経済からはじかれてしまったために輸出先を失い、ますます経済的苦境に陥った。そんな中でドイツやイタリアでは全体主義を志向するファシスト政党が台頭し、日本では軍部が実権を握った。

日独伊3国は、軍事的侵攻によって状況の打開を図ろうとした。そして39年9月、ドイツがポーランドに侵攻を開始したことによって第二次世界大戦の火ぶたが切られた。先の世界大戦の終結から、わずか21年後のことだった。

世界年表

年	月	出来事	参照
1939	9	独ソ両国がポーランドに侵攻。第二次世界大戦勃発	
1938	11	ドイツ、「水晶の夜」事件。ユダヤ人迫害が激化する	
1938	9	英伊独仏によるミュンヘン会談が行われる	
1937	9	中国、第二次国共合作	
1936		ソ連でスターリンによる大粛清が始まる（～38年）	P177
1936	12	西安事件。蒋介石が抗日派により監禁	
1935	8	中国共産党の毛沢東が八・一宣言。抗日の気運が高まる	
1934	9	ソ連、国際連盟に加盟	
1933	1	ドイツ、ヒトラーが首相になりナチス政権が成立	P181
1932	10	イラク王国がイギリスから独立	
1932	9	サウジアラビア王国が成立	P161
1932	7	オタワ連邦会議。ブロック経済が形成される	P192
1931	12	ウェストミンスター憲章採択。英連邦王国が成立	P140
1930	1	ロンドン海軍軍縮会議	

世界の人口（1940年）
＝
23億人

※1体＝1億人

20年代

関東大震災で焼け野原となった東京・芝周辺の光景。

1920年代前半、欧米列強は東アジアにおける日本の膨張を危険視するようになっていた。そのため21年から22年にかけてワシントン会議が開かれ、太平洋問題（四カ国条約）や中国をめぐる方針（九カ国条約）について定めた条約や、海軍軍縮条約などが、日本と欧米列強との間で結ばれた。日本も協調外交の立場からこれに前向きに応じた。

内政では、24年からの8年間、二大政党による政党内閣が続いた。ところが経済政策などで失政が続き、やがて政党内閣は国民の信任を失うようになる。これが軍部の台頭を招く一因となった。

23年には死者10万人を超す関東大震災が発生。また26年には大正天皇が崩御。激動の昭和時代が始まった。

日本年表

年	月	出来事
1928	6	張作霖爆殺事件。関東軍が満州軍閥の張作霖を暗殺
1928	3	三・一五事件。日本共産党員が大規模検挙
1928	2	第1回普通選挙。無産政党8名が当選
1927	3	大戦景気から一転し、金融恐慌が起こる
1926	12	大正天皇が崩御。昭和天皇・裕仁が即位し改元
1925	5	普通選挙法公布。25歳以上の日本男子が選挙権を得る
1925	4	治安維持法公布
1924	1	第二次護憲運動で立憲政友会が分裂。二大政党内閣が誕生 ↓P69
1923	9	関東大震災が発生。日本史上最大の被害に
1922	2	ワシントン海軍軍縮条約、九カ国条約が成立
1921	12	日英米仏四カ国条約が成立
1921	11	ワシントン会議に参加。軍縮問題や太平洋・アジア問題を協議
1920	3	戦後恐慌が発生。株価が大暴落する
1920	1	国際連盟に加入 ↓P192

日本の人口（1930年）＝6400万人

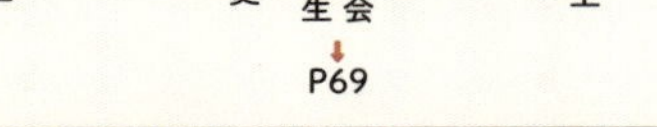

※1体＝200万人

世界

19

株価大暴落後にニューヨークの銀行に押し寄せる民衆たち。

ヨーロッパ諸国は国土が戦場となった第一次世界大戦の痛手から立ち直れずにいた。敗戦国のドイツは多額の賠償金を科せられ、戦勝国のイギリスやフランスも、アメリカへの戦債の支払いが滞っていた。そこでアメリカは、ヨーロッパの復興のために積極的な経済支援を行った。ヨーロッパは、1920年代半ばにようやく苦境を脱した。

一方アメリカは、黄金時代を迎えていた。家庭では自動車や家電製品が普及。市場では株式投機が盛んに行われ、空前の好景気となった。

ところが29年10月、株価が大暴落し、一転不況に陥る。その波は海外にも波及し、世界恐慌となった。暗黒の時代が再び始まろうとしていた。

世界年表

年	月	できごと	参照
1929	10	ニューヨークの株価が大暴落。世界恐慌が起こる	
1929	8	イェルサレムで「嘆きの壁事件」が起こる	
1928	8	パリ不戦条約に15カ国が署名。その後63カ国に拡大	
1927	6	ジュネーヴ軍縮会議が不成功に終わる	
1927	3	蒋介石が南京・上海を占領する（南京事件）	
1926	7	蒋介石が国民革命（北伐）を開始	
1925	5	中国・上海で五・三〇運動が起こる	
1924	7	米で移民法施行。新移民を制限し、日本人移民を禁止	P97
1924	1	中国、第一次国共合作	
1924	1	ソ連、レーニンが死去しスターリンが権力を握る	P147
1922	12	ソビエト連邦が成立	P146
1921	11	ワシントン会議が開催	
1921	7	コミンテルンの指導で中国共産党が結成	
1920	1	国際連盟が42カ国の加盟により発足	P192

世界の人口（1930年）
＝
20億7000万人

※1体＝1億人

10年代

日本は第一次世界大戦で、ドイツ領だった山東半島の青島を占領した。

明治天皇の崩御に伴い、1912年、大正天皇が即位した。この頃から普通選挙や政党政治の実現を求めた大正デモクラシーの運動が、民衆レベルでも盛んになった。このうねりの中で18年、初の本格的な政党内閣である原敬《はらたかし》内閣が誕生した。

外交面では、14年の第一次世界大戦に連合国側として参戦し、ドイツに宣戦布告。中国・青島《チンタオ》のドイツ租借地や山東権益、北太平洋上のドイツ領南洋諸島を占領した。大戦は日本にとって、西欧列強が主戦場のヨーロッパ大陸に釘付けになっている間に、アジアに進出する絶好の機会だった。

こうした領土的野心を隠そうとしない日本に、次第に欧米列強は警戒心をあらわにするようになっていった。

日本年表

1919	6	ヴェルサイユ条約。ILOに加盟
1919	3	朝鮮で三・一独立運動が起こる
1918	9	初の本格的な政党内閣となる原敬内閣が誕生
1918	8	日本軍、チェコ兵の救出を大義にシベリア出兵
1918	7	富山県で米騒動が起こる
1915	1	中国に二十一カ条の要求を提出
1915		戦争による大戦景気が起こる
1914	8	ドイツに宣戦布告し、第一次世界大戦に参戦
1912	12	第一次護憲運動。大正デモクラシーの気運が高まる
1912	7	明治天皇が崩御。嘉仁親王が即位し、大正と改元
1911	2	日米通商航海条約改正。関税自主権を回復
1910	10	朝鮮総督府を開庁
1910	8	日本、韓国併合条約により韓国を領土化 ↓P27
1910	5	大逆事件。幸徳秋水らが検挙される

日本の人口（1920年）＝5500万人

※1体＝200万人

世界

19

前線の塹壕内で、毒ガス用マスクをつけてこもるドイツ兵。

1914年6月、ボスニア訪問中のオーストリア皇太子が、セルビア人青年に暗殺されるという事件が起こった。翌月、オーストリアがセルビアに宣戦布告をすると、連合国のイギリス、フランス、ロシア、同盟国のドイツ、オーストリア、オスマン帝国などが次々と戦争に加わり、第一次世界大戦へと発展した。

戦争は予想を覆し、18年まで続く長期戦となった。また死者が約900万人にも及ぶ世界史史上初の国家総力戦にもなり、戦争はヨーロッパの衰退と、戦場となることを免れたアメリカの台頭を招く要因となった。

なお大戦中の17年にはロシア革命が起こり、史上初の社会主義国家が誕生。ロシアは戦線を離脱した。

世界年表

1919	6	パリ講和会議ののち、ヴェルサイユ条約に調印
1919	5	中国で五・四運動が始まる
1919	3	ロシア、レーニンがコミンテルンを創設
1918	11	ドイツが降伏し、第一次世界大戦が終戦
1917	4	ロシア、レーニンが四月テーゼで大戦中止を訴える
1917	4	アメリカ、ドイツに宣戦し第一次世界大戦に参戦 ↓P89
1917	3	ロシアで二月革命。民衆蜂起によりロマノフ朝を倒す
1914	7	第一次世界大戦が始まる
1914	6	サライェヴォ事件。オーストリア皇太子が暗殺
1913	6	第二次バルカン戦争。ブルガリアが敗北
1912	10	第一次バルカン戦争。バルカン同盟諸国がトルコを破る
1912	1	孫文、中華民国の建国を宣言
1911	10	清で辛亥革命が起こる
1910	11	メキシコ革命。市民が独裁政権を倒す

世界の人口（1920年）
＝
18億6000万人

※1体＝1億人

00年代

日露戦争勝利後、日本橋通りを揚々と凱旋する日本軍。

日本は、南下政策により満州や朝鮮半島の利権を狙うロシアとの間で緊張が高まっていた。そのため1902年、同じくロシアと対立していたイギリスと日英同盟を結んだ。

日本はロシアと満州・朝鮮半島について交渉を重ねたが決裂し、04年に日露戦争が勃発。イギリスやアメリカ、ユダヤ人の経済支援を受けながら、勝利を重ねていった。しかしロシアで第一次ロシア革命が起こり、日本軍も疲弊のため両国とも戦争継続が困難に。そこでアメリカの仲介でポーツマス条約が結ばれ、日本の勝利で終結となった。この勝利で、日本は大国の一つと見なされるようになった。戦後、日本は韓国を保護国化。その外交権を得て、指導権を強めていった。

日本年表

1900	9	伊藤博文、立憲政友会を結成
1902	1	第一次日英同盟が成立
1904	2	日本、旅順を奇襲攻撃。日露戦争が始まる
1904	8	第一次日韓協約が結ばれる ↓P28
1905	9	ポーツマス条約が結ばれる。日比谷焼き打ち事件勃発 ↓P41
1906	1	堺利彦らが日本社会党を結成
1906	11	南満州鉄道株式会社が設立
1907	2	第2回社会党大会が開催
1907	6	日仏協約。フランスと互いのアジア圏での勢力を確認
1907	6	ハーグ密使事件。韓国皇帝が第二次日韓協約の無効訴え
1907	7	第一次日露協約。以後、四度にわたり軍事同盟を結ぶ
1908	4	ロシアとの樺太境界画定書に調印する
1909	10	伊藤博文がハルビンで射殺される
1909	12	アメリカ国務長官が南満州鉄道の中立化案を提唱

日本の人口（1910年）＝4900万人

※1体＝200万人

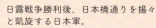

世界 19

Photo: Bridgeman Images / DNPartcom

「ヨーロッパの火薬庫」と呼ばれたバルカン問題を揶揄する風刺画。

ヨーロッパは、すでに大戦前夜と呼べる状況を呈していた。

当初は南下政策を進めるロシアと、これを警戒するイギリスが対立していたが、日露戦争でロシアが敗北すると、情勢は大きく変化。今度はイギリスと、植民地分割競争に参入してきた新興国ドイツの対立が顕在化した。イギリスは04年に英仏協商、07年に英露協商を結び、英仏露でドイツ包囲網を築いた（三国協商）。

これに対しドイツは、82年に締結したオーストリアやイタリアとの三国同盟で対抗。ただしイタリアは領土問題でオーストリアと対立し、この同盟は機能しなくなっていく。一方バルカン半島をめぐっては、オーストリアとロシアの対立が激化していった。

世界年表

1908	10	オーストリアがボスニア・ヘルツェゴビナを併合
1908	7	オスマン帝国で青年トルコ革命が起きる
1907	8	英露協商が成立。三国協商によるドイツ包囲網が完成 ↓P137
1907	6	オランダ、ハーグで第2回万国平和会議が開催
1906	12	全インド・ムスリム連盟が結成
1906	1	イギリスで労働党が成立
1905	8	孫文、中国同盟会を結成。清の打倒に向け動きだす
1905	1	血の日曜日事件。第一次ロシア革命が始まる
1904	4	英仏協商が成立
1903	12	アメリカ、ライト兄弟が飛行機を発明（滞空時間59秒）
1903	11	アメリカの援助を受け、パナマがコロンビアから独立 ↓P173
1901	9	列強と清国の間で北京議定書が調印
1901	1	オーストラリア連邦が成立
1900	6	義和団事件。清が列強に宣戦布告

世界の人口（1910年）
＝
17億5000万人

※1体＝1億人

まとめにかえて——

世界を知るための〝地図〟を手に入れ、先の見えない〝現代史〟の旅路へ

私たちは大きなニュースに接したときに「なぜこんなことが起きたのだろう?」と、その問題や事件が起きた原因について考えます。そして、「これから世界はどうなっていくんだろうか?」と、その問題や事件が世界に及ぼす影響について思いをめぐらせようとします。

本書の役割は、「さかのぼり」という手法によって、前者の問い(その問題が起きた原因)に答えることにありますが、後者の問い(その問題が及ぼす影響)についても、一定の答えを提示することを目指しました。

アメリカ国内の状況がトランプ大統領を生み出し、そのトランプの外交政策がEUや中東の政治・経済に影響を与えるというように、世界の出来事にはつながりがあります。本書では31のテーマを取り上げましたが、それぞれのテーマは個別に完結しているわけではなく、やはり密接なつながりを持っています。本書を読み進める中で、今世界で起きているさまざまな問題が相互にどのような影響を与え合っているかについても、つかむことができるのではないかと思います。

「その問題が起きた原因」と「その問題が及ぼす影響」を大まかにでもつかみとることができれば、時間軸と空間軸の二つの軸で物事を考えることができるようになります。時間軸を縦軸に、空間軸を横軸にとれば、頭の中に世界情勢を読み解く「地図」が完成します。

すると新聞記事を読んでいても、その「地図」に照らし合わせながら、「この問題が起きた原因はこうで、今の世界のパワーバランスの中ではこういう意味を持っていて、きっと周辺諸国にはこんな影響を与えるだろうな」といったことを、専門家のコメントやニュース解説に頼らなくても、自分なりに推測を働かせることができるようになるでしょう。

ただしこの「地図」を作るときに難しいのは、どのような事実を集め、その事実をどう解釈するかによって、まったく違う「地図」ができあがってしまうことです。本書ではさまざまな問いに対して、一つ一つ答えを見出してはいますが、これも一つの世界の見方であり、唯一無二の正しい答えではありません。

大切なのは、自分の中で「地図」を描きながらも、その「地図」が本当に世界を適切に描き出したものなのか、常にメンテナンスを欠かさないことです。

読者のみなさんには、本書をとっかかりとして自分だけの「地図」を描きながら、現代史の旅に出発していただければ幸いです。

長谷川 敦

祝田先生 推薦！
MOVIEガイド

現代史を題材にした映画は数多くある。
登場人物の目線から出来事や社会に対峙することで、
本書で取り上げた諸問題がより身近に感じられるだろう。

『小説吉田学校』

戦後日本と権力闘争

監督　森谷司郎
出演　森繁久彌
製作国　日本
公開　1983年
配給　東宝

昭和政治史の裏側を描く

GHQ占領下の戦後日本の独立と、吉田茂内閣を中心とした権力闘争を描く。占領下はモノクロ、独立後はカラーになり、映像でも歴史が大きく動いたことを再現。

『シェルブールの雨傘』

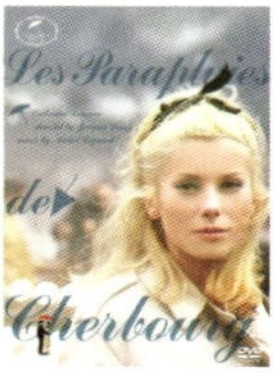

植民地と民族紛争

監督　ジャック・ドゥミ
出演　カトリーヌ・ドヌーヴ
製作国　仏、独
公開　1964年
配給　東和

ミュージカルで描く悲恋

アルジェリア戦争を背景に描かれる悲恋映画。男女が召集令状で引き裂かれる切ない物語だが、セリフのない全編音楽で構成されたミュージカルの手法が新鮮。

『地獄に堕ちた勇者ども』

ナチス独裁

監督　ルキノ・ヴィスコンティ
出演　ダーク・ボガード
製作国　1969年
公開　伊、西独、瑞
配給　ワーナー・ブラザース

ナチス独裁ができるまで

ナチスはその非人道的政策に焦点があてられることは多いが、本作は独裁へのロードマップを見せつける。ナチズムが広がっていく様を華麗な手法で描いた作品。

『戦艦ポチョムキン』

ロシア革命の是非

監督　セルゲイ・エイゼンシュテイン
出演　アレクサンドル・アントーノフ
製作国　ソ連
公開　1925年
配給　ATG

ロシア水兵の反乱

第一次ロシア革命を描いた作品。オデッサの戦いで、革命の行方を赤ん坊を乗せた乳母車が階段をかけ落ちていくメタファ（暗喩）に託したシーンは金字塔だ。

『ウエスト・サイド物語』

アメリカ移民

監督　ロバート・ワイズ
出演　ナタリー・ウッド
製作国　アメリカ
公開　1961年
配給　ユナイテッド・アーティスツ

被差別移民の歴史

ポーランド系とプエルトリコ系の移民の不良グループが、ニューヨークで縄張りをめぐり衝突する。移民国家アメリカの一コマを切り取ったようなミュージカル映画。

『悲情城市』

台湾と国共内戦

監督　侯孝賢
出演　李天禄
製作国　台湾、英領香港
公開　1989年
配給　フランス映画社

台湾が辿った道のり

1945年、台湾で玉音放送が流れ、第二次世界大戦とともに日本統治時代が終焉を迎える。統治解放直後から、国共内戦を経て中華民国が台北を首都とするまでを描く。

『西部戦線異状なし』

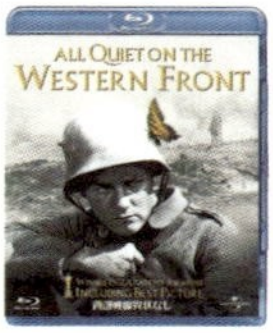

第一次世界大戦

監督　ルイス・マイルストン
出演　リュー・エアーズ、ウィリアム・ベイクウェル
製作国　アメリカ
公開　1930年
配給　東京第一

タイトルに込めた痛烈な批判

第一次世界大戦でドイツ軍の少年兵が戦死するまでを描く。将来ある少年たちは、戦場へ駆りだされ、その多くが塹壕の露と消えた。題名の「異状なし」は痛烈な批判。

『かぞくのくに』

日朝問題

監督	ヤン・ヨンヒ
出演	安藤サクラ
製作国	日本
公開	2012年
配給	スターサンズ

現代の日朝問題を描く

1960年代の在日朝鮮人帰国事業から25年。脳腫瘍手術のため、一人の男が短期の訪日を許された。彼の家族や友人との交流から現代日朝関係が浮かび上がる珠玉の作品。

『新幹線大爆破』

70年代の日本

監督	佐藤純彌
出演	高倉健
製作国	日本
公開	1975年
配給	東映

1970年代の影を背負った犯人

時速80kmを下回ると爆発する爆弾が仕掛けられた新幹線で繰り広げられるパニック映画。70年代前半の日本社会が見えると、本作の魅力が最大限に味わえる。

『13デイズ』

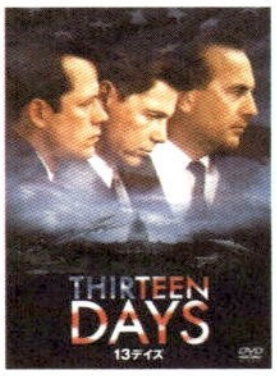

キューバ危機

監督	ロジャー・ドナルドソン
出演	ケビン・コスナー
製作国	2000年
公開	アメリカ
配給	日本ヘラルド

世界が震撼した13日間

キューバ危機を描いた作品。まるで公表された米大統領ケネディの国家安保会議の盗聴テープを再現するかのような展開で、米ソの接触シーンは必見。

『シン・ゴジラ』

震災と官僚政治

監督	庵野秀明
出演	長谷川博己
製作国	日本
公開	2016年
配給	東宝

ゴジラ×政治群像劇

ゴジラが引き起こす未曾有の大災害と、それに立ち向かう日本政府の姿が描かれる。放射性廃棄物の描写もあり、東日本大震災後の日本を彷彿とさせるシーンも。

『アメリカン・スナイパー』

イラク戦争

監督	クリント・イーストウッド
出演	ブラッドリー・クーパー
製作国	アメリカ
公開	2015年
配給	ワーナー・ブラザース

イラク戦争下のアメリカで

味方からは「伝説」、敵からは「悪魔」と呼ばれた狙撃手が主人公。アメリカがイラク戦争やイラク統治で泥沼におちいった様子を知ることができる。

『フォレスト・ガンプ 一期一会』

アメリカの戦後史

監督	ロバート・ゼメキス
出演	トム・ハンクス
製作国	アメリカ
公開	1994年
配給	UIP

米の歴史を絡めた人間讃歌

「うすのろ」（ガンプ）といじめられる主人公のフォレストに、戦後アメリカ史が次々絡む。ベトナム反戦運動が高まる中、フォレストがとった行動がグッとくる。

『トウキョウソナタ』

失われた20年

監督	黒沢清
出演	香川照之
製作国	日本、オランダ、香港
公開	2008年
配給	ピックス

灰色の現代日本を映す

会社を解雇されたことを家族に言い出せない主人公など、秘密を抱えた四人家族の姿を通して現代日本を描く。2000年代の不況、中国人労働者などがキーワード。

『存在の耐えられない軽さ』

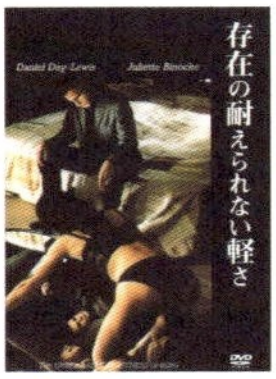

プラハの春

監督	フィリップ・カウフマン
出演	ダニエル・デイ＝ルイス
製作国	アメリカ
公開	1988年
配給	松竹富士

プラハの春の担い手が執筆

プラハの春とその後のソ連の介入を描く。原作は改革の担い手のミラン・クンデラ。物事の価値を軽さと重さという絶対的な基準をもってソ連を痛烈に批判している。

※発売元情報は刊行時現在のものです

現代史用語・人名さくいん

人名は太字とした／項目内で同じ用語・人名が登場する場合は、本文初出のページを記した

主要参考文献

秋元千明『戦略の地政学』（ウエッジ）／安藤達朗著、佐藤優企画、山岸良二監修『いっきに学び直す日本史 近代・現代【実用編】』（東洋経済新報社）／池上彰『そうだったのか！現代史』（集英社文庫）／池上彰『そうだったのか！日本現代史』（集英社文庫）／祝田秀全監修『日本のいまが読み解ける戦後世界史』（河出書房新社）／祝田秀全監修『エリア別だから流れがつながる世界史』（朝日新聞出版）／大澤聡編著『1990年代論』（河出書房新社）／小川幸司『世界史との対話（下）』（地歴社）／小熊英二編著『平成史』（河出書房新社）／佐藤優『大国の掟』（NHK出版新書）／神野正史監修『教養として知っておきたい地政学』（ナツメ社）／中村政則『戦後史』（岩波新書）／孫崎享『戦後史の正体』（創元社）／水村光男『5時間で頭に入る世界の歴史』（三笠書房）／宮城大蔵『現代日本外交史』（中公新書）／宮崎正勝『ニュースがわかる世界史』（角川書店）／坂野潤治『大系日本の歴史⑬近代日本の出発』（小学館ライブラリー）／江口圭一『大系日本の歴史⑭二つの大戦』（小学館ライブラリー）／『激動の平成史』（洋泉社MOOK）／『今がわかる時代がわかる世界地図2018年版』（成美堂出版）／『一冊でわかるイラストでわかる 図解 現代史』（成美堂出版）／『改定版 詳説日本史B』（山川出版社）／『もういちど読む山川日本戦後史』（山川出版社）／『もういちど読む山川世界現代史』（山川出版社）／『最新世界史図説タペストリー』（帝国書院）／『アカデミア世界史』（浜島書店）／『新詳日本史』（浜島書店）

監　修　祝田秀全《いわたしゅうぜん》

東京出身。歴史学・映像文化論専攻。著書・監修に『銀の世界史』（筑摩書房）、『東大生が身につけている教養としての世界史』（河出書房新社）、2時間でおさらいできる世界史』（大和書房）、『エリア別だから流れがつながる世界史』（朝日新聞出版）ほか多数。古典落語鑑賞と戦後日本社会のヴォーグ研究を趣味とするライカ小僧。

著　者　長谷川《はせがわ》 敦《あつし》

1967年、広島県生まれ。編集プロダクション勤務を経て、フリーランスライターに。現代史のほか、ビジネス・教育・社会・時事などの分野においてさまざまな雑誌、ウェブ媒体に執筆。ブックライターとして約80冊の単行本執筆に関わる。歴史・現代史関連の執筆に、『テーマ別だから理解が深まる日本史』（朝日新聞出版）、『教養として知っておきたい地政学』（ナツメ社）など。これから勉強したいテーマは「国民国家の光と影」。

編　集　かみゆ歴史編集部（滝沢弘康、小沼理）

「歴史はエンターテイメント」をモットーに、雑誌・ウェブから専門書までの編集制作を手がける歴史コンテンツメーカー。扱うジャンルは日本史、世界史、宗教・神話、アートなど幅広い。世界史関連の編集制作物に『教養として知っておきたい地政学』（ナツメ社）、『世界のすごい歴史人物伝』（高橋書店）、『エリア別だから流れがつながる世界史』（朝日新聞出版）など。

ブックデザイン	AD.渡邊民人、D.清水真理子（TYPEFACE）
DTP	株式会社明昌堂
校　正	聚珍社、小黒貴之
写真協力	朝日新聞フォトアーカイブ／共同通信イメージズ／国立国会図書館／朝鮮中央通信／ロイター／DNPアートコミュニケーションズ／DPA／getty images／PIXTA／Sputnik／UPI ＊ロイター／共同＝P19,25,32,38,84,87,92,96,104,130,132,151,154,157

日本《にほん》と世界《せかい》の今《いま》がわかる

さかのぼり現代史《げんだいし》

編　著　朝日新聞出版

発行者　橋田 真琴

発行所　朝日新聞出版
〒104-8011 東京都中央区築地5-3-2
電話03-5541-8996（編集）　03-5540-7793（販売）

印刷所　大日本印刷株式会社

本書は2018年11月末時点での情報を掲載しております